I0832825

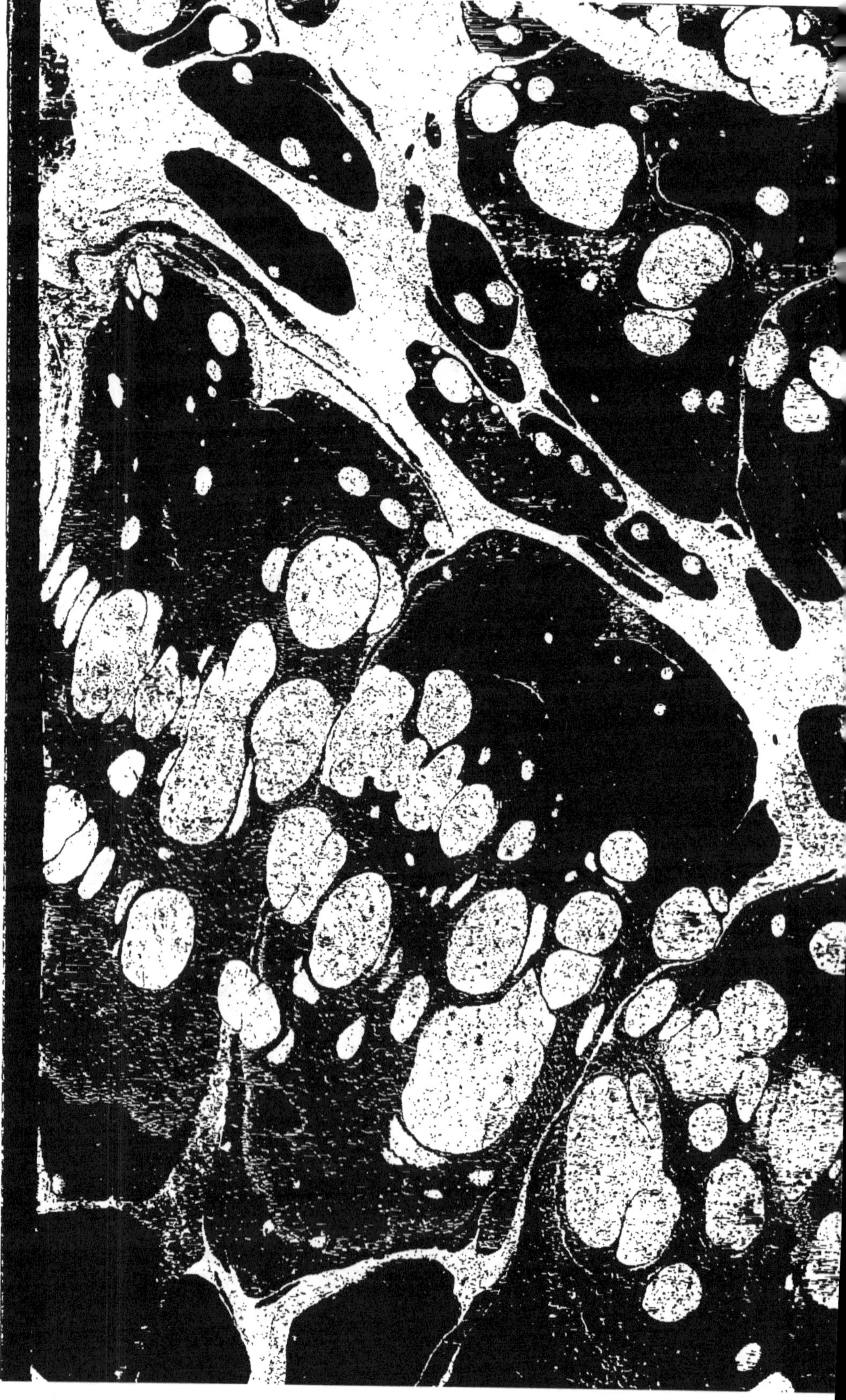

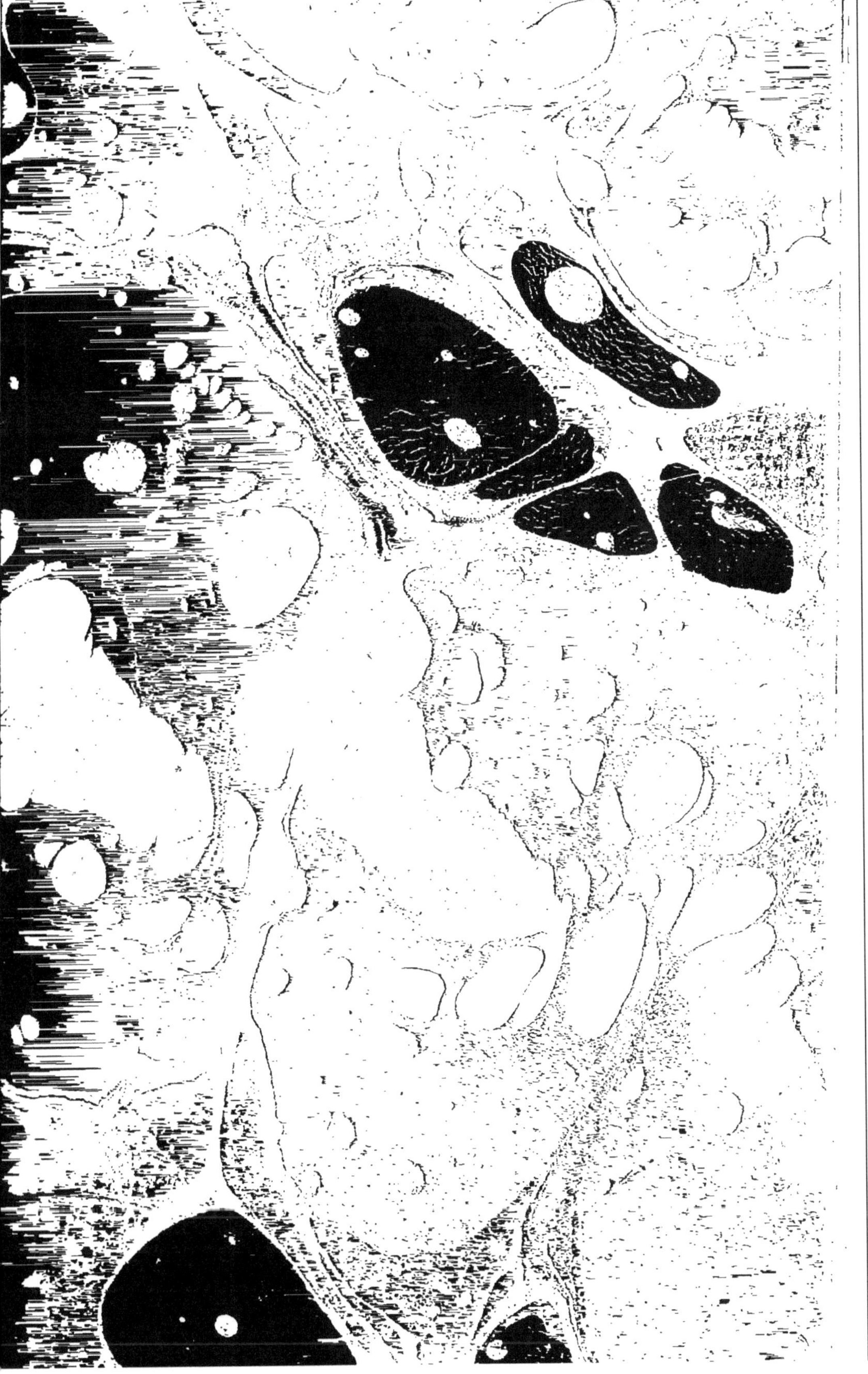

LE MONDE,

SON ORIGINE,

ET SON ANTIQUITÉ.

la première partie est par
J. B. Bernard et la seconde
par J. B. de Mirabaud,
d'après Barbier.

LE MONDE:
SON ORIGINE,
ET SON ANTIQUITÉ.
DE L'AME,
ET DE SON
IMMORTALITÉ.

ESSAI SUR LA CHRONOLOGIE.

Seconde édition, Corrigée avec soin.

A LONDRES.

MDCCLXXVIII.

Eheu! quam miserum est fieri metuendo senem.

Publ. Syrus.

AVERTISSEMENT
DE L'EDITEUR.

CET ouvrage que l'on ſçait être de M. de Mirabaud, dont on en connait de beaucoup plus hardis, tels que le *ſyſtême de la Nature, la vie de Jéſus-Chriſt* &c. avait été publié de ſon vivant en 1751. On voit aiſément qu'il parut à ſon inſçû, & quoique cette Edition ſoit rempiie de fautes groſſieres, elle a cependant été recherchée comme la ſeule qui exiſtát juſques ici.

C'eſt d'après une Lecture aſſidue & une exacte revue de toutes les citations répandues dans cet ouvrage que l'on en donne une nouvelle Edition. On ne rendra point compte des corrections qui y ont été faites, mais on en jugera aiſément en la comparant avec celle de Paris qui avoit été imprimée furtivement, & dans un mauvais ordre.

AVERTISSEMENT.

L'Essai sur la Chronologie, du même auteur doit suivre la 2e. partie, sans en faire une 3e. séparée.

Il seroit à désirer en général que tout Editeur apportât plus de soin à la publication d'un ouvrage de ce genre; mais ce qu'on appelle dans quelques Etats la *saine politique* & le *bien commun* a donné de si fortes entraves à tout ce qui sent la vraie Philosophie que le petit nombre d'honnêtes gens qui la cultivent sont heureux d'en posséder quelques productions, tout imparfaites qu'elles soient, jusques à ce qu'il s'éleve une voix assez courageuse & indépendante pour en répéter les maximes avec plus de correction & de sang froid.

PRÉFACE.

IGNORER ce qui s'est passé avant nous disoit un Ancien (a), *c'est être toujours enfant : j'ajoute, qu'ignorer ce que nos Peres ont pensé avant nous, c'est mériter à peine le nom d'homme.*

L'histoire des égaremens de l'esprit humain est par cet endroit une des études les plus capables, non seulement de piquer notre curiosité, mais même de satisfaire l'application de toute personne sage, revenue de ces agréables préjugés qui flattent le vulgaire, en faisant de l'homme une espece de Divinité. On n'y voit point, à la vérité, comme dans l'histoire politique des nations, la magnificence des grands Rois, les ruses & la souplesse des courtisans intéressés, l'adresse des Ministres habiles, l'ambition des Conquérans, l'inconstance des peuples toujours crédules & inquiets, se signaler tour à tour par des monumens éternels, par des fêtes & des jeux, des négociations & des intrigues, des siéges & des batailles, des mouvemens & des révolutions qui causent la ruine ou l'élévation des Empires. Mais ce qui n'est ni moins intéressant pour nous, ni moins digne de nos

(a) *Nescire quid anteà quàm natus sis acciderit, id est semper esse puerum.* Cicer. orat. N°. 120.

réflexions, on y reconnoit les ténebres de cette partie de nous-mêmes, que nous nous imaginons ſi éclairée: les égaremens de cette raiſon, qui nous paroit être un guide ſi ſûr & ſi fidele; les bornes étroites de ce génie que nous croyons capable d'embraſſer la vaſte étendue de l'univers; la foibleſſe de ſes connoiſſances, la multitude de ſes erreurs, & le peu d'utilité que les hommes tirent tous les jours de ſes lumieres. Par là on apprend à ſe connoître ſoi même; & au lieu d'être tenté de ſe regarder comme un petit Dieu ſur la terre, on commence à rentrer dans ſon néant, & à ſe convaincre qu'il n'y a de grand, c'eſt-à-dire, de ſage, de ſçavant, d'éclairé & de vraiment raiſonnable, que l'intelligence ſuprême qui nous a formés & qui nous gouverne.

D'autres, avant l'Auteur que nous donnons ici, ont entrepris de traiter cette matiere; & quelques-uns l'ont fait avec ſuccès (b). *Pour lui, ſemblable à ces Ecrivains timides ou réſervés, qui ſans ſe charger du poids embaraſſant d'une Hiſtoire générale, ſe contentent de choiſir dans un champ ſi fertile*

(b) Sans parler de nos Modernes, dont pluſieurs pourroient être cités ici avec éloge, parmi les Anciens, Lactance a admirablement exécuté ce projet dans ſes *Inſtitutions divines*, où il prend à tache de faire voir les erreurs de tous les Philoſophes anciens, tant ſur la Phyſique que ſur la Morale.

certains traits singuliers qu'ils s'appliquent à mettre dans tout leur jour, il a cru dans l'exécution de son dessein devoir se borner à un petit nombre de sujets ; & il en a choisi deux qui lui ont paru le plus généralement intéressans, & le plus à notre portée. Dans ce dessein il entreprend ici de faire l'Histoire des opinions diverses, que la suite des siecles a enfantées sur le Monde & sur la nature de l'Ame.

Rien de plus curieux en effet & de plus utile, que de connoitre ce Monde que nous habitons ; rien en même temps de plus nécessaire & de plus intéressant pour nous, que de sçavoir si ayant commencé d'être, nous ne devons jamais finir. Mais peut-on se flatter que la raison humaine, aidée de ses seules lumieres, puisse jamais arriver à ces connoissances ? Nous ne sçaurions nous en instruire, que par la recherche de ce que l'on a pensé avant nous sur l'un & sur l'autre de ces articles, & c'est ce que l'Auteur se propose d'examiner dans les deux parties de cet Ouvrage. Il explique dans la premiere, quels ont été les sentimens des Anciens sur l'origine, la formation & l'antiquité de cet Univers, sur la cause qui en a été le principe, sur son commencement & sur sa fin ; il nous apprend dans la seconde ce que ces mêmes Anciens ont pensé de la nature de notre Ame, de son im-

mortalité, & de son état après la mort. Cette exposition du dessein de l'Auteur suffit pour faire connoître, qu'on ne doit point s'attendre à trouver dans ces deux Traités des systêmes suivis & raisonnés, fondés sur des principes certains, des preuves convainquantes & des conséquences nécessaires. Il y traite, à la verité, sa matiere avec une érudition peu commune; il y fait passer en revûe sous nos yeux tout ce que l'Antiquité a jamais écrit sur les deux objets qu'il s'est proposé d'éclaircir; du reste on s'apperçoit sans peine, qu'il a pris à tâche d'épargner aux Lecteurs jusqu'aux réflexions qui ne naissoient pas naturellement de son sujet: il oublie, du moins rarement, sa qualité d'Historien, pour jouer le personnage de Théologien ou de Philosophe.

Il est vrai que dans le premier Traité l'Auteur donne à entendre assez clairement que, selon lui, le Monde est beaucoup plus ancien, que nos Chronologistes ne le prétendent. Il semble même vouloir insinuer qu'il est éternel; & on est obligé de convenir, qu'on trouve dans cet Ouvrage plusieurs difficultés, qui ne paroissent y avoir été répandues qu'à dessein d'étayer ce faux systême. On croit avoir répondu à ces difficultés d'une maniere assez solide dans la Note qui termine ce premier Traité: on ose se flatter, qu'il n'y a point de personne sage, qui en la lisant, ne demeure convaincue du peu de fondement de cette opinion insensée. D'ailleurs nous ne manquons point d'excellentes plumes, qui en ont suffisamment démontré l'absurdité. Cependant parce que ce systême de l'éternité du monde a encore aujourd'hui beaucoup de partisans parmi nous, & que de la lecture de tout ce premier Traité il semble résulter, que le Monde est au moins beaucoup plus ancien, que Moïse ne paroit l'indiquer dans la Genese, on a crû devoir examiner en particulier ce qui regarde ces deux articles. C'est ce qui a produit l'Essai sur la Chronologie *qui se trouve à la suite de la seconde partie de cet Ouvrage. On y traite d'abord la question de l'éternité du Monde: delà on passe à celle de son antiquité; & si l'on ne peut parvenir à la fixer, on croit que ce que l'on en a dit pourra servir du moins à instruire les Lecteurs du peu de fond qu'ils doivent faire sur les calculs des Chronologistes, & à les convaincre de la foiblesse de leurs efforts, ainsi que de l'inutilité de leurs recherches.*

A l'égard de la question de l'immortalité de l'ame, qui fait le sujet du second traité, c'est envain que pour soutenir leur erreur, ceux qui nient cette immortalité prétendroient s'appuyer de ce que l'auteur en dit dans cette

Seconde Partie. Que les Anciens n'ayent eu, si l'on veut, aucune idée de la spiritualité de cette substance qui nous anime; que parmi eux quelques-uns ayent douté de son immortalité; que d'autres l'ayent niée absolument ou s'en soient moqués, qu'en peut-on conclure sinon que les anciens, comme les Modernes, ont mal raisonné, & se sont trompés? Y-a-t-il en cela quelque chose de fort surprenant? Ils étoient hommes comme nous, & par dessus cela, livrés à eux mêmes & à leurs passions, ils avoient le malheur de n'être point éclairés des lumieres divines de la révélation qui nous guident. Doit-on-être étonné que, dans cet état, ils ayent donné dans les erreurs & dans les travers les plus étranges. Les anciens ont nié la spiritualité & l'immortalité de l'ame je le veux, quoique cela ne soit pas exactement vrai, comme on le verra par la Lecture de l'ouvrage; mais ces mêmes anciens n'ont ils pas eu les opinions les plus ridicules au sujet du monde & de son auteur? N'ont-ils pas eu de la Divinité les idées les plus folles, les plus basses & les plus puériles (c)? En les lisant, n'est on pas obligé de convenir de la vérité de ce que disoit un d'entre eux au sujet des Philosophes qui l'avoient précédé, qu'ils

(c) Voyez Ciceron dans ses Livres de la nature des Dieux.

n'y point d'extravagance, point d'absurdité qu'ils n'ayent été capables d'imaginer & d'écrire (d)?

On dira peut-être qu'il ne s'agit pas seulement ici de ce que les Anciens ont pensé sur ce sujet; que l'Auteur ne se borne pas dans ce traité à rapporter simplement ce qu'ils ont pensé à cet égard, & que sous prétexte d'exposer leurs sentimens il s'attache à détruire les plus fortes preuves que les Philosophes Chrétiens ayent apportées de l'immortalité & de la spiritualité de l'Ame: j'en conviens & à Dieu ne plaise que je veuille me faire ici l'apologiste de ses intentions & de ses idées! Du reste, s'il a bien ou mal réussi, je laisse aux Lecteurs le soin d'en décider. Je les prie seulement d'observer, que Descartes convient (e) *lui-même, qu'à ne consulter que la raison, nous pouvons bien avoir de grandes espérances de notre immortalité, mais non pas aucune assurance. Delà je conclus, que tant qu'au lieu d'une Religion toute divine,*

(d) *Nihil tam absurdè dici potest, quod non dicatur ab aliquo Philosophorum.* Cicer. de divinatione Lib. 2.

(e) „ Pour ce qui est de l'état de l'ame après cette vie, j'en ai „ bien moins de connoissance que M. Digby: car laissant à part ce „ que la Foi nous enseigne, je confesse que par la seule raison natu„ relle nous pouvons bien faire beaucoup de conjectures à notre „ avantage, & avoir de flatteuses espérances, mais non point au„ cune assurance, *Descartes, Lettre à la Princesse Elisabeth.*

on voudra nous faire une religion toute raisonnable, c'est-à-dire purement humaine; tant qu'à la révélation qui ne peut faillir, les hommes entreprendront de substituer les lumieres d'une raison foible & trompeuse; il doit être toujours permis de les attaquer avec les mêmes armes. Si l'on est vaincu, à la bonne heure; si au contraire dans ce combat on vient à réussir, le succès même ne doit servir qu'à nous rendre la Religion plus aimable & plus respectable, puisqu'elle seule peut nous assurer cette immortalité si flatteuse à laquelle nous aspirons, pour laquelle un sentiment intérieur semble nous dire que nous sommes nés, & dont sans elle nous n'aurions aucune certitude.

TABLE DES CHAPITRES.

PREMIERE PARTIE.

CHAPITRE II.

CHAPITRE III.

CHAPITRE IV.

CHAPITRE V.

ESSAI SUR LA CHRONOLOGIE.

§. I.

§. II.

§. III.

FIN DE LA TABLE.

DU MONDE

DE SON ORIGINE;

ET

DE SON ANTIQUITÉ.

L'HOMME Citoyen de l'Univers habite un lieu qu'il ne connoît point. C'eſt en vain que s'élevant au-deſſus de la Terre qui l'a produit, il parcourt l'immenſité des Cieux, pour mieux obſerver la ſtructure du monde ; en vain ſe bornant à un objet moins vaſte, il tâche de découvrir ce qui ſe paſſe ſous ſes yeux : les conjectures vraiſemblables qu'il forme, peuvent quelquefois paroître à ſon foible eſprit des vérités certaines & conſtantes qui flattent ſon impuiſſante curioſité ; la nature peut dans certains momens lui laiſſer croire qu'il a pénétré dans ſes myſteres, & qu'il a découvert quelques-uns de ſes ſecrets reſſorts : elle eſt cependant couverte & enveloppée pour nous d'épaiſſes ténebres. Il n'y a pas d'eſprit humain, quelque pénétrant qu'on le ſuppoſe, qui puiſſe découvrir la cauſe de tout ce qui ſe paſſe dans les Cieux & ſur la Terre : nous ne connoiſſons pas même nos propres corps, ni la moindre des choses qui les environnent (1).

Après un tel aveu de l'ignorance humaine, il est aisé de comprendre que nous n'avons d'autre dessein dans cet Ouvrage, que de rapporter d'une maniere purement historique ce qu'on a pensé avant nous sur la formation du Monde & sur l'origine des Hommes. Il ne nous appartient point de décider sur des questions si obscures & si impénétrables : nous laissons la nature dans les ténebres où il lui a plû de s'envelopper; & nous disons de tout ce qui regarde l'Univers en général ce que Lucain a dit en particulier du flux & du reflux de la Mer : „ O toi, qui que tu sois, qui causes ces „ mouvemens si fréquens & si merveilleux, „ demeure dans l'obscurité où les Dieux t'ont „ caché." (2)

Voici l'ordre que nous nous sommes proposés d'observer dans ce Traité. Nous exposerons d'abord l'idée que les Anciens se sont formée du systême général du Monde. Nous rap-

(1) *Latent ista omnia crassis occultata & circumfusa tenebris, ut nulla acies humani ingenii tanta sit. quæ penetrare in cœlum, terram intrare possit. Corpora nostra non novimus ; qui sint situs partium, quam vim quæque pars habeat, ignoramus.* Cicero, Acad. Quæst. Lib. 4.

(2) *Tu, quæcumque moves tam crebros causa meatus,*
Ut superi voluere, late . . . Lucan. Bel. Civ. Lib. 1.

porterons ensuite leurs opinions sur son origine, & sur la fin qu'il doit avoir; de-là nous passerons à ce qui regarde la Terre en particulier; nous ferons voir ce que les Anciens en ont pensé; nous donnerons une idée de leur Géographie, & nous parlerons des révolutions auxquelles ils ont cru la Terre sujette; & nous verrons enfin ce qu'ils ont cru sur l'origine des hommes & des animaux qui habitent la Terre.

CHAPITRE I.

Sentimens des Anciens sur le Monde, ou Idée qu'ils se sont formée de son systême général.

LEs hommes ont joui long-temps de la lumiere du Soleil, sans faire aucuns raisonnemens sur la nature de cet Astre qui les éclairoit. Ils ont vu pendant une assez longue suite d'années les Etoiles se lever & se coucher au-dessus de leurs têtes, sans être touchés du desir de les observer. Soit qu'on les suppose nouvellement formés avec la terre qui les nourrissoit; soit qu'on les considère comme réduits à un petit nombre par la destruction de leurs semblables;

dans ces premiers temps, où ſelon l'expreſſion de Cicéron (3), ils erroient dans les campagnes, & vivoient à la maniere des bêtes, occupés des beſoins preſſans de la vie, ils ne ſongeoient ſans doute qu'à la conſerver. Sans ſe ſoucier de connoître l'étendue de la Terre, ils ne s'intéreſſoient qu'au ſeul canton qui fourniſſoit le néceſſaire à leur ſubſiſtance, & ſe mettoient peu en peine du cours des Aſtres. Ils ne levoient les yeux au Ciel, que pour en recevoir la chaleur & la roſée; la néceſſité ſeule attiroit toute leur attention & tous leurs ſoins; ou ſi elle leur donnoit quelque relâche, ils employoient vraiſemblablement leur loiſir à ſe procurer des plaiſirs plus ſenſibles, que ceux d'une connoiſſance ſtérile de la figure de la Terre, & du mouvement des Cieux.

Il n'eſt pas aiſé de fixer préciſément le temps auquel les hommes ont commencé de s'appliquer aux ſciences qui regardent la ſtructure de

(3) *Quis enim veſtrûm ignorat, ita naturam rerum tuliſſe, ut quodam tempore homines fuſi per agros ac diſperſi vagarentur?* Cic. *pro. Sext.*

Cette penſée ſemble tirée de ces vers d'un ancien Poëte cité par Stobée, Tit. 11. περὶ χρονυ:

Fuit profectò tempus, humanum genus
Cùm belluarum more vitam degeret,
Lucos carentes Solis, exeſi colent
Aut montis antrum.

l'Univers. Mais quand on fait attention, d'un côté aux bornes de l'esprit humain, & sur-tout à la simplicité de ces premiers habitans de la Terre, qui, selon l'expression d'un ancien Poëte (4), étoient dans la crainte que le Ciel ne tombât sur eux; de l'autre, au progrès que les Egyptiens & les Chaldéens avoient déjà fait dans l'Astronomie il y a plus de quatre mille ans, on est aisément convaincu, que les connoissances qu'ils avoient acquises ne pouvoient être que le fruit d'une observation assidue & réitérée de bien des siecles.

Les Egyptiens sont les premiers peuples policés de cette partie du globe de la Terre, dont nos Histoires fassent mention. Comme ils habitoient un pays découvert, sous un Ciel toujours pur & serein, & qu'ils jouissoient des avantages que donne la société, c'est-à-dire, d'un profond loisir, ils s'adonnerent de bonne heure à l'observation des Astres (5). Les Chaldéens s'y appliquerent aussi par la même raison. Diodore de Sicile attribue aux Astronomes d'Egypte une connoissance plus étendue.

(4) *Theognis.*

(5) *Ut enim Ægiptii in camporum patentium æquoribus habitantes, cùm ex terrâ nihil emineret, quod contemplationi cœli officere posset, omnem curam in syderum cognitione posuerunt, &c.* Cic. de Divin. Lib. I.

Il aſſure (6) que non-ſeulement ils ſçavoient prédire les éclipſes, mais même qu'ils annonçoient les déluges & les tremblemens de terre, ainſi que les apparitions des Cometes. Ce ſont les Egyptiens qui ont le mieux connu la longueur de l'année, qui chez eux fut toujours de douze mois (7), tandis que les autres peuples ne la compoſoient, les uns que de trois mois, comme les Arcadiens, les autres que de ſix, comme les Acarnaniens, d'autres de dix, comme les Romains: Numa y ajouta Janvier & Février; mais l'année ne fut jamais bien réglée chez eux avant Auguſte (8). D'autres la compterent par jours, & la compoſerent de 354 ſeulement, comme les Athéniens & les autres Grecs, qui eurent des imitateurs. Ce ſont les Egyptiens qui ont donné aux ſignes du Zodiaque, & aux autres Conſtellations, les noms qu'ils portent encore de nos jours (9). Ils ont fixé le nombre de jours de la ſemaine,

(6) *Accuratè verò & ab Ægyptiis traduntur ordo & aſtrorum motus, eorumque deſcriptio.... Sterilitatem præterea, fructuum ubertatem.... terræ motuum atque inundationum tempora, cometarumque ortus prædicebant.* Diodor. Lib. 2.

(7) Hérodote, Liv. 2.

(8) *Ante Auguſtum Cæſarem incerto modo annum computabant, (Romani,) qui apud Arcados tribus menſibus terminabatur, apud Acarnanos ſex.* Solin. cap. 1. V. Macrob. *Saturnal. Lib.* 1. *Cap.* 12.

(9) Hérodote, *Liv.* 2.

aufquels ils ont donné les noms des fept Planetes; & l'ordre qu'ils ont obfervé dans le rang que gardent ces jours, mérite d'être rapporté. Cet ordre vient, de ce que nommant la premiere heure d'un jour du nom de Saturne, la feconde du nom de Jupiter, la troifieme de Mars, la quatrieme du Soleil, la cinquieme de Venus, la fixieme de Mercure, & la feptieme de la Lune, qui eft l'ordre apparent des Planetes, & continuant ainfi pendant les vingt-quatre heures, il arrivera que la premiere heure du jour fuivant fera celle du Soleil, la premiere du jour d'après fera celle de la Lune, enfuite celle de Mars, & ainfi des autres, fuivant l'arrangement que les jours de la femaine gardent entr'eux.

Les Chaldéens ne prétendoient point le céder aux Egyptiens dans la connoiffance de l'Aftronomie. L'extraordinaire & fabuleufe antiquité qu'ils donnoient à leurs obfervations, fait voir qu'ils fe croyoient les plus anciens Aftronomes de la terre. Ils affuroient que lorfqu'Alexandre paffa en Afie, il y avoit déjà, felon Cicéron, quatre-cents foixante & dix mille ans, (10) &

(10) *Contemnamus etiam Babylonios, & eos qui ex Caucafo cœli figna fervantes, numeris & motibus ftellarum curfus perfequuntur: condemnemus, inquam, hos, aut ftultitiæ, aut vanitatis, aut imprudentiæ, qui 470000 annorum, ut ipfi dicunt, monumentis comprehenfa continent.* Cic. de Divin. lib. 1.

quatre cents trois mille ans, ſelon Diodore, qu'ils obſervoient les Aſtres (11). Simplicius nous apprend, que le Philoſophe Calliſthene qui accompagnoit ce Prince, envoya à Ariſtote des obſervations juſtes & exactes au-deſſus de dix-neuf cents trois ans, ce qui remonte à quelques années près au Déluge, & plus haut que l'époque de la Tour de Babel. Cependant un Auteur célebre n'a pas laiſſé d'attribuer aux Chaldéens une erreur ſi groſſiere, qu'on a peine à en croire capables des hommes adonnés à l'Aſtronomie depuis tant de ſiecles. Ils croient, dit-il (12), que la Lune eſt lumineuſe par elle-même, & qu'elle ne reçoit point ſa lumiere du Soleil. Nous dirons en paſſant, que les Juifs tenoient des Chaldéens le peu de connoiſſance qu'ils avoient de la ſcience des Aſtres. C'eſt

(11) *Numerum annorum, quibus ſe hujusmodi aſtorum doctrinæ vacaſſe affirmant, haud facilè quis crediderit. Nam* 403000 *annumerant uſque ad Alexandri aſcenſum, ex quo aſtrorum obſervationes à ſe cœptas dicunt.* Diodor. lib. 3.

(12) *Sive illa* (Luna) *propria, ſeu perpetuo candore luceat, ut Chaldæi arbitrantur.* Apul. de Deo. Socrat.

Lucrece qui a ſi bien écrit ſur la nature des choſes, n'a pas oſé lui-même condamner l'opinion de ceux qui font la Lune lumineuſe par elle-même; & ſans décider ſur le mérite des deux ſentimens, il rapporte l'un & l'autre dans ces vers de ſon cinquieme Livre :

Lunaque ſive notho fertur loca lumine luſtrans,
Sive ſuam propria jactat de corpore lucem.

de-là qu'on trouve dans le premier Chapitre de la Genese la même opinion sur la lumiere de la Lune (13). Après tout il peut se faire qu'une erreur dont le faux est si aisé à appercevoir, ait été rejettée par les plus éclairés d'entre les Chaldéens, & qu'elle ait été seulement admise par ceux d'entr'eux, qui étoient les plus attachés aux anciens préjugés. Quoiqu'il en soit, les Grecs à qui, selon Hérodote (14), ces Peuples avoient enseigné l'Astronomie, ont beaucoup vanté leur capacité dans cette science; & les plus habiles d'entr'eux alloient ordinairement à Babylone aussi-bien qu'en Egypte, pour s'y perfectionner.

L'attachement que les Chaldéens avoient pour l'Astronomie, les fit tomber dans la suite dans des opinions extravagantes. De l'observation du Ciel, ils passerent à un respect superstitieux pour les Astres. Ils prirent ces corps lumineux qui sont si éloignés de la terre que nous habitons, pour la cause de tout ce qui arrive ici-bas. Ils regarderent le Ciel comme le Livre du Destin, dans lequel sont écrits tous les événemens: en un mot ils in-

(13) *Fecitque Deus duo Luminaria magna; luminare majus, ut præesset diei, & luminare minus, ut præesset nocti.* Gen. cap. I. v. 16.

(14) Livre 2.

venterent l'Aſtrologie judiciaire (15), ſcience dont les principes ſont ridicules, & dont les hommes raiſonnables ont de tout temps reconnu la vanité. Il n'eſt pas de mon ſujet d'entrer dans le détail de ces chimeres Chaldaïques; mais je ne dois pas manquer de faire obſerver, que le nombre de ſept ſi recommandable dans l'Antiquité, ce nombre que les Juifs ont conſacré dans l'Hiſtoire de la Création du Monde, ainſi que dans leur Religion, eſt abſolument redevable du reſpect qu'on a eu pour lui, à cette ſuperſtition des Chaldéens; qu'il ſe trouve pluſieurs fois dans les Cieux, comme parmi les Pleyades, les Trions, & ſur-tout parmi les Planettes; ce qui le leur a toujours fait regarder comme un nombre myſtérieux, qui contenoit quelque choſe de Divin.

Il paroît que l'Aſtronomie fut connue de bonne heure dans les pays voiſins de l'Egypte, tels que la Phénicie & la Lybie. Les Phéniciens qui ont été les premiers à s'expoſer à la merci des flots (16), n'avoient point d'autre

(15) *Chaldæi.... diuturnâ obſervatione ſyderum ſcientiam putantur effeciſſe, ut prædici poſſet quid cuique eventurum, & quo quiſque fato natus eſſet.* Cic. de Divin. lib. I.

(16) *Ipſa gens Phænicum in magnâ gloriâ litterarum inventionis, & ſyderum, navaliumque ac bellicarum artium.* Plin. lib. 5. cap. 12. & *Propert.* Eleg. lib. 2.

Quæritis & cœlo Phœnicum inventa ſereno,
Quæ ſit ſtella homini commoda, quæque mala.

secours pour se guider dans leurs navigations, que celui qu'ils tiroient de la connoissance des Astres, dont la position servoit de boussole à leurs Pilotes. Atlas, Roi de Lybie, a toujours passé pour un grand Astronome, parce qu'il inventa la Sphere (17), & par-là donna lieu à la fable, qui le représentoit portant le Ciel sur ses épaules. Il instruisit Hercule son hôte, lui découvrit l'usage de cette Sphere qu'il avoit imaginée, lui apprit à en composer une semblable, & par-là fit encore dire, qu'il avoit partagé avec ce Héros le poids d'un fardeau, dont jusqu'alors lui seul avoit été chargé. De retour dans sa patrie, Hercule communiqua aux Grecs les sciences qu'il avoit acquises chez Atlas: ainsi ce fut de lui que ces Peuples tinrent les premieres notions qu'ils eurent de l'Astronomie, long-temps peut-être avant qu'ils eussent eu aucun commerce avec les Chaldéens.

Hérodote, Diodore & les autres Historiens qui se sont le plus étendus sur l'habileté des Egyptiens & des Chaldéens dans l'Astronomie,

(17) Pline semble être ici d'un autre sentiment, lorsqu'il attribue l'invention de l'Astronomie à Atlas, & celle de la Sphere à Anaximandre. *Astrologiam Atlas* (invenit,) *Sphæram in eâ Milesius Anaximander. lib. 7. cap. 57.* mais cela est aisé à concilier, si l'on fait attention, qu'on a souvent attribué l'invention des Arts à ceux qui les avoient seulement perfectionnés.

ne leur attribuent d'ailleurs aucune opinion plus particuliere ſur cette ſcience, que ce que nous en avons vu : ainſi il eſt très-vraiſemblable, que ces premiers Obſervateurs des Aſtres étoient ſur le Monde dans le ſyſtême le plus général. On peut donc croire qu'ils s'étoient formé de l'Univers cette premiere & naturelle idée, qui ſe préſente d'abord à l'eſprit, lorsqu'on veut juger de ſa ſtructure par les yeux ſeuls, ſans appeller la raiſon au ſecours des ſens. On ſe figuroit alors le Monde comme un vaſte Globe, au-delà duquel on imaginoit un vuide ou un eſpace infini. La Terre immobile en occupoit le centre : les Planetes, au nombre deſquelles on mettoit le Soleil, tournoient autour d'elle, chacune dans ſon Ciel particulier ; le Firmament qu'on regardoit comme une eſpece de calotte ſolide, où les Etoiles fixes étoient attachées comme des cloux, enveloppoit toute la machine, & faiſoit lui-même ſon tour avec une rapidité inconcevable. C'étoit-là ſans doute le ſentiment des Egyptiens & des Chaldéens. Cette conjecture eſt d'autant mieux fondée que le célebre Eudoxe qui avoit demeuré long-temps en Egypte, & Ptolomée qui étoit d'Alexandrie, n'en ont point ſoutenu d'autre. Ce dernier ajouta ſeulement au ſyſtême général, en imaginant ſon premier

Mobile & ſon Ciel criſtallin, leſquels étoient cenſés imprimer aux autres les mouvemens contraires qu'ils paroiſſent avoir, l'un d'Orient en Occident, l'autre d'Occident en Orient. Auſſi lorſque les Philoſophes Grecs s'aviſerent de raiſonner différemment ſur cette matiere, on regarda leurs opinions comme des nouveautés. Mais il eſt à propos d'examiner un peu plus au long leurs ſentimens ſur ce ſujet.

Les Egyptiens & les autres Peuples qui s'adonnerent à l'Aſtronomie, avant que les Grecs fuſſent inſtruits dans cette ſcience, avoient obſervé les Aſtres d'une maniere ſervile & mécanique ; je veux dire, qu'ils s'étoient uniquement appliqués à connoître leur poſition & leur cours dans le Ciel, ſans raiſonner ſur ces corps lumineux, encore moins ſur la nature du Monde en général. Les Grecs, plus Philoſophes qu'Aſtronomes, joignant le raiſonnement aux obſervations, & jugeant, par ce qu'ils voyoient, des choſes qui n'étoient point à la portée de leur vue, oſerent les premiers penſer d'une maniere nouvelle & ſublime tout enſemble ſur la nature des Aſtres, & ſur la ſtructure de cet Univers. Il eſt vrai qu'ils ne s'accorderent point dans leurs ſyſtémes; chacun donnant l'eſſort à ſon imagination, ſe crut en droit d'en établir un différent des autres: cependant ils convenoient presque tous de rejeter cette maniere basse & peu vraisemblable, dont on avoit pensé avant eux sur le Monde. Tel est l'avantage de l'esprit Philosophique : s'il ne conduit pas toujours à la vérité qu'on cherche, il désabuse au moins des anciennes erreurs.

Je ne doute point qu'un grand nombre des Anciens n'ait été long-temps dans la fausse opinion ; qu'Apulée attribue aux Chaldéens, sçavoir, que la Lune & les autres Planetes sont lumineuses par elles-mêmes. Les Grecs ont été désabusés de cette erreur aussi-tôt qu'ils ont eu des Philosophes. Platon assuroit, que la Lune étoit un corps pierreux (18); & Pythagore avec ses Disciples disoit qu'elle étoit terrestre (19). Or ce sont là deux des plus anciens Philosophes qu'aient eu les Grecs. Chacun sçait l'action de Périclès (20), qui se trouvant sur le point de s'embarquer pour une expédition, & voyant son Pilote effrayé d'une éclipse de Soleil qui étoit survenue, étendit son manteau devant les yeux de cet homme timide, en lui disant : „ Ce que je fais n'est

(18) Πλάτων ἐκ πλείονος τοῦ πυρώδους. *Plut. de Placit. Phil. lib. 2. cap. 25.*

(19) Οἱ Πυθαγόρειοι γεώδη φαίνεσθαι τὴν σελήνην. *Idem ibid. lib. 2. cap. 30.*

(20) *Idem, in vitâ Pericl.*

„ différent de l'éclipſe, qu'en ce que le corps „ qui te cache le Soleil, eſt plus grand que „ mon manteau." Il eſt inutile de rapporter cent autres faits à-peu-près ſemblables qu'on lit dans les Hiſtoriens : il ſuffit de dire qu'il ne reſtoit plus que le peuple parmi les Grecs, qui fût dans cette erreur groſſiere, de croire la Lune lumineuſe par elle-même.

Une des choſes qui révolte le plus la raiſon dans l'ancien ſyſtême, qu'on peut à juſte titre nommer le ſyſtême des ſens, c'eſt d'avoir placé la Terre au centre du Monde, & d'avoir fait tourner autour de ce petit corps, non-ſeulement les autres Planetes, dont pluſieurs ſont beaucoup plus grandes, mais même le Soleil & toutes les Etoiles fixes, dont la grandeur prodigieuſe ne peut aucunement entrer en comparaiſon avec celle de la Terre. Thalès avoit aiſément reconnu, que la Lune n'étoit point lumineuſe par elle-même (21): Anaximandre ſon Diſciple alla plus loin; il conclut que la Terre recevant ſa lumiere du Soleil ainſi que les autres Planetes, tourne probablement comme elles autour de ce centre de notre tourbillon. (22)

(21) *Θαλῆς καὶ οἱ ἀπ' αὐτῦ ἀπὸ τῦ ἡλιυ φωτίζεσθαι τὴν σελήνην. Plut. de Placit. Philoſ. lib.* 2. *cap.* 28.

(22) C'eſt Theon de Smyrne qui fait honneur de cette invention à Anaximandre; mais Diogene Laërce l'attribue à Philolaüs, Diſciple de Pythagore.

On ne ſçait pas trop ce que Pythagore a penſé ſur le mouvement de la Terre (23); mais au moins eſt-il ſûr que les Pythagoriciens reſtituerent au Soleil la place qui lui étoit naturellement due (24) auſſi bien qu'aux autres Planetes, entre leſquelles il s'en faut beaucoup que la Terre occupe le premier rang à tourner autour de cet Aſtre. Enfin quelques Philoſophes ont été ſi indignés de l'injuſte diſtinction qu'on avoit eue pour la Terre, qu'ils ſont tombés dans une autre extrêmité également vicieuſe. Nicétas de Syracuſe prétendit, que non-ſeulement le Soleil étoit immobile, mais même toutes les Planetes, & que dans le ſyſtême du Monde il n'y avoit rien qui tournât, que la Terre ſeule (25).

Les réflexions aſſidues produiſent infailliblement de nouvelles découvertes. Après avoir reconnu que la Terre eſt une Planete abſolument

(23) Si nous en croyons Diogene Laërce, *In vitâ Pythag.* il plaçoit la Terre au centre du Monde.

(24) Φιλόλαος ὁ Πυθαλόρειος τὸ μὲν πῦρ μέσον; τȣτο λαὶ ειναι τȣ̃ παντος ἑςίαν. *Plut. de Placit. Phil. lib.* 3 *cap.* 11. & au chap. 13 il ajoute : Φιλόλαος ὁ Πυθαλόρειος κύκλῳ περιφέρεσθαι περὶ τὸ πῦρ (πὴν λῆν)

(25) *Nicetas Syracuſius cœlum, ſolem, lunam, ſtellas ſupera dènique omnià ſtare cenſet, nèquè præter terram rem ullam in mundo moveri* Cic. Acad. Quæſt. lib. 4.

ment ſemblable aux autres, & qu'elle tourne comme elles autour du Soleil, une conſéquence toute naturelle de ce principe, eſt que les autres Planetes, qui ne paroiſſent en rien différentes de la terre, & qui ont vraiſemblablement comme elles des montagnes, des plaines & des mers, peuvent ſans peine être habitées comme elle. Xénophanes ne s'en tint pas à la ſimple poſſibilité: il aſſura poſitivement que la Lune étoit une terre habitée (26). Anaxagore ſoutint la même choſe (27). Lucien attribue ce ſentiment à pluſieurs Philoſophes (28); & il paroît dans Platon, que de ſon temps il étoit aſſez commun. Si les Vers que Proclus rapporte comme d'Orphée, étoient véritablement de ce Poëte, il faudroit en conclure que cette opinion auroit une très-grande antiquité: car on y lit que la Lune contient des Montagnes, des Villes & des Châteaux.

Mais les Philoſophes non-ſeulement ſe ſont expliqués ſur la nature des Planetes; ils nous ont encore appris ce qu'ils penſoient du Soleil & des Etoiles. Les Pythagoriciens regardoient

(26) *Habitari ait Xenophanes in lunâ, eamque eſſe terram multarum urbium & montium.* Cic. Acad. Quæſt. lib. 4.

(27) *Dicebat* (Anaxagoras) *lunam habitacula in ſe habere, & colles, & valles.* Diogen. Laërt. in Anaxag.

(28) Lucian. *vera Hiſtor. lib.*

le Soleil comme un feu placé au centre du Monde (29). Anaxagore en avoit une idée toute ſemblable. Ce même Anaxagore, ainſi qu'Anaximenes, aſſuroit que toutes les Etoiles étoient des portions d'air enflammé, qui avoient la figure d'un *Trochus* (30): or un *Trochus* n'eſt autre choſe qu'une machine qui tourne ſur ſon propre centre, d'où l'on peut conclure qu'Anaxagore n'a pas été le ſeul à imaginer les tourbillons, qui ont rendu ſon nom ſi fameux dans l'Antiquité. Il en admettoit un dans la Terre, dont Socrate le raille en mauvais Phyſicien. Non-ſeulement il en avoit introduit pour la Terre, mais encore pour tous les Aſtres. Voici dans quels termes Clément d'Alexandrie parle du ſyſtême de ce Philoſophe. „ Il admet, „ dit-il (31), certains tourbillons ridicules, „ en faiſant ceſſer le concours de l'intelligence „ qui a formé le monde; ce qui n'eſt pas, ajou- „ te-t'il, conſerver la dignité d'une cauſe dif- „ férente." Par-là il paroît qu'Anaxagore, ſes tourbillons une fois ſuppoſés, reconnoiſſoit que le Monde devoit ſubſiſter par lui-même, ſans

(29) Voyez Note 24.

(30) Ὁ τε Ἀναξίμανδρος σος ἐμωατκ ἄτλα τῦ ἀέρος ἔφη, τροχοειδῶς πεπιλημένα, πυρὸς ἔμπλεα εἶναι. *Theodoret. Serm.* 4. *de Mat. & Mundo.*

(31) Clémens Alex. *Strom. lib.* 2. *cap.* 4.

que l'Intelligence qui l'avoit formé fût obligée de s'en mêler.

Il ne nous reste plus qu'à faire voir ce que les Philosophes ont pensé sur l'Univers en général. Les uns ont assuré, qu'il n'y avoit qu'un Monde composé de tout ce que nous voyons; les autres ont crû qu'on pouvoit en admettre plusieurs. Thalès, Pythagore, Anaxagore, Héraclite, Platon, Aristote, Zénon, sont les plus illustres de ceux qui ont dit que le monde étoit unique (32). C'est pour cette raison que leurs Disciples ont assuré, que le Monde étoit animé d'une seule ame qu'ils appelloient l'ame universelle, dont les ames particulieres des Animaux, de la Terre, des Planetes & des Etoiles n'étoient que des portions (33). Pour signifier l'accord & l'union de toutes les parties de l'Univers, d'où résulte cet ordre par lequel il subsiste, les Pythagoriciens s'exprimoient à leur ordinaire d'une maniere figurée. Ils disoient que le Soleil, les Planetes & tout ce qui roule dans les Cieux, rendoit un son harmonieux

(32) Voyez Diogene Laërce, & Théodoret, *ubi suprà*.

(33) Cicéron attribue ce sentiment à Pythagore même. *Nam Pythagoras, qui censuit animum esse per naturam rerum omnem intentum & commeantem, ex quo nostri animi carperentur.* De Nat. Deor. lib. 1.

(34); c'eſt ce qu'ils appelloient la grande conſonnance. C'eſt pourquoi quelques théologiens prétendoient que les neuf Muſes n'étoient autre choſe que le ſon des huit Spheres du Monde, & l'harmonie que produit leur accord (35).

A l'égard de ceux qui ont admis la pluralité des Mondes, Diogene Laërce nous apprend que Zénon Eléate étoit de ce ſentiment (36). Héraclite & quelques autres ont ſoutenu que chaque Etoile étoit un Monde particulier, contenant une terre & de l'air, c'eſt-à-dire, un Monde habité (37). Plutarque qui nous l'apprend, attribue auſſi cette opinion aux Pythagoriciens; & il aſſure en même temps qu'elle ſe trouve contenue dans les Ouvrages d'Orphée. Mais Anaximandre, Anaximenes, Leucippe, Xénophanes, Diogene, Archélaüs, Démocrite & Epicure ont été beaucoup plus loin.

(34) *Niſi verò loqui ſolem cum lunâ putamus, cùm propiùs acceſſerit, aut ad harmoniam canere mundum, ut Pythagoras exiſtimat.* Idem, ibid. lib. 3.

(35) *Theologi quoque novem Muſas octo Sphærarum muſicos cantus, & unam maximam conſonantiam, quæ conſtat ex omnibus, eſſe voluere..... Muſas eſſe mundi cantum etiam ruſtici ſciunt, qui eas Camœnas, quaſi canenas, à canendo dixerunt.* Macrob. in Somn. Scip. lib. 1.

(36) *Placent illi hæc, mundos eſſe plures, &c.* Diog. Laërt. in Zen. El.

(37) Plut. *de placit. Phil. lib.* 2. *cap.* 13.

Ils ne ſe ſont pas contentés de dire que les Etoiles que nous découvrons pouvoient être autant de mondes; ils ont reculé les bornes de l'Univers fort au-delà de celles que lui preſcrit notre foible vue. Ils les ont pouſſées à un terme, où notre imagination même ne parviendra jamais: en un mot ils ont prétendu, que l'Univers étoit ſans bornes (38). Ces Philoſophes raiſonnant d'une maniere ſublime & tranſcendante (39) ont ſoutenu qu'il y avoit une infinité de Mondes, & que dans ce nombre infini il s'en trouvoit ſans ceſſe quelques-uns qui naiſſoient, tandis que d'autres périſſoient, c'eſt-à-dire, qu'étant tous ſujets à une continuelle viciſſitude, la forme des uns ſe détruiſoit chaque jour & qu'il s'en produiſoit auſſi continuellement de nouveaux.

On peut juger, par ce que nous venons de dire, du progrès étonnant que les Grecs avoient fait dans la connoiſſance de l'Univers, & combien ils s'étoient écartés de l'opinion de tous

(38) V. *Cicer.* Acad. Quæſt. lib. 4. *Diog. Laërt.* in Xenoph. Leucip. Democr. Diog. Apollon. & Epic. & *Theodoret.* Serm. 4. de Mat. & Mundo.

(39) Ce ſont-là les titres pompeux que les Philoſophes Atomiſtes donnent à leur Syſtême inſenſé. Pour en concevoir toute la folie, voyez l'*Anti-Lucrece* de feu M. le Cardinal de Polignac, & le *Spectacle de la Nature.* T. IV. part. 2. Entret. VIII.

ceux qui les avoient précédés. Cependant on ne doit pas croire que ces Philosophes qui pensoient d'une maniere si différente de celle du vulgaire, aient fait revenir grand nombre de leurs contemporains des fausses idées qu'ils avoient conçues, ni qu'ils les aient entraînés dans leurs sentimens. Le peuple qui ne se conduit que par les sens, & qui rejette grossierement les choses, où son esprit peu pénétrant ne sçauroit atteindre, resta toujours dans ses anciens préjugés. On se mocqua des Tourbillons d'Anaxagore, comme on s'est mocqué de ceux de Descartes (40): on traita de fous ceux qui faisoient tourner la Terre, & de visionnaires, ceux qui soutenoient que les Planetes étoient habitées, que chaque Etoile étoit un Monde, & qu'il y avoit un nombre infini de ces Mondes, que nos yeux ne pouvoient appercevoir (41). C'est ainsi qu'on regarde encore les Philosophes de ce temps, qui ont soutenu les mêmes opinions. Enfin je ne puis

(40) On n'avoit pas tout-à-fait tort, puisque son systême des Tourbillons est démontré faux, & abandonné aujourd'hui de la plûpart des Philosophes.

(41) Les Habitans d'Abdere étoient si persuadés de la folie de Démocrite, qu'ils lui envoyerent Hipocrate pour guérir son cerveau. Notre Auteur attribue cette idée à l'ignorance du peuple; mais les gens sensés sont très-convaincus, que par là les Abdéritains rendoient assez justice à ce Philosophe.

donner une idée plus juste de l'ignorance où le peuple étoit alors, & où il a toujours été sur la Physique, qu'en rapportant ces paroles d'un excellent Auteur de l'Antiquité (42): „ Il y
„ a long-temps qu'on sçait fixer les jours &
„ les instans où doivent arriver les Eclipses
„ de Soleil & de Lune: cependant la plus gran-
„ de partie du peuple est encore dans la ridi-
„ cule opinion, que ces événemens n'arrivent
„ que par la force des charmes."

CHAPITRE II.

Opinions des Anciens sur l'origine du Monde.

IL a fallu faire connoître l'idée que les Anciens s'étoient formée du systême du Monde, avant que d'entrer dans le détail de leurs opinions sur son origine. En effet, l'ordre naturel demande que l'on commence par connoître une chose, avant que de s'appliquer à découvrir comment cette chose a commencé. Il y a trois différentes manieres de penser sur l'existence du Monde. On peut le concevoir éternel quant à sa matiere & à sa forme, c'est-à-dire, se le représenter comme subsistant de toute éternité

(42) Plin. *Histor. lib.* 2. *cap.* 9.

dans le même état où nous le voyons aujourd'hui. On peut croire qu'il eſt éternel quant à ſa matiere ſeulement, en imaginant que ſa forme préſente n'a pas toujours ſubſiſté. On peut enfin ſe figurer, que la matiere, ainſi que la forme qui le compoſe, a eu un commencement. Ce dernier ſentiment dont nous parlerons plus au long dans la ſuite, a été généralement rejetté de toute l'Antiquité: les Anciens ſe ſont partagés entre les deux premiers, & tous deux ont eu pour eux des ſectateurs illuſtres & en grand nombre.

Commençons par ceux qui ont ſoutenu l'éternité du monde quant à ſa matiere & à ſa forme. Diodore attribue cette opinion aux Chaldéens (43); Stabon aſſure la même choſe des Gaulois (44). Phérécyde, Maître de Pythagore, avoit, au rapport de Diogene Laërce, compoſé un Livre ſur l'origine des choſes, qui commençoit par ces mots: *Jupiter, le temps & la terre ſont éternels* (45). Pythagore lui-même, qui aſſuroit que les ames paſſoient de tou-

(43) *Chaldæi mundum ſempiternum eſſe aiunt, neque principium habuiſſe, neque ſortiturum eſſe finem.* Diodor. lib. 3.

(44) Ἀφθάρτους τε λέγουσι καὶ οὗτοι (Δρυΐδαι) καὶ ἄλλοι, τὰς ψυχὰς καὶ τὸν κόσμον

Strab. lib. 4.

(45) *Servatur adhuc Pherecydis Syri, quem ſcripſit, libellus de rerum principio, cujus initium eſt: Jupiter quidem atque tempus item ſemper & tellus erat.* Diog. Laërt. in Pherec.

te éternité d'un corps dans un autre, ne pouvoit gueres ſoutenir ſon ſentiment, qu'en ſuppoſant le Monde éternel & incorruptible, quoique Plutarque le mette au rang de ceux qui ont attribué ſon origine à la Divinité (46). Ce qu'il y a de certain, eſt qu'Ocellus, Diſciple & Contemporain de Pythagore, dans le petit Traité qu'il nous a laiſſé, où il explique les ſentimens de ceux de ſa Secte ſur l'origine du Monde, aſſure formellement, que la Terre & les animaux qui l'habitent ſont éternels (47). Xénophanes confondant l'Univers avec la Divinité, diſoit qu'il n'avoit jamais commencé, & qu'il ne finiroit jamais. Méliſſus s'exprimoit à peu près de même, ainſi que Cicéron nous l'apprend de l'un & de l'autre (48). Quoique ſelon Plutarque, Cicéron & Diogene Laërce, Platon ait attribué au Monde un commencement (49), il paroît cependant clairement par ſes Ouvrages, qu'il a ſoutenu l'éternité de la ma-

(46) Πυθαγόρας καὶ Πλάτων γενητὸν ὑπὸ θεοῦ τὸν κόσμον, οὐ μὴν φθαρησόμενον λε. *Plut. de Placit. Phil. lib.* 1. *cap.* 4.

(47) Ocellus, *de Univerſo*, *cap.* 1.

(48) *Xenophanes unum eſſe omnia* (dixit,) *neque id eſſe mutabile, & id eſſe Deum; neque natum unquam, & ſempiternum....* *Meliſſus, hoc quod eſſet infinitum & immutabile, & fuiſſe ſemper, & fore.* Cic. Acad. Quæſt. lib. 4.

(49) Voyez ci-deſſus N. (46) *Cic.* Acad. Quæſt. lib. 4. & *Diogen. Laërt.* in Platone.

tiere (50); mais il n'eſt pas auſſi évident qu'il ait cru le monde éternel quant à ſa forme. Son Timée eſt d'une obſcurité ſi impénétrable, qu'on peut lui faire dire dans ce Dialogue tout ce qu'on voudra (51). Dans un autre endroit, il établit cependant aſſez clairement le ſyſtême de l'année périodique, ou de la grande année (52), ſelon lequel le Monde ſe renouvellant ſans ceſſe, ſe conſerve néanmoins éternellement dans la même forme. Quoiqu'il en ſoit, Plutarque joint Pythagore & Platon à ceux qui ont crû le Monde incorruptible (53); & les diſciples de ce dernier les plus attachés à leur Maître, comme Philon & Plotin, aſſurent très-poſitivement que le Monde eſt éternel, quoiqu'il y arrive de temps en temps des révolutions qui font périr la plus grande partie des habitans de la Terre (54). Enfin Ariſtote & les Péri-

(50) Voyez ſon Timée.

(51) Ce ſont ces obſcurités & ces incertitudes de Platon, que Cicéron lui reproche en ces termes : *Jam de Platonis inconſtantiâ longum eſt dicere, qui in Timæo patrem hujus mundi nominari negat poſſe; in Legum verò libris, quid ſit omninò Deus, inquiri oportere non cenſet .... Idem & in Timæo dicit; & tamen in Legibus, & mundum Deum eſſe, & cælum, & aſtra, & terram, & animos, & eos, quos Majorum inſtitutis accepimus.* De Nat. Deor. lib. 2. Il eſt certain qu'on trouve de tout dans ce Philoſophe, & qu'on peut y choiſir ce qui plaît le mieux.

(52) C'eſt dans le Dialogue qu'il a intitulé *Politicus.*

(53) Voyez page 25. N. (46).

(54) V. Plotin, *Ennead.* 5. *lib.* 8. *cap.* 12.

patéticiens ſont ceux qui ſe ſont déclarés le plus fortement pour l'éternité: ils ont ſoutenu que le Ciel, les Aſtres, les Planetes, la Terre, les Animaux, & généralement toutes choſes étoient éternelles, & ne ceſſeroient jamais d'exiſter (55).

Nous partagerons en deux claſſes ceux qui ont donné un commencement à la forme du Monde; nous placerons dans la premiere ceux qui ont enſeigné l'opinion de la grande année que nous allons expliquer & dans l'autre ceux qui ont rejetté ce même ſyſtême. Selon les premiers, le Monde ne ſe revêtoit jamais d'une forme différente de celle qu'il a eue de toute éternité; il ſe renouvelloit ſeulement de temps en temps: ſelon les autres, ſa forme changeoit abſolument, & devenoit totalement différente de ce qu'elle avoit été.

Les Anciens entendoient par leur année périodique, ou leur grande année, la révolution entiere des Cieux, c'eſt-à dire, le retour de tous les Aſtres au même point fixe d'où ils

(55) *Veniet... Ariſtoteles, qui eum deſipere dicat; neque enim ortum eſſe unquàm mundum, quòd nulla fuerit novo conſulto inito tam præclari operis inceptio: & ita eum eſſe undique aptum, ut nulla vis tantos queat motus mutationemque moliri, nulla ſenectus diuturnitate temporum exiſtere, ut hic ornatus unquàm dilapſus occidat.* Cic. Acad. Quæſt. lib. 4.

étoient partis (56). Ils n'ont jamais été bien d'accord entr'eux ſur la durée de cette grande année : les uns l'ont faite de cinq mille ans ; d'autres de dix mille, de quinze mille (57), de cent mille ; & quelques-uns de pluſieurs millions, comme on peut le voir dans Cenſorin.

C'étoit donc à la fin de cette grande année périodique, que les Anciens s'imaginoient que le Monde ſe renouvelloit, & recommençoit à exiſter en la même forme, & de la même maniere qu'il avoit fait auparavant. Les mêmes hommes qui avoient autrefois habité la terre, renaiſſoient, & commençoient de nouveau une vie pareille à celle qu'ils avoient déjà menée. Les mêmes événemens qui s'étoient paſſés dans le cours de la grande année précédente, arrivoient de même dans celle qui la ſuivoit.

(56) *Quarum* (ſtellarum errantium) *ex diſparibus motibus magnum annum Mathematici nominaverunt : qui tum efficitur, cùm ſolis & lunæ, & quinque errantium, ad eandem inter ſe comparationem, confectis omnium ſpatiis, eſt facta converſio. Quæ quàm longa ſit, magna quæſtio eſt.* Cic. de Nat. Deor. lib. 2.

(57) C'eſt à ce nombre de quinze mille, que Macrobe la fixe dans ce paſſage, où il explique ce que c'eſt que cette grande année : *Mundani ergò anni finis eſt, cùm ſtellæ omnes omniaque ſydera à certo loco ad eundem locum ita remeaverint, ut ne una quidem cœli ſtella in alio loco ſit, quàm in quo fuit, cùm omnes aliæ ex eo loco motæ ſunt, ad quem reverſæ anno ſuo finem dedere. Hoc autem, ut Phyſici volunt, poſt annorum quindecim millia peracta contingit.* De Somn. Scip. lib. 2.

Enfin pendant toute l'éternité, toutes les années périodiques se ressembloient, & n'étoient, pour ainsi dire, que des répétitions les unes des autres. Origene attribue cette opinion aux Platoniciens & aux Pythagoriciens (58). Il est certain que Platon en a établi le systéme dans un de ses Dialogues, mais avec une singularité qui est particuliere à ce Philosophe: car il assure qu'au bout d'un certain temps toutes choses rétrogradent; que les Astres se levent à l'Occident, & se couchent à l'Orient; & que les hommes recommencent à vivre par la vieillesse, pour mourir ensuite dans la premiere enfance (59).

Mais les Stoïciens sont ceux qui se sont le plus attachés à l'opinion de l'année périodique, & qui l'ont soutenue avec plus de chaleur. Voici de quelle maniere s'en explique Chrysippe, un des plus fameux Philosophes de cette Secte.

(58) Origen. *contra Cels. lib. 5. cap.* 21.

(59) *Id autem contingit omnium maximum, sequiturque continuò revolutionem illam, quandò cœlum contrà quàm nunc reflectitur. Ubi nimirùm ad ætatis florem quodvis animal pervenerit, tum desinit quidquid mortale est, & ad senium vadit. Tum in figuram transit contrariam, junioremque quodam modo & molliorem habitum induit: seniorumque cani capilli nigrescunt. Pubescentium quoque corpora pilis positis mollescunt, sensimque decrescentia in tenelli pueri naturam revertuntur. Tum demum tabescentia deficiunt & intereunt.* Plat. in Politic.

„ Après notre mort, quelques périodes de „ temps étant écoulées, nous ferons rétablis „ dans le même état, & dans la même forme „ que nous avions auparavant." Numénius, autre Stoïcien illuſtre, dit que c'eſt ce rétabliſſement dans notre premiere forme, qui accomplit la grande année, ou la nature ſe renouvelle d'elle-même & en elle-même: il ajoute, que ces révolutions & ces périodes recommenceront éternellement. Saint Auguſtin parle de cette opinion des Stoïciens d'une maniere encore plus formelle. „ Ils croient, dit-il (60), que „ pendant toute l'éternité il y aura un cercle „ d'événemens tous ſemblables; &, par exemple, comme Platon a enſeigné dans l'Académie d'Athenes, de même il y aura des „ temps pendant toute l'éternité, où le même „ Platon enſeignera encore dans la même Ville „ & dans les mêmes lieux, & aura les mêmes „ diſciples... Il en ſera de même de toutes

(60) *Abſit autem à rectâ fide, ut his Salomonis verbis illos circuitus ſignificatos eſſe credamus, quibus illi putant, ſic eadem temporum temporaliumque rerum volumina repeti, ut, v. g. ſicut in iſto ſæculo. Plato Philoſophus in urbe Athenienſi, in eâ ſcholâ, quæ Academia dicta eſt; diſcipulos docuit: ita per innumerabilia retrò ſæcula, multùm pluxis quidem intervallis, ſed tamen certis, & idem Plato, & eadem civitas, eademque ſchola, iidemque diſcipuli repetiti, & per innumerabilia deindè ſæcula repetendi ſint.* Auguſt. de Civ. Dei, lib. 12. cap. 13.

„ choſes qui, ſuivant ce ſyſtême, doivent re„ commencer ſans ceſſe au bout de quelques „ intervalles, longs, à la vérité, mais pour„ tant certains.

Enfin c'eſt ſans doute à cette doctrine du renouvellement, ou plutôt, ſi j'oſe le dire, du *recommencement* des choſes, inſérée dans les vers Sybillins, que Virgile fait alluſion, lorsque pour flater un Conſul Romain ſur le bonheur que la naiſſance de ſon fils promettoit aux hommes (61): „ Les temps prédits par la „ Sybille ſont, dit-il (62), arrivés; cette „ longue ſuite de Siecles qui nous ont précé„ dés, va recommencer: nous allons revoir „ l'âge d'or; Aſtrée revient ſur la terre." On peut croire que les Egyptiens & les anciens Arabes avoient cette opinion en vue, lorſqu'ils regardoient le Phœnix qui renaît de ſes cendres, comme le ſymbole du renouvellement éternel de la nature.

(61) On ſçait que les Sçavans ſont partagés ſur ce qui fait le ſujet de la quatrieme Eglogue de Virgile. Parmi les divers ſentimens tous indifférens à la matiere dont il s'agit ici, l'Auteur en choiſit un, ſans prétendre que ce ſoit le mieux fondé & le véritable.

(62) *Ultima Cumæi venit jam carminis ætas:*
Magnus ab integro ſæclorum naſcitur ordo;
Jam redit & Virgo, redeunt Saturnia regna.

Virgil. Eglog. 4.

Pour ce qui eſt de ceux qui ſans admettre l'année périodique, ont reconnu ſimplement que le Monde changeoit de forme, nous devons mettre en ce rang Anaximenes, Démocrite, Epicure & les autres qui ont reconnu une infinité de mondes à la fois, qui ſe détruiſoient & ſe reproduiſoient ſans ceſſe; en un mot, tous ceux qui ont admis les Atomes pour principe des choſes, & le hazard pour cauſe formelle de leur exiſtence. Selon eux, le Monde retournoit dans le cahos, d'où le hazard l'avoit tiré, & n'en reſſortoit, que lorsque le même hazard l'en retiroit encore une fois, pour lui donner une nouvelle forme.

Expliquons à préſent de quelle maniere les Anciens ont imaginé que le Monde a pu commencer. Les uns en ont attribué la cauſe au ſeul hazard: les autres ont eu recours pour cela à un Etre intelligent; mais tous ont ſuppoſé certains principes préexiſtans, ſur lesquels, ſoit l'être intelligent, ſoit le hazard ont agi, c'eſt-à-dire, dont la cauſe efficiente du Monde s'eſt ſervie pour le former. Ces principes ont été nommés atomes par Leucippe, Démocrite, & les Epicuriens (63), ce qui ſignifie,

(63) *Principia omnium eſſe atomos* (dixit) *atque inane*, dit Diogène Laërce, en parlant de Démocrite.

Cicéron

signifie, corps indivisibles; les autres les ont appellés élémens: quelques-uns se sont servis

Cicéron exposant ce sentiment de Démocrite & de toute la secte des Atomistes, dit: *Ille Atomos, quas appellat, id est, corpora individua propter soliditatem, censet in infinito inani, in quo nec summum, nec infimum, nec medium, nec ultimum, nec extremum sit, ita ferri, ut concursionibus inter se cohærescant, ex quo efficiantur ea, quæ sint, quæque cernantur, omnia; eumque motum Atomorum nullo à principio, sed ex æterno tempore intelligi convenire. Tum innumerabiles mundi, qui & oriantur, & intereant quotidiè.* De Fin. bon. & mal. lib. I.

Mais personne n'a mieux expliqué ce système que Lucrece, comme on peut le voir par ces vers, *De nat. rer. lib.* 5.

Sed quia multa modis multis primordia rerum
Ex infinito jam tempore percita plagis;
Ponderibusque suis consuerunt concita ferri;
Omnimodisque coïre, atque omnia pertentare;
Quæcumque inter se possent congressa creare:
Propterea fit, uti magnum volgata per ævum
Omnigenos cœtus & motus experiundo,
Tandem ea conveniant; quæ ut convenere, repentè
Magnarum rerum fiant exordia, nempè
Terræi, maris, & cœli, generisque animantûm.

Il avoit déjà dit dans son second Livre;

Quod quoniam constat, nimirùm nulla quies est
Reddita corporibus primis per inane profundum;
Sed magis assiduo varioque exercita motu,
Partim intervallis magnis conflicta resultant;
Pars etiam brevibus spatiis nexantur ab ictus
Et quæcumque magis condenso conciliatu
Exiguis intervallis connexa resultant,
Endopedita suis perplexis ipsa figuris.
Hæc validas saxi radices, & fera ferri
Corpora constituunt, & cætera de genere horûm
Paucula. Quæ porrò magnum per inane vagantur,
Et cita dissiliunt longè, longèque recursant
In magnis intervallis: hæc aëra rarùm
Sufficiunt nobis, & splendida lumina solis:

du mot général de ſemences des choſes; d'autres enfin ont compris toutes ces idées ſous le nom de matiere. Thalès n'a point admis d'autre principe de l'Univers que l'eau : Anaximenes n'a reconnu que l'air ; Héraclite & Parménide que le feu ; Empédocle a ajouté la terre à ces trois choſes enſemble, & a le premier ſoutenu les quatre élémens, que l'Ecole Péripatéticienne a rendus depuis ſi célebres (64).

Sans nous arrêter à rapporter les différens ſentimens des Philoſophes ſur ce ſujet, il ſuffit de dire que, ſelon eux, ces principes, ou les élémens qu'ils ont admis, quels qu'ils fuſſent, étoient dans le déſordre & la confuſion, lorsque le hazard, ou la Divinité les en fit ſortir & les débrouilla. Leucippe, Démocrite, Epicure & tous les Philoſophes atomiſtes qui tiennent un rang ſi conſidérable parmi ceux qui ont raiſonné ſur l'origine du Monde, en attribuent la cauſe ſeulement au hazard. On ne ſçait au reſte s'ils ont eu une idée bien claire de ce hazard, & ſi par ce mot ils ont pu entendre autre choſe qu'une cauſe cachée, à la

(64) *Thales ex aquâ dixit conſtare omnia: Anaximenes infinitum; aëra, Parmenides ignem, qui moveat terram quæ ab eo formetur. Empedocles hæc pervulgata & nota quatuor, Heraclitus ignem.* Cic. Acad. Quæſt. lib. 4.

vérité, mais pourtant néceſſaire. Quoiqu'il en ſoit, voici de quelle maniere ils s'expliquoient. Ils aſſuroient que les Atomes étant continuellement agités dans un vuide infini, il arrive que grand nombre de ces Atomes s'acrochent les uns aux autres, demeurent enſuite liés & acrochés de cette ſorte, quelquefois plus, quelquefois moins long-temps, & enfin ſe décrochent, & retournent dans le mouvement confus où ils étoient auparavant, juſqu'à ce qu'ils ſe racrochent de nouveau. Notre Monde n'eſt donc autre choſe, ſelon eux, qu'un amas d'Atomes, qui s'étant acrochés enſemble, ont formé tous les Etres qui le compoſent. Or comme le nombre des Atomes, & le vuide qui les contient, ſont infinis, il s'enſuit de là qu'il peut continuellement ſe former une infinité de Mondes, & qu'il s'en détruit de même une infinité, les Atomes n'étant occupés pendant toute l'éternité qu'à s'acrocher & à ſe décrocher, c'eſt-à-dire, travaillant ſans ceſſe à faire des Mondes & à les défaire.

Le nombre des Philoſophes qui ont eu recours à un Etre intelligent pour la formation du Monde, eſt très-peu conſidérable. Si l'on en excepte Anaxagore & ceux qui ont ſuivi la doctrine de Platon (65), tous les autres ſem-

(65) *Anaxagoras naturam infinitam* (dixit) *ſed eas particulas ſimiles inter ſe minutas: eas primùm confuſas, poſteà in ordinem*

blent n'en avoir attribué la cause qu'au hazard ou à la nécessité. Les Platoniciens eux-mêmes peignoient la nécessité avec la Divinité, & reconnoissoient également l'une & l'autre pour la cause efficiente du Monde. Voici comment Platon s'explique sur ce sujet. „ Dieu, dit-il „ (66), a produit, ou pour me servir de ses „ termes, a engendré le Monde de toute éter„ nité; & en le produisant, il a suivi l'idée „ ou l'exemplaire parfait qu'il a en lui même „ de toutes les choses possibles. La matiere „ étoit avant le Monde; & elle en est la me„ re, de même que Dieu en est le pere. Ainsi „ le monde est la chose engendrée, Dieu est „ le principe qui engendre, & la matiere est „ la chose dans laquelle le Monde est engen„ dré. L'intelligence & la nécessité sont donc „ la cause efficiente du monde: car l'intelli„ gence n'est autre chose que Dieu; & la né„ cessité est une même chose avec la matiere."

Il y a dans ce systême quelque obscurité qu'il est bon d'éclaircir. Premierement, on ne comprend pas trop ce que Platon veut dire, lorsqu'il assure que la matiere étoit avant le Monde: car on vient de voir qu'il a crû le Monde

adductas mente divinâ. Cic. Acad. Quæst. lib. 1. & ibid. lib. 4. *Plato ex materiâ in se omnia recipientem mundum esse factum censet à Deo sempiternum.*

(66) In Timæo.

éternel, ou créé de toute éternité ; on ne peut donc entendre cette priorité de la matiere que d'une priorité d'ordre, comme parlent les Theologiens, & non d'une priorité de temps. Il n'eſt gueres plus aiſé d'expliquer ce que ce Philoſophe entend, lorſqu'il dit que la néceſſité & la matiere ſont une même choſe, & que cette néceſſité eſt la mere du Monde. Il faut pour cela recourir aux Platoniciens, qui ont le mieux développé la doctrine de leur Maître. Ils nous apprennent (67) que la matiere exiſte néceſſairement ; d'où il s'enſuit, que la matiere eſt une cauſe néceſſaire de l'exiſtence du Monde. En effet Plotin aſſure que rien n'eſt plus ridicule, que de dire que Dieu a fait le Monde pour ſa gloire : c'eſt, dit-il (68), lui attribuer les défauts & les vues baſſes des ouvriers, qui travaillent pour le profit ou pour l'honneur.

Après avoir établi pour principe de toutes choſes la matiere éternelle & infinie, Anaxagore ſuppoſe que les parties de cette matiere qui

(67) *V.* Plotin, *Ennead.* 1. *lib.* 8. *cap.* 15.

(68) Ennead. 3. *lib.* 2. *c.* 2. C'eſt ainſi que Lucrece a dit, que c'étoit une extravagance de penſer que l'Univers ait été fait pour l'homme, *De rer. nat lib* 5.

Dicere porrò, hominum causâ voluiſſe parare
Præclaram mundi naturam, propterea que
Id laudabile opus Divûm laudare decere
Deſipere eſt.

étoient dans la confusion, furent débrouillées & arrangées par l'Intelligence Divine (69). Les Chaldéens qui, comme nous l'avons vu plus haut (70), assuroient que le monde étoit éternel, reconnoissoient cependant que l'ordre & l'arrangement de l'Univers avoit été établi par une Divine Providence: ainsi ils allioient deux choses, que Platon met de pair dans son systême, sçavoir, la formation du Monde & son éternité.

Mais l'opinion la plus ancienne & la plus célebre de l'Antiquité sur l'origine du Monde, est sans contredit celle qui étoit contenue dans la Théologie allégorique des Egyptiens & des Phéniciens, & que les Poëtes Grecs & Latins ont tant célebrée dans leurs Ouvrages sous le nom de Cahos, c'est-à-dire, du mélange des Elémens, & de l'assemblage confus des semences de toutes choses, que l'Amour sçut débrouiller & rendre fécondes. Les anciennes Poësies qui nous restent sous le nom d'Orphée, font mention de cette fameuse allégorie: Appollonius en parle aussi dans ses Argonautiques; & Hésiode ne l'a pas oubliée dans sa Théogonie, quoiqu'il la rapporte d'une maniere peu

(69) *Omnia simul erant; deindè accessit mens, eaque composuit*, lui fait dire Diog. Laër. *in Anaxag.* Voyez pag. 35. N. (65).

(70) Page 24. N. (43).

exacte, en faisant produire la Terre avant l'Amour. „ Le cahos a été, dit-il (71), avant „ toutes choses, ensuite la Terre, le Tartare „ ténébreux qui est au fond de la Terre, & „ l'Amour vainqueur des hommes & des Dieux. „ Du Cahos est sorti l'Erebe, & la Nuit a „ produit le jour & l'Ether." Aristophane est celui de tous, qui a traité ce sujet avec le plus d'ordre: voici de quelle maniere il fait parler un de ses Chœurs (72). „ Au commencement „ étoit le Cahos & la Nuit, l'Erebe & le Tar„ tare. Il n'y avoit encore ni Terre, ni Air, „ ni Ciel lorsque la Nuit produisit un œuf, „ d'où sortit l'aimable Amour aux aîles dorées, „ qui se mêlant avec le Cahos, engendra notre „ espece." C'est ce qui a donné lieu à l'emblême, où l'Amour est représenté comme le Maître & l'Auteur de l'Univers, avec une grande barbe pour marque de son ancienneté (73); & c'est encore pour la même raison, qu'on appelle Vénus la mere de la nature, & celle qui

(71) Ἤτοι μὲν πρώτιστα Χάος γένετ', αὐτὰρ ἔπειτα
Γαῖ' εὐρύστερν' &c. *Theogon. vers.* 116.

(72) Χάος ἦν, καὶ Νὺξ, Ἔρεβός τε μέλαν πρῶτον, καὶ Τάρταρος εὐρύς·
Γῆ δ', οὐδ' ἀὴρ, οὐδ' οὐρανὸς ἦν, &c. *Aristoph. in Avib. vers.* 694.

(73) Voyez Lucien, *In Amor.*

a débrouillé les Elémens (74). Toutes ces figures signifient seulement que l'accord & l'union entre les choses homogenes, c'est-à-dire, de même espece & de même nature, a été la cause de l'existence de cet Univers; de même que ce que les Grecs appelloient ἔρις, ou la discorde, avoit été & pouvoit être encore la cause de sa confusion & de sa ruine.

Comme les Egyptiens & les Phéniciens étoient sur l'origine du Monde dans le systême du Cahos, il n'est pas impossible que les Juifs leurs voisins l'ayent adopté, & que Moyse l'ait inséré dans la Genese (75). Quoique les Théologiens expliquent aujourd'hui ce Livre d'une maniere différente, & ne reconnoissent point ordinairement de matiere préexistante à la création du Monde, rien n'est cependant plus clair & plus sensible que cette vérité, comme on peut facilement le faire voir.

En effet l'idée qu'on attache au mot *Créer*, auquel on fait signifier *tirer du néant*, est manifestement toute nouvelle, & n'a point d'expression qui lui réponde dans toutes les Langues anciennes, Hébraïque, Grecque ou Latine:

(74) *En rerum naturæ prisca parens; en elementorum origo initialis; en orbis totius alma Venus.* Apul. Metam. lib. 4.

(75) *Terra autem erat inanis & vacua; & tenebræ erant super faciem abyssi.* Gen. I. 2.

les termes de cés Langues auxquels on a depuis attaché ce ſens, n'avoient point cette ſignification avant la Théologie Chrétienne, ainſi que Burnet, ce ſçavant Anglois, l'a fort bien remarqué. „ La création, & les termes ſynonimés de ce mot pris dans le ſens qu'on leur „ donne aujourd'hui, ſont dit-il, des termes „ nouveaux; car on n'en trouve aucun dans „ les Langues Hébraïque, Grecque & Latine, „ qui aient eu une pareille ſignification; en „ ces Langues, *créer* & *faire* ont toujours dé„ ſigné la même choſe. C'eſt pourquoi les Sep„ tante ont rendu le mot Hébreu *barah*, par „ celui d'ἐποίησεν, qui en Grec veut dire *fit*, & „ qui a en effet la même force que le terme „ Hébreu." Au contraire aujourd'hui nous rendons le terme Latin *creavit*, par le mot François *il créa*, auquel une idée nouvelle a été attachée. Car voici comment on traduit ordinairement les premiers mots de la Geneſe : „ Au „ commencement Dieu créa le Ciel & la Ter„ re; or la Terre étoit nue & ſans ornement." Cependant deux des plus habiles Interpretes de l'Ecriture, Vatable & Grotius, aſſurent que pour rendre exactement la phraſe Hébraïque, il faut dire : „ Lorſque Dieu fit le Ciel & la „ Terre, la matiere étoit informe;" ce qui fait un ſens fort différent, qu'on n'oſeroit admettre, ſelon nos Commentateurs modernes, parce que cette phraſe ſuppoſe évidemment la préexiſtence de la matiere.

Quoiqu'il en ſoit, il n'eſt gueres poſſible de douter, que le Cahos des Anciens ne ſoit clairement exprimé dans ces paroles de la Geneſe. „ La Théologie Phénicienne, dit Euſebe (76), „ admet pour principe de toutes choſes un air „ ſpiritueux avec le Cahos ténébreux, l'un & „ l'autre éternels & infinis. L'eſprit, ou cet „ air ſpiritueux, ſe mêlant avec le Cahos, de „ ce mélange & de cette union fut produit le „ limon, dont toutes les créatures ont été ti- „ rées." On reconnoît viſiblement, dans ces paroles d'Euſebe, la préexiſtence du Cahos avant la formation du Monde. On y voit d'une maniere ſenſible l'Eſprit de Dieu qui couvoit les eaux, au rapport de l'Ecriture (77), c'eſt-à-dire, qui rendoit le Cahos fécond, en échauffant les eaux. On y apprend pourquoi on introduiſit autrefois le feu & l'eau dans les cérémonies nuptiales, les Anciens regardant ces deux choſes comme les principes de la génération. On y découvre la raiſon qu'avoient les Egyptiens, les Phéniciens, & ceux qui étoient

(76) Præpar. Evang. *lib.* 1. *cap.* 10.

(77) *Spiritus Dei ferebatur ſuper aquas*, al. *incubabat aquis.* Gen. I. 2.

initiés aux myſteres de Bacchus, de repréſenter le Monde ſous la figure d'un œuf. Enfin on demeure convaincu par ce paſſage, que cet eſprit des Phéniciens & des Juifs n'eſt autre choſe, que l'Amour dont parlent les Grecs, comme l'Erebe & le Tartare de ceux-ci ſont clairement déſignés par les ténebres & l'abyme dont il eſt parlé dans la Geneſe. De-là il réſulte, ou que les Juifs ont emprunté ces idées des Egyptiens & des Phéniciens; ou bien, ce qui paroît abſolument impoſſible, que ceux-ci les ont tirées des Livres de Moyſe.

Tout ce que nous venons de rapporter touchant le célebre Cahos des Anciens, ne nous donne pas une idée nette & diſtincte de leur ſentiment ſur l'origine du Monde. On peut dire qu'ils ont traité fort énigmatiquement une matiere, qui d'elle-même étoit déjà très-obſcure, & qu'ils ont ajouté les voiles de l'allégorie aux ténebres naturelles de la queſtion qu'ils avoient entrepris d'expliquer. Mais au moins ſi quelque choſe s'entend clairement dans leur ſyſtême, c'eſt que le Monde n'a jamais été tiré du néant (78). Lorſque les Elémens con-

(78) C'eſt le principe conſtant de Lucrece.

Nullam rem è nihilo gigni divinitus unquàm,

conclut-il dans ſon premier Livre; ce qu'il répete en beaucoup d'autres endroits.

fus se débrouillerent, la matiere dont le Monde a été formé subsistoit déja : il n'y eut alors rien de créé, c'est-à-dire, rien qui passât du néant à l'être, que la forme nouvelle dont la matiere se revêtit. Nous pouvons donc assurer hardiment, avec le sçavant Burnet, dont nous avons déjà parlé, que la maniere dont on explique aujourd'hui la création de l'Univers, a été absolument inouie dans l'Antiquité, non-seulement aux Philosophes, mais même à tous les Peuples de la Terre.

Les Juifs qui, comme nous venons de le voir, convenoient avec leurs voisins sur la formation du Monde, n'imiterent pas la réserve & le silence des autres Nations sur l'époque de son commencement. Ils prétendirent la fixer ; & ils furent les premiers & les seuls, qui oserent entrer dans le détail de la maniere dont Dieu, selon eux, l'avoit formé. Leur entreprise, lorsqu'elle fut connue, ne fut point approuvée des autres Peuples, qui la traiterent tous de témerité. On reconnut qu'ils n'avoient parlé comme ils ont fait de l'origine du Monde, que pour s'en donner à eux-mêmes une plus illustre, en se faisant descendre de certains hommes imaginaires, disoient leurs ennemis, dont personne avant eux n'avoit jamais entendu parler. On fut convaincu qu'ils ne faisoient remonter l'observation du Sabbat jusqu'à Dieu même, en assurant qu'ayant achevé son ouvrage en six jours, il se reposa le septieme, que pour autoriser & relever cet usage établi parmi eux, auquel les autres Nations donnoient une origine humaine & très-commune, quelques-uns même fort basse. Enfin tout ce que les Juifs débitoient sur la maniere dont le Monde avoit été formé, paroissoit si puérile & si extravagant, que leur crédulité à ce sujet les rendoit la risée des autres Peuples, aussi-bien que les Chrétiens, que l'on confondoit avec eux, parce qu'ils avoient adopté leur Ecriture. Lorsque Celse, Julien & les autres ennemis du Christianisme se mettoient sur la question de la Création du Monde, leurs railleries ne finissoient point (79): il n'y avoit pas de contes de vieilles si impertinens qu'ils fussent, qu'ils ne trouvassent plus raisonnables, que tout ce qui se lit à ce sujet dans la Genese. Aussi Celse avoue-t'il (80), que les plus sensés d'entre les Juifs & d'entre les Chrétiens, honteux d'entendre ce récit à la lettre, avoient recours à l'allégorie pour l'expliquer.

Nous pouvons donc regarder comme une chose constante, que parmi les Anciens, le

(79) Voyez Origene *contra Cels. lib.* 4. *cap.* 35. 37. 38. 39. 40. *lib.* 6. *cap.* 60 61. 62. & Clem. Alex. *contra Jul. lib.* 2.

(80) Origen. *contra Cels. lib.* 1. *cap.* 1.

plus grand nombre ayant tenu pour l'éternité du Monde, tous ceux qui ont ſoutenu que l'Univers a commencé, ont admis en même-temps la préexiſtence de la matiere; & qu'ils ont reconnu, ou que le Monde étoit extrêmement ancien, ou du moins que les temps dont ſa formation préſente a été ſuivie, étoient remplis de tant d'obſcurité, & ſi couverts d'épaiſſes ténebres, qu'il étoit abſolument impoſſible de rien dire de certain ſur l'inſtant de ſon origine.

CHAPITRE III.

Opinions des Anciens ſur la fin du Monde.

C'Eſt une vérité inconteſtable, que ce qui n'a point eu de commencement, ne doit point avoir de fin, & qu'au contraire ce qui a commencé, doit un jour finir (81). Ainſi en rapportant les opinions différentes de ceux qui ont crû le Monde éternel, ou qui lui ont donné un commencement, nous avons en même-temps fait connoître que, ſelon les uns, ſa durée devoit néceſſairement avoir un terme; comme,

(81) *Quæ eſt coagmentatio non diſſolubilis; aut quid eſt, cujus principium aliquod ſit, non ſit extremum?* Cic. de Nat. Deor. lib. 1.

félon les autres, il devoit fubfifter pendant toute l'éternité. Outre cela, en parlant des Stoïciens & des autres qui ont foutenu le fyftême de l'année Périodique, il a fallu joindre enfemble leurs fentimens fur l'origine du Monde & fur fa fin. De même en expliquant le fyftême des Atomiftes, nous avons été obligés de ne point féparer de ce qu'ils penfoient fur l'origine de l'Univers, leurs opinions fur la formation, & fur la deftruction des Mondes infinis qu'ils admettoient. Cependant comme nous n'avons traité ce fujet que d'une maniere générale, il eft à propos que nous entrions dans le détail, & que nous examinions plus à fond quelle à été la penfée des Anciens fur la durée du Monde, & fur fa fin.

Tous ceux qui ont crû le Monde éternel, convaincus que ce qui a toujours été doit néceffairement toujours être, ont affuré qu'il fubfifteroit éternellement dans le même état où il eft, fans s'affoiblir, & fans fouffrir ni corruption, ni changement, au moins quant à fon tout, & à fes parties principales (82). Ce n'eft donc que de ceux qui ont foutenu que le Monde a commencé, que nous avons à parler ici, puifqu'ils font les feuls qui, conféquemment à

(82) Voyez le Chapitre précédent, furtout N. (3) & pages 24, 25, 26, 27.

leur principe, aient avancé qu'il devoit un jour finir.

Pour trouver chez les Anciens quelque chose de positif sur la fin du Monde, il faut d'abord descendre aux Philosophes Grecs. Manethon & Héraclée nous apprennent, à la vérité, que les Egyptiens croyoient le Monde corruptible (83) : Strabon dit la même chose des Gymnosophistes (84) ; mais ce sont les Grecs, qui les premiers se sont expliqués sur ce sujet d'une maniere claire & décisive. Ceux d'entr'eux qui assuroient que le Monde avoit commencé, soutenoient avec la même certitude qu'il finiroit un jour (85). Selon les Atomistes, la cause de sa fin doit venir de ce que les Atomes se décrochant, & retournant dans leur mouvement confus, donneront lieu à la destruction de toutes les choses qu'ils avoient formées en s'accrochant les uns aux autres. Voici de quelle maniere Lucrece en parle, suivant l'opinion d'Epicure.

(83) Diogene Laërce leur attribue aussi cette opinion, *in Proœm.* en ces termes : *Ægyptiorum hujusmodi philosophiam esse prodidere.... mundum genitum, corruptionique obnoxium.*

(84) Περὶ πολλῶν δὲ τοῖς Ἕλλησιν ὁμοδοξεῖν (τοὺς Βραχμᾶνας,) ὅτι γὰρ γεννητὸς ὁ κόσμος, καὶ φθαρτὸς λέγειν κ᾽ ἀκείνους. *Strabon. lib.* 15.

(85) C'est ce que Diogene Laërce assure des Stoïciens : *Placet autem eis & corruptibilem esse mundum.* In Zenon.

picure. „ Vous voyez, dit-il (86), mon cher „ Memmius, le Ciel, la Terre & la Mer. „ Ces vaſtes Corps d'une nature & d'une eſpece „ ſi différente, un jour viendra qu'ils ſeront „ détruits; & la machine du Monde, après „ avoir duré tant de ſiecles, s'écroulera, & „ ſera entierement renverſée."

Comme ce renverſement général de la machine du Monde eſt une idée qui étonne & frappe vivement l'imagination, & que par conſéquent elle fournit une matiere convenable aux Poëtes de la repréſenter avec ſuccès, lorſque l'occaſion s'en préſente, Séneque & Lucain ont fait la deſcription de cette ruine de l'Univers d'une maniere capable d'inſpirer l'horreur & l'effroi. Voici comment le premier s'en explique. „ Ce „ jour fatal étant arrivé, dit-il (87), où les

(86) *Principio maria ac terras cœlumque tuere:*
Horum naturam triplicem, tria corpora Memmi,
Tres ſpecies tam diſſimiles, tria talia texta
Una dies dabit exitio, multoſque per annos
Suſtentata ruet moles & machina mundi.

De rer. nat. lib. 5.

(87) *Jam jam legibus obrutis*
Mundo cùm veniet dies,
Auſtralis polus obruet
Quicquid per Libyam jacet,
Et ſparſus Garamas tenet;
Arctous polus obruet
Quicquid ſubjacet axibus,
Et ſiccus Boreas ferit.
Amiſſum trepidus polo

„ loix par lesquelles le Monde subsiste seront „ détruites, le Pôle Austral tombant impétueu- „ sement sur la Terre, écrasera les Peuples de „ l'Afrique; le Pôle Arctique accablera de mê- „ me les Habitans du Nord. Le Soleil ob- „ scurci ne rendra plus aucune lumiere; les „ colonnes du Ciel seront renversées, & dans „ leur chûte entraîneront la ruine générale du „ genre humain. Les Dieux mêmes n'en se- „ ront point éxemts: tout rentrera dans le Ca- „ hos; & la mort terminera le destin de tous „ les êtres. Que deviendra le Monde alors?" Lucain ne s'exprime pas avec moins de force & d'énergie. „ Lorsque les Siecles seront, „ dit-il (88), parvenus à leur derniere heure,

Titan excutiet diem :
Cœli regia concidens
Ortus atque obitus trahet;
Atque omnes pariter Deos
Perdet mors aliqua & cahos,
Et mors fata novissima
In se constituet sibi.
Quis mundum capiet locus?

Hercul. Oet. Act. 3.

(88) . . . . . . *Cùm compage solutâ*
Sæcula tot mundi suprema coëgerit hora,
Antiquum repetent iterùm cahos omnia, Mixtis
Sydera Syderibus concurrent ignea pontum
Astra petent: tellus extendere littora nolet.
Excutietque fretum: fratri contraria Phæbe
Ibit; & obliquum bigas agitare per orbem
Indignata, diem poscet sibi; totaque discors
Machina divulsi turbabit fœdera mundi.

Bel. Civ. lib. 1.

„ & que le lien qui unit toutes choſes ſera rompu; le Monde étant prêt à rentrer dans l'ancien cahos, tous les Aſtres confondus ſe choqueront les uns les autres; les corps enflammés ſe précipiteront dans la mer; la Terre repouſſera les eaux loin de leurs rivages; la Lune, dédaignant ſon cours & ſes fonctions ordinaires, voudra tenir la place du Soleil; la diſcorde enfin s'emparant de tout l'Univers, rompra l'union à laquelle il devoit ſon exiſtence."

Ceux qui étoient dans le ſyſtême de l'année Périodique, ſurtout les Stoïciens, ne ſe contenterent pas de dire ſimplement comme les Atomiſtes, que le Monde périroit par la déſunion & la confuſion de ſes parties; ils aſſurerent qu'il finiroit par le feu, & que l'Univers ſeroit détruit par un embrâſement général. Cicéron leur attribue ce ſentiment en plus d'un endroit (89): Origene dit la même choſe (90); & Sénéque qui a fait tant d'honneur à la Secte

(89) *Ex quo eventurum noſtri* (Stoici) *putant, ut ad extremum omnis mundus igneſceret, cùm humore conſumpto neque terra ali poſſet, neque remearet aer, cujus ortus, aquâ omni exhauſtâ, eſſe non poſſet: ita relinqui nihil præter ignem, à quo rurſum animante ac Deo renovatio mundi fieret, atque idem ornatus oriretur.* Cic. de Nat. Deor. lib. 2.

(90) Φασὶ δὴ οἱ ἀπὸ τῆς Στοᾶς, κατὰ περίοδον ἐκπύρωσιν τοῦ παντὸς γίνεσθαι. *Origen. contra Celſ. lib. 5. cap.* 20.

Stoïque, ne s'exprime point autrement (91). C'eſt conformément à cette opinion de l'embrâſement général du Monde, qu'Ovide a dit au commencement de ſes Métamorphoſes (92); „ Il eſt écrit dans le livre du deſtin, qu'il viendra un temps, où la terre, la mer & les „ cieux s'enflammeront, & où la peſante machine du Monde ſera renverſée." Dion nous apprend (93) que l'Empereur Tibere avoit toujours à la bouche un vers, Grec, dont le ſens étoit: „ Que la Terre s'embrâſe, quand je „ ne ſerai plus;" faiſant alluſion ſans doute au feu qui devoit conſumer l'Univers. Le même Lucain que nous avons cité, aſſure dans un autre endroit, qu'un feu général eſt deſtiné à la deſtruction du Monde, & que rien n'échappera à la fureur des flammes, lorſqu'un jour le Ciel & la Terre confondus s'embrâſeront (94).

(91) *Dicimus ignem eſſe, qui occupet mundum, & in ſe cuncta convertat. Ita ignis exitus mundi eſt.* Senec. Nat. Quæſt. lib. 3. cap. 13.

(92) *Eſſe quoque in fatis reminiſcitur, affore tempus,*
Quo mare, quo tellus, correptaque regia Cœli
Ardeat, & mundi moles operoſa laboret.
Metam. lib. 1.

(93) *Sæpè verò recitaſſe memoratur antiquum hoc:*
Me miſceatur igne terra mortuo.
Dio, Epit. lib. 58.

(94) *Hos, Cæſar, populos ſi nunc non uſſerit ignis,*
Uret cum terris, uret cum gurgite ponti.
Communis mundo ſupereſt rogus, oſſibus aſtra
Miſturus.
Bel. Civ. lib. 7.

Stace & Properce ont auſſi fait mention de la ruine de l'Univers; mais comme ils ſe ſont expliqués en peu de mots, on ne ſçait s'ils l'ont entendu à la maniere d'Epicure, ou ſuivant le ſyſtême des Stoïciens. Ceux-ci, au reſte, n'ont pas été les premiers qui aient crû que le Monde périroit par le feu. Héraclite & Empédocle l'avoient ſoutenu avant eux (95); & Plutarque nous apprend (96), que cette opinion ſe trouvoit contenue dans les Ouvrages d'Héſiode & dans ceux d'Orphée.

Quoique l'opinion de l'embrâſement général de l'Univers ſoit du nombre de celles dont l'origine ſe perd dans l'Antiquité, nous pouvons cependant aſſurer, que parmi les Anciens, les Peuples chez leſquels elle paroît avoir été le mieux établie, ſont les Syriens & les Phéniciens. Le Philoſophe Zénon, chef des Stoïciens, étoit originaire de Phénicie; & l'on ſçait que cette doctrine étoit commune en Syrie au temps de l'établiſſement de l'Evangile. Celſe la regardoit deſlors comme une opinion très-répandue (97); & un paſſage de Joſephe ne nous permet point de douter de ſon anti-

(95) C'eſt ce que Diogene Laërce aſſure d'Héraclite. *Ex igne*, dit-il, *omnia conſtare* (dixit,) *in eumque reſolvi omnia.* In Héracl.

(96) Plut. *de Oracul. defectu.*

(97) Voyez Origen. *contra Celſ. lib.* 5. *cap.* 14.

quité. Cet Hiſtorien rapporte (98) que les enfans de Seth, fils d'Adam, ayant appris de leur pere & de leur ayeul, que le monde périroit par l'eau & par le feu, & voulant tranſmettre cette tradition à leur poſtérité, la graverent ſur deux colonnes qu'ils éleverent, dont l'une étoit de briques, & l'autre de pierres, afin que s'il arrivoit qu'un déluge ruinât la colonne de briques, celle de pierres pût réſiſter à la violence des eaux, & conſerver ainſi la mémoire de ce qu'ils avoient écrit. On aſſure, ajoûte Joſephe, que cette colonne de pierres ſe voit encore aujourd'hui dans la Syrie. Il y auroit de la ſimplicité à croire, que cette colonne qu'on voyoit en Syrie du temps de cet Hiſtorien, s'il eſt vrai qu'on y en vît une, fût l'ouvrage des enfans de Seth; mais on ne peut au moins s'empêcher d'être convaincu par ce récit, que la doctrine de l'embrâſement futur de l'Univers étoit fort ancienne dans la Syrie.

Uniquement occupés du réglement des mœurs, les Stoïciens étoient d'une ignorance groſſiere ſur la Phyſique. Ils croyoient, à la vérité, comme les autres Philoſophes, que les étoiles étoient des corps de feu; mais ils avoient en même temps ſur ce ſujet une opinion ridicule,

(98) *Antiq. jud. lib. 1. cap. 2.*

qui leur étoit particuliere: ils s'imaginoient que ce feu des étoiles s'entretenoit & se nourrissoit des vapeurs qui s'élevent de la terre, de la mer & des eaux; & sur ce beau principe ils fondoient la cause de l'embrâsement futur de l'Univers (99). Ils assuroient qu'après une longue suite d'années, la substance humide des eaux étant épuisée, & la terre se trouvant enfin desséchée, & hors d'état de fournir plus long-temps à la nourriture des Astres à cause de son aridité, le feu s'attacheroit à toutes les parties du Monde, & consumeroit toutes choses. Bérose ramenant tout à l'Astrologie judiciaire, selon la coutume des Chaldéens, soutenoit que la cause de l'embrâsement du Monde seroit la conjonction des Planetes dans le signe du Cancer, de même que, selon lui, le déluge seroit causé par la conjonction des mêmes Planetes dans le signe du Capricorne (100).

(99) *Sunt autem stellæ naturâ flammeæ*, leur fait dire Cicéron, de Nat Deor. lib. 2. *Quo circà terræ, maris, aquarum vaporibus aluntur iis, qui à Sole ex agris tepefactis & ex aquis excitantur: quibus altæ renovatæque stellæ, atque omnis æther, refundunt eadem, & rursum trahunt indidem, nihil ut ferè intereat, aut admodùm paululùm, quod astrorum ignes & ætheris flamma consumat. Ex quo eventurum nostri putant, &c.* Voyez pag. 51. N. (89).

(100) *Berosus, qui Belum interpretatus est, ait cursu isto* (conflagrationem mundi & diluvium) *Syderum fieri; & adeò qui-*

Il n'y a nulle apparence, que ni les Syriens, ni les Phéniciens, ni ceux qui les premiers ont assuré que le monde périroit par le feu, en aient eu d'autre raison, qu'une opinion fort simple & très-naturelle. On a toujours crû dans l'Antiquité, qu'à la fin du Monde le ciel & la terre se confondroient: Jésus-Christ dit positivement, qu'alors les étoiles tomberont du ciel. C'étoit l'opinion commune; & dans l'imagination des Peuples, il ne faut point chercher d'autre cause d'un embrâsement général, que ce mélange du ciel & de la nature. Quoique les Anciens ne donnassent pas aux étoiles leur juste grandeur, ils les concevoient cependant comme de vastes corps enflammés, & ils ne pouvoient sans doute imaginer qu'elles dussent tonber sur la terre, sans l'embrâser en meme temps, & la réduire en cendres.

Si le temps précis de la formation du Monde a toujours été regardé comme une chose qu'il étoit impossible de découvrir, on n'a pas jugé qu'il y eût moins d'impossibilité à déterminer sa durée, & à fixer l'instant de sa fin. Il n'y

dem id affirmat, ut conflagrationi atque diluvio tempus assignet: arsura enim terrena contendit, quandò omnia sydera, quæ nunc diversos agunt cursus in Cancrum convenerint, sic sub eodem posita vestigio, ut recta linea exire per orbes eorum possit; inundationem futuram cum eadem syderum turba in Capricornum convenerit. Senec. Nat. Quæst. lib. 3. cap. 29.

a rien dans toute l'Antiquité Payenne qui puiſſe nous faire penſer, que jamais on ſe ſoit aviſé de preſcrire le moment auquel le Monde a commencé, ni celui auquel il doit finir. Les Juifs qu'on accuſoit d'avoir fixé l'époque de l'origine du Monde, pour faire remonter la leur juſqu'à ce terme reculé, communiquerent cet eſprit aux premiers Chrétiens. Ceux-ci, à l'exemple des autres, s'aviſerent de marquer des bornes à la durée du Monde, comme les Juifs avoient déſigné le moment de ſon commencement; & malheureuſement pour eux, ils aſſurerent que ſa derniere heure étoit prochaine. Ils joignirent à cette opinion haſardée une autre imagination auſſi ridicule; & comme les Juifs avoient fait remonter l'origine de l'obſervation du Sabath juſqu'à la premiere ſemaine du Monde, les premiers Chrétiens judaïſant pouſſerent cette obſervation au-de-là même de la fin du Monde. Ils oſerent publier, qu'il ne dureroit qu'autant de milliers d'années, que Dieu avoit employé de jours à le former, c'eſt-à dire, qu'il ne ſubſiſteroit que pendant ſix mille ans; qu'au bout de ce terme, Jeſus-Chriſt deſcendroit ſur la terre, raſſembleroit ſes élus, & célébreroit avec eux le grand Sabath pendant le cours de mille autres années, après leſquelles il les introduiroit dans les biens ineffables de l'Eternité (101).

Cette opinion de la durée Sabbathique du Monde & du regne de mille ans étoit si commune, ou, pour mieux dire, si générale parmi les premiers Chrétiens, qu'il est étonnant que ceux qui vinrent ensuite aient osé la réjetter. Eusebe dit que Papias Evêque d'Hiéraple, & disciple des disciples des Apôtres, en étoit l'Auteur (102); mais on ne peut douter que les Apôtres mêmes ne l'eussent établie, & qu'elle ne fût aussi ancienne que le Christianisme. En effet le même Auteur nous apprend (103), que Papias avoit grand soin de s'informer de tout ce que les Apôtres avoient enseigné toutes les fois qu'il rencontroit quelqu'un qui eût vêcu avec eux; & Saint Irenée, disciple des disciples des Apôtres, est du même senti-

(101) *Arbitror ex hoc loco, & ex Epistolâ quæ nomine Petri Apostoli inscribitur, mille annos pro unâ die solitos appellari: ut scilicet quia mundus in sex diebus fabricatus est, sex millibus annorum tantùm credatur subsistere; & posteà venire septenarium numerum & octonarium, in quo verus exercetur sabbathismus.* Hieron. Ep. ad Cypr. Presbyt.

(102) Ταῦτα δὲ καὶ Παπίας ἰωάννου μὲν ἀκουστής, Πολυκάρπου δὲ ἑταῖρος γεγονώς, ἀρχαῖος ἀνήρ, ἐγγράφως ἐπιμαρτυρεῖ ἐν τῇ τετάρτῃ τῶν αὐτοῦ Βιβλίων. *Euseb. Præp. Ev. lib. 3. cap. 33.*

(103) Eusebe, *ubi suprà.*

ment que Papias touchant le regne de mille ans. Il dit même positivement (104), que tous les Anciens qui avoient vu Saint Jean l'Evangéliste, assuroient qu'ils lui avoient souvent oui dire, que Jésus-Christ s'étoit exprimé de la maniere suivante sur la nature du bonheur dont les justes devoient jouir alors : „ Dans ces jours „ heureux chaque vigne produira dix mille „ branches, chaque branche dix mille grapes, „ & chaque grape dix mille grains ; " après quoi il s'étend d'une maniere puérile sur le détail de la multiplication des fruits : par où il paroît, pour le dire en passant, que les premiers Chrétiens avoient une idée fort grossiere & très-charnelle de ce regne de Jésus-Christ sur la terre.

Mais comme ce n'est point ici le lieu d'examiner plus à fond cette question du regne terrestre de Jésus Christ, il suffit de dire, que

(104) *Prædicta itaque benedictio ad tempora regni sine contradictione pertinet, quandò regnabunt justi surgentes à mortuis; quando & creatura renovata & liberata, fructificabit universæ esca ex rore cœli, & ex fertilitate terræ : quemadmodùm Presbyteri meminerunt, qui Joannem discipulum Domini viderunt, audisse se ab eo, quemadmodùm de temporibus illis docebat Dominus, & dicebat : venient dies, in quibus vineæ nascantur singulæ dena millia palmitum habentes, & in uno palmite dena millia brachiorum, & in uno vero palmite dena millia flagellorum... Et cùm eorum apprehenderit aliquis sanctorum botrum, alius clamabit : Botrus ego melior sum ; me sume, per me Dominum benedic, &c.* Iren. adv. Hæres. lib. 5. cap. 33.

les Chrétiens des premiers ſiecles, ſortis des Juifs pour la plûpart, & prévenus par conſéquent d'un reſpect ſuperſtitieux pour l'obſervation du Sabath, croyoient que le Monde ne dureroit que ſix mille ans, au bout deſquels arriveroit l'embrâſement du ciel & de la terre. Et comme ils ſuivoient la chronologie des Septante, ſelon laquelle le Monde avoit déjà duré cinq mille huit cents ans, ils s'imaginoient que ſa fin n'étoit pas fort éloignée. C'eſt pour cette raiſon, qu'ils attribuoient les mortalités & les calamités publiques à la vieilleſſe du Monde, qui, au rapport de Saint Cyprien (105), n'avoit plus la même vigueur qu'autrefois, & étoit tombé dans la caducité. Ils étoient continuellement dans l'attente de l'Antechriſt, & dans l'appréhenſion des malheurs ſans nombre, que cet ennemi de Dieu devoit cauſer à l'Egliſe. Tertullien diſoit, que les Chrétiens prioient pour la durée de l'Empire Romain, parce que ſçachant certainement que l'Univers finiroit avec lui, ils vouloient éloigner par leurs prieres les maux dont les hommes étoient menacés à la fin du Monde (106).

(105) *Quia ignarus divinæ cognitionis, & veritatis alienus es, illud primo in loco ſcire debes. ſeneſſe jam mundum, non illis viribus ſtare, quibus priùs ſteterat, nec vigore & robore eo valere, quo antea prævalebat.* Cyprian. ad Demet.

(106) *Eſt & alia major neceſſitas nobis orandi pro Imperatoribus, etiam pro omni ſtatu Imperii, rebusque Romanis, quia vim*

Nous devons ajouter, avant que de finir ce Chapitre, que jamais on ne s'est imaginé dans l'Antiquité que le Monde dût retomber un jour dans le néant. Ceux des Philosophes qui donnoient à l'Univers un commencement, comme ceux qui tenoient pour son éternité, les Stoïciens ainsi que les Atomistes, étoient également persuadés que le Monde ne seroit jamais réduit à rien (107); & si quelques-uns d'eux lui attribuoient une fin, ils la regardoient comme un changement qui devoit arriver à sa forme, &

maximam, universo orbi imminentem, ipsamque clausulam sæculi acerbitates horrendas comminantem, Romani Imperii commeatu scimus retardari. Tertul. Apol. cap 31. & lib. contra Scap. cap. 3. *Christianus nullius est hostis, nedum Imperatoris, quem sciens à Deo suo constitui, necesse est ut & ipsum diligat... & salvum velit, cum toto Romano Imperio, quousque sæculum stabit: tandiù enim stabit.*

C'est en ce sens que Lactance dit, Divin. Instit. lib. 7. cap. 25. *Incolumi Româ nihil videtur metuendum: at verò cùm caput illud orbis occiderit, & ῥύμη esse cœperit, quod Sibyllæ fore aiunt, quis dubitet venisse jam finem rebus humanis, orbique terrarum.*

(107) C'est le principe de Lucrece, qui s'exprime ainsi dans son premier Livre:

At nunc inter se quia nexu principiorum
Dissimiles constant, æternaque materies est;
Incolumi remanent res corpore.......
Haud igitur redit ad nihilum res ulla...
Haud igitur penitùs pereunt quæcumque videntur;
Quandò aliud ex alio reficit natura, nec ullam
Rem gigni patitur, nisi morte adjutam alienâ.

non pas comme une destruction de sa substance. Les premiers Chrétiens étoient dans la même opinion sur la fin du Monde. Ils croyoient que l'embrâsement général le purifieroit seulement, & changeroit sa forme sans anéantir sa matiere. Ils espéroient que Dieu formeroit ensuite un nouveau ciel & une nouvelle terre, où ils habiteroient éternellement; & ils fondoient ce sentiment sur une infinité de passages de l'Ecriture? „ Je vais créer, dit Dieu, dans Isaïe „ (108), de nouveaux cieux & une nouvelle „ terre, & ensévelir dans l'oubli tout ce qui „ a précédé." Il est aussi écrit dans l'Apocalypse: „ j'ai vu un nouveau ciel & une nouvelle „ terre (109): car le premier ciel & la pre„ miere terre s'étoient évanouis;" & on lit dans Saint Pierre les paroles suivantes: „ nous „ attendons de nouveaux cieux & une nouvelle „ terre (110) en vertu des promesses de celui „ en qui la vérité réside." Saint Jérôme accuse Origene d'avoir admis une infinité de Mondes, non à la maniere des Epicuriens qui en

(108) *Ecce enim ego creo cœlos novos, & terram novam; & non erunt in memoria priora.* If. cap. 65. vers. 17.

(109) *Et vidi cœlum novum & terram novam: primum enim cœlum & prima terra abiit.* Apocal. cap. 21. vers. 1.

(110) *Novos verò cœlos, & terram novam, secundùm promissa ipsius expectamus, in quibus justitia habitat.* 2. Pet. cap. 3. vers. 13.

reconnoissoient une infinité subsistante actuellement, mais en supposant qu'ils auroient lieu successivement, & l'un après l'autre (111). Ce qu'il y a de certain, c'est qu'Origene paroît supposer la préexistence de la matiere dans une de ses Homélies; & dans ses Principes il dit formellement, que le Monde ne sera pas anéanti, & qu'il changera seulement de forme (112). Enfin Saint Augustin, qui vivoit dans un siecle où la doctrine de l'Eglise étoit déjà très-épurée, n'avoit point d'autre sentiment. „ Le Monde „ finira, dit-il (113), non par une destruc„ tion totale, mais seulement par un change„ ment de sa forme. C'est pourquoi l'Apôtre „ a dit: la figure de ce Monde passe. Il n'y „ aura donc que la forme ou la figure du Mon„ de qui passera, & sa substance ne passera „ point." De ce qui vient d'être dit con-

(111) Ce n'est pas Saint Jérôme qui l'en a accusé, mais Theophile d'Alexandrie, *Libro Pascali* 1. traduit par Saint Jérôme.

(112) Si *enim mutabuntur cœli, utique non perit quod mutatur; & si habitus mundi transit, non omnimodè exterminatio, vel perditio substantiæ materialis ostenditur: sed immutatio quædam fit qualitatis, atque habitûs transformatio.* Origen. de Princip. lib. 1. cap. 6.

(113) *Et in Litteris quidem sacris . . . legitur: Præterit figura hujus mundi; legitur: Mundus transit; legitur; Cœlum & terra transibunt; sed puto quòd præterit, transit, transibunt, aliquantò mitius dicta sunt, quàm peribunt.* August. de Civ. Dei, lib. 20. cap. 24.

cluons, que quoique les Chrétiens soutinssent que le Monde avoit été autrefois tiré du néant, ils convenoient cependant avec les Payens que jamais il ne seroit anéanti.

CHAPITRE IV.

Ce que les Anciens ont pensé de la Terre; & de leur Géographie.

DÉMOCRITE avoit raison de reprocher aux Philosophes de son temps, qu'ils s'amusoient à contempler les Astres, pendant qu'ils négligeoient la connoissance de ce qui étoit sous leurs pieds. L'ordre naturel sembloit en effet exiger d'eux, qu'ils s'appliquassent à connoître la Terre qu'ils habitoient, avant que de s'occuper à observer les Cieux qu'ils ne voyoient que dans l'éloignement. Ils devoient sans doute travailler d'abord à se rendre bons Géographes, après quoi ils auroient pu songer à devenir Astronomes. Cependant soit qu'on eût négligé, à dessein, des connoissances qui dans ces temps reculés ne paroissoient pas faciles à acquérir, soit qu'on les regardât alors comme toutes acquises, en prenant pour une vérité certaine la fausse opinion dans laquelle on fut si long-temps

sur

ſur ce qui regarde la Terre, il eſt certain qu'on avoit deja fait beaucoup de progrès dans la ſcience des Aſtres, lorſque le Monde étoit encore fort ignorant ſur la Géographie.

Nous avons vu dans les Chapitres précédens quelle étoit l'opinion des Anciens ſur la place que la Terre occupe dans cet Univers. L'amour-propre qui ramene ordinairement tout à ſoi, ayant fait croire aux hommes que le Soleil, la Lune, les Etoiles, & généralement toutes choſes ont été formées pour eux; en partant de ce principe, ils ont regardé la Terre qui les ſoutient comme la plus noble partie de l'Univers; ils l'ont placée au centre du Monde, comme dans le lieu le plus honorable; & leurs ſens s'accordant parfaitement avec cette maniere de penſer, leurs yeux les ont entretenus dans une erreur qui flattoit agréablement leur vanité. Ainſi non-ſeulement les Egyptiens, les Chaldéens, les Libyens & les autres anciens Aſtronomes, mais même, ſi on en excepte quelques-uns des Philoſophes Grecs dont j'ai parlé (114), on peut dire généralement tous les hommes, dans tous les temps, ont crû que la Terre occupoit le centre du Monde;

(114) Voyez le premier Chapitre.

Quoique quelques-uns, par un goût particulier pour la figure conique, qu'ils regardoient comme la plus parfaite, aient assuré que l'univers avoit cette forme, il est cependant très-certain qu'en général on a crû le Monde sphérique; le mouvement circulaire des Astres ne permettant pas aux Anciens d'être dans une autre sentiment: du moins la figure sphérique est celle qu'on lui a communément attribuée, comme s'accordant mieux avec les observations, & convenant d'ailleurs aux Allégoristes, qui trouvoient dans cette figure des propriétés & des perfections, qui ne se rencontrent point dans toutes les autres.

A l'égard de la Terre (115), on ne peut douter que les premiers hommes, jugeant de sa figure par celle du Pays qui les environnoit, & ne poussant pas encore leurs raisonnemens plus loin que la portée de leur vue, n'aient crû quelle étoit ronde & platte à-peu-près comme une table. Les sens nous portent naturellement à

(115) Les opinions différentes des Philosophes sur la figure de la Terre, se trouvent réunies dans l'ancien Auteur de l'Histoire Philosophique, qui en parle en ces termes: Θαλῆς, καὶ οἱ ἀπ' αὐτοῦ, σφαιροειδῆ τὴν γῆν νομίζουσιν: Ἀναξίμανδρος δὲ, λίθῳ κίονι τῇ περιφερείᾳ ἐκ τῶν ἐπιπέδων Αναξιμένης, τραπεζοειδῆ: Λεύκιππος, τυμπανοειδῆ τῷ πλάτει, κοίλην δὲ τῷ μεγέθει.

penſer ainſi. C'étoit là l'opinion d'Homere & de tous les anciens Poëtes, comme Geminus l'a obſervé (116), & la plûpart des hommes penſeroient encore aujourd'hui de même, s'ils n'entendoient dire le contraire. On eſt ſorti de très-bonne heure de cette erreur groſſiere; & le premier fruit qu'on a tiré des obſervations Aſtronomiques, a été de donner en particulier à la Terre la même forme qu'on attribuoit à l'Univers en général, c'eſt-à-dire la figure ſphérique. On concevoit donc la Terre comme un vaſte globe immobile, placé au centre du Monde, & environné d'un air immenſe, au deſſus duquel rouloient les huit ſpheres céleſtes. C'eſt ainſi que les Egyptiens, les Chaldéens, les Libyens & les autres Peuples qui ſe ſont appliqués les premiers à connoître la ſtructure de l'Univers, ont penſé en général ſur la figure de la Terre.

Pour ce qui regarde plus particulierement la ſuperficie du globe terreſtre, je veux dire, la ſituation différente des terres & des mers, des continens & des Iſles, la difficulté des voyages d'une région à l'autre, & l'art de la navigation qui a été long-temps à ſe perfectionner, ont

(116 Ὅμηρος μὲν γὰρ, καὶ οἱ ἀρχαῖοι ποιηταὶ χεδὸν, ὡς εἰπεῖν, πάντες ἐπίπεδον ὑφίςανται τὴν γῆν. *Gemin. cap.* 13.

laiſſé les hommes qui nous ont précédés dans une ignorance extrême ſur tous ces chefs. C'eſt aux derniers ſiecles que ces connoiſſances étoient réſervées. Depuis deux cents ans nous avons fait plus de découvertes dans la Géographie, que nos Ancêtres n'avoient pu en imaginer dans l'eſpace de ſix mille; & quoiqu'on n'ait pas encore porté cette ſcience à ſon plus haut point de perfection, à en juger par les progrès étonnans qu'on y a faits en ſi peu de temps, nous pouvons nous flatter, que la curioſité de nos Voyageurs, l'habileté de nos Pilotes & l'application de nos Aſtronomes, ne laiſſeront d'autre ſoin à la poſtérité, que celui de jouir du fruit de leurs travaux, & de profiter de leurs connoiſſances.

Les Anciens diviſoient le globe terreſtre en cinq Zones (117), ou cinq parties compriſes entre les deux Poles, comme nous l'avons fait depuis. Ils donnoient à ces Zones les mêmes noms, qu'elles portent encore de nos jours;

(117) *Utque duæ dextrâ Cœlum totidemque ſiniſtrâ*
Parte ſecant Zonæ, quinta eſt ardentior illis :
Sic onus incluſum numero diſtinxit eodem
Cura Dei, totidemque plagæ tellure premuntur ;
Quarum quæ media eſt, non eſt habitabilis æſtu :
Nix tegit alta duas ; totidem inter utramque locavit,
Temperiemque dedit, miſtâ cum frigore flammâ.
Ovid. Métam. lib. I.

mais ils en croyoient deux ſeulement habitées: le froid exceſſif, ou des chaleurs extrèmes ne permettoient pas d'habiter les trois autres. C'eſt ainſi qu'en parlent Cicéron, Virgile, Ovide, Strabon, Mela, Pline; & ſans un paſſage de Geminus, nous pourrions aſſurer hardiment que c'étoit là le ſentiment général des Anciens. Cet Auteur ſoutient dans ſes Elémens d'Aſtronomie (118), que la Zone torride n'eſt point inhabitable, parce que, dit-il, on a déjà découvert ſous cette Zone des pays où l'on a trouvé des habitans. Il nous apprend en même temps que Polybe avoit compoſé un livre, où il prouvoit qu'il devoit faire moins chaud directement ſous la ligne qu'aux extrémités de la Zone torride; ce qu'il prouvoit par le témoignage de pluſieurs perſonnes qui avoient pénétré juſques-là. Pour ce qui eſt des Zones froides, toute l'Antiquité les a toujours crues inhabitables.

On doit encore obſerver que ce n'eſt que par le raiſonnement, & par la connoiſſance que les Anciens avoient de la figure ſphérique de la Terre, qu'ils croyoient que la Zone tempérée méridionale pouvoit etre habitée. Ils ſçavoient que cette Zone étant à une même dis-

(118) *Cap.* 13. Geminus étoit contemporain de Sylla & de Cicéron.

tance de l'Equateur que la ſeptentrionale qu'ils occupoient, on devoit par conſéquent y jouir d'une même température d'air: d'où ils concluoient, que l'une de ces Zones étant habitée, l'autre pouvoit l'être de même. Du reſte ils n'avoient aucune certitude qu'elle le fût; & ce n'étoit que par conjecture & par vraiſemblance qu'ils étoient dans cette opinion, à-peu-près comme ces Philoſophes qui ſoutenoient qu'il y avoit des Habitans dans la Lune.

Il eſt conſtant que jamais les Anciens n'ont eu aucune connoiſſance des pays ſitués au delà de la Ligne. Ils n'avoient aucun commerce avec les habitans de ces pays, & ne penſoient pas même qu'il fût poſſible d'en avoir aucun. „ Lorsque nous parlons, dit Geminus (119), des „ habitans de la Terre Auſtrale, ce n'eſt pas „ comme aſſurant certainement que cette Zone „ ſoit habitée; nous ſuppoſons ſeulement qu'elle peut l'être: car jamais nous n'avons rien „ appris touchant cette Zone." Cicéron parle encore plus poſitivement. „ Voyez, fait-il „ dire à Scipion (120), voyez la Terre com-

(119) Geminus, *ibid.*

(120) *Cernis terram eandem, quaſi quibuſdam redimitam & circumdatam cingulis; è quibus duos maximè inter ſe diverſos... obriguiſſe pruinâ vides ... Duo ſunt habitabiles: quorum Auſtralis iſte, in quo qui inſiſtunt, adverſa vobis urgent veſtigia, nihil ad veſtrum genus.* Cic. in Somn. Scip.

„ me environnée de cinq Zones, desquelles „ il n'y en a que deux d'habitées; encore les „ hommes qui occupent la méridionale, sont-ils „ d'une espece qui n'a rien de commun avec la „ vôtre?" Pline parlant des Zones tempérées, dit de même qu'elles sont inaccessibles l'une à l'autre, à cause de la chaleur du Soleil qui brûle celle dont elles sont séparees (121). Macrobe enfin s'étendant davantage sur ce sujet, assure que les habitans de ces deux Zones tempérées n'ont jamais eu de commerce ensemble, & qu'il est même impossible qu'ils en aient aucun, à cause des chaleurs excessives de celle qui les divise. (122).

Outre les ardeurs brulantes du Soleil les Anciens avoient encore une autre raison de croire que ces deux Zones étoient inaccessibles l'une à l'autre. Ils étoient persuadés que l'Océan

(121) *Circà duæ tantùm inter exustam & rigentes temperantur; eæque ipsæ inter se non perviæ propter incendium syderum.* Plin. Hist. lib. 2. cap. 68.

(122) *Licet igitur sint hæ duæ (Zonæ) mortalibus ægris munere concessæ Divûm, quas diximus esse temperatas, non tamen ambæ Zonæ hominibus nostri generis indultæ sunt, sed sola superior incolitur ab omni, quale scire possumus, hominum genere, Romani Græcive sint, vel barbaræ cujusque nationis. Illa verò solâ ratione intelligitur, quòd propter similem temperiem similiter incolitur: sed à quibus, non licuit unquàm nobis, nec licebit ognoscere. Interjecta enim torrida utrique hominum generi commercium ad se denegat commeandi.* Macrob. in Somn. Scip. lib. 1.

environnoit toute la Terre, & que s'étendant sous la Ligne de l'Occident à l'Orient, il partageoit en deux le globe terrestre, divisant ainsi les deux Zones temperées. C'est pour cela, selon Geminus (123), qu'Homere & les anciens Poëtes disoient que le Soleil se levoit de l'Océan, & s'y couchoit. Les Prêtres d'Egypte, au rapport d'Hérodote (124), assuroient que le Nil tiroit sa source de l'Océan, & que l'Océan entoure toute la Terre. Ovide dit que Vulcain avoit gravé sur les portes du Palais du Soleil, l'Océan, qui environnant toute la Terre, la divise en deux parties égales (125) Horace l'appelle du nom d'environnant (126); & par la même raison Cicéron & Strabon assurent que la Terre que nous habitons est une isle (127).

(123) Geminus, *ubi suprà.*

(124) *Altera opinio est incredibilior quidem quàm hæc quæ dicta est, dictu tamen admirabilior, quæ ait, illum* (Nilum) *quòd ab Oceano fluat, istud efficere: Oceanum verò totam terram circumfluere.* Herodot. lib. 2.

(125) . . . . *Mulciber illic.*
Æquora cælarat medias cingentia terras.
Ovid. Metam. lib. 2.

(126) *Nos manet Oceanus circumvagus.*
Horat. Epod. 6.

(127) *Omnis enim terra, quæ colitur à vobis, parva quædam insula est, circumfusa illo mari quod Atlanticum, quod magnum, quod Oceanum appellatis.* Cic. in Somn. Scip. *&* & Strabon. lib. 2. Apulée s'étend davantage sur ce sujet. *Nec sum nescius*, dit-il, *de Mund. plerosque hujus operis Auctores terrarum or-*

Les premiers Chrétiens mêmes n'étoient pas dans une autre opinion. Saint Clément appelle les pays ſitués ſous la Zone Auſtrale tempérée, les Mondes qui ſont au delà de l'Océan (128). Origene dit à ce ſujet, que ſaint Clément a fait mention de ceux que les Grecs nomment Antichtones, qui habitent un endroit de la Terre, entre lequel & celui que nous occupons, il ne peut y avoir de communication (129). Saint Auguſtin confondant les Antichtones avec les Antipodes, étoit ſi perſuadé que les deux Zones tempérées étoient incommunicables entr'elles, qu'il ſoutenoit que la Zone Auſtrale n'étoit point habitée, parceque les hommes qui l'occuperoient ne ſeroient pas deſcendus d'Adam. Car, dit ce Pere, il eſt abſurde de croire, qu'on ait pu traverſer l'immenſité de l'Océan (130).

bem ita diviſiſſe, partem ejus inſulas eſſe, partem verò continentem vocari; neſcii omnem hanc terrenam immenſitatem Atlantici maris ambitu coerceri; inſulamque hanc unam eſſe cum inſulis omnibus.

(128) Ἀλλὰ κἀν τῇ πρὸς Κορινθίους Ῥωμαίων ἐπιστολῇ, ὠκεανὸς ἀπέραντος ἀνθρώποις γέγραπται, καὶ οἱ μετ' αὐτὸν κόσμοι. *Clem. Alex. Strom. lib.* 5. *cap.* 12.

(129) *Meminit ſanè Clemens Apoſtolorum diſcipulus eorum, quos ἀντίχθονας Græci nominarunt, atque alias partes orbis terræ, ad quas neque noſtrorum quiſquam accedere poteſt, neque ex illis, qui ibi ſunt, quiſquam tranſire ad nos.* Origen. *de Princip.* lib. 2. cap. 3.

(130) *Quòd verò & antipodas fabulantur ... nullâ ratione credendum eſt ... nimiſque abſurdum eſt, ut dicatur, aliquos*

Les Stoïciens de leur côté donnoient une raiſon phyſique, de ce que l'Océan s'étendoit ainſi ſous l'Equateur. Nous avons dit que ces Philoſophes s'imaginoient, que le feu des Aſtres ſe nourriſſoit des vapeurs & des exhalaiſons de la Terre (131). C'étoit donc, ſelon eux, pour cette raiſon, que l'Océan s'étendoit ſous la Ligne, afin d'être toujours à portée de fournir au Soleil, à la Lune & aux autres Planetes, la nourriture dont elles avoient beſoin.

La même raiſon qui avoit fait imaginer des Antichtones, ou des Habitans de la Zone Auſtrale tempérée, avoit fait juger qu'il y avoit auſſi des Antipodes, c'eſt-à-dire des Habitans du point de la Terre diamétralement oppoſé à nos pieds dans l'autre hémiſphere. La figure ſphérique de la Terre portoit à conjecturer l'un & l'autre; mais on n'en avoit aucune certitude. Les Stoïciens croyoient qu'il y avoit des Antipodes (132): cependant Pline n'oſe le décider (133), & il eſt certain qu'on en parloit avec

homines ex hâc in illam partem, Oceani immenſitate trajectâ, navigare ac pervenire potuiſſe; ut etiam illic ex uno illo primo homine genus inſtitueretur humanum. Auguſt. de Civ. Dei, lib. 16. cap. 19.

(131) Voyez le Chapitre précédent.

(132) *Nonne etiam dicitis, eſſe è regione nobis, è contrariâ parte terræ, qui adverſis veſtigiis ſtent contra noſtra veſtigia, quos Antipodas vocatis?* Cic. Acad. Quæſt. lib. 4.

(133) Plin. *Hiſt. lib. 2. cap.* 65.

encore plus de réſerve que des Antichtones. Les premiers Chrétiens, perſuadés que cette opinion ne s'accordoit pas aiſément avec l'Ecriture, la regardoient comme une rêverie des Philoſophes. C'eſt ainſi, comme on vient de le voir, que ſaint Auguſtin s'en explique. Lactance traite ce ſentiment d'extravagant (134). Vigile Evêque de Thapſe fut autrefois excommunié par le Pape Zacharie pour l'avoir ſoutenu; & quiconque eût été dans la même opinion, avant la découverte de l'Amérique, n'eut pas manqué d'etre regardé comme un hérétique. On ne connoiſſoit donc autrefois qu'une ſeule partie de la Terre compriſe ſous la Zone tempérée ſeptentrionale; encore s'en falloit-il beaucoup, comme on va le voir, que tous les pays que cette Zone renferme fuſſent parfaitement connus.

Quoique ce ne ſoit pas mon deſſein d'entrer dans le détail de la Géographie ancienne, il eſt cependant à propos que j'en diſe ici quelque choſe, afin d'en donner au moins une idée générale.

Les Anciens diviſoient la Terre connue de leur temps, en trois parties, qu'ils nommoient Europe, Aſie & Libye, ou Afrique (135). On

(134) Lactan. *Divin. Inſtitut. lib.* 3. *cap.* 24.

(135) Διαιρεῖται δὲ ἡ καθ' ὑμᾶς οἰκουμένη εἰς μέρη τρία, Ἀσίαν, Εὐρώπην, Λιβύην. *Geminus*, *cap.* 13.

ignore la raiſon qui a fait autrefois appeller ainſi ces trois parties du Monde: Hérodote dit qu'on ne nous débite que des fables à ce ſujet (136), & il faut l'en croire. Ces mêmes noms leur ſont reſtés depuis, avec cette différence qu'on les donne aujourd'hui à des pays beaucoup plus étendus.

Du temps de Geminus, tout ce que l'on connoiſſoit de la Terre occupoit un eſpace deux fois plus long que large (137), & comprenoit environ les deux tiers de l'Europe, le tiers de l'Afrique & à-peu-près le quart de l'Aſie.

Selon notre Géographie moderne, en Europe, l'Eſpagne, les Gaules, l'Italie, l'Allemagne juſqu'à l'Elbe, la Hongrie, quelque partie de la Pologne & de la Lithuanie, la Macédoine & la Grece que nous appellons Turquie d'Europe, étoient connues aux Anciens. Nous pouvons y ajouter les Iſles Britanniques, quoique Dion nous apprenne (138), que ce fut ſeulement ſous l'Empire de Tite, qu'il fut pleinement avéré que la Grande-Bretagne étoit une Iſle. Celle de Thulé, qu'on

(136) Herodot. *lib.* 4.

(137) Geminus, *ubi ſuprà.*

(138) *Eodem tempore alterum bellum extitit in Britanniâ, quo bello Cn. Jul. Agricola regionem hoſtium vaſtavit, primuſque omnium Romanorum, quod ſciamus, Britanniam circumfuſam eſſe mari undique cognovit.* Dio. Epit. lib. 11.

croit aujourd'hui Thilentel, la plus ſeptentrionale des Orcades, étoit pour les Anciens l'extrémité du monde (139); & l'Iſlande, que quelques-uns ont priſe mal-à-propos pour l'ancienne Thulé leur étoit inconnue, ainſi que la Scandinavie, tout le Nord de l'Allemagne, la plus grande partie de la Pologne, & la Moscovie entiere.

A l'égard de l'Afrique, ils n'en connoiſſoient que le côté ſeptentrional ſous les noms de la Numidie, des deux Mauritanies, de la Libye Cirénaïque & de l'Egypte, en ſuivant la côte depuis Maroc juſqu'à la mer rouge. Ils appelloient Garamantes les Peuples qui demeuroient au Midi de la Mauritanie & de la Numidie, & nommoient Ethiopiens tous ceux qui habitoient au Midi de la Libye & de l'Egypte, & qui occupoient le reſte de l'Afrique (140).

(139) *Ultima omnium, quæ memorantur, Thule.* Plin. *Hiſt. lib. cap.* 30.

Solin dit la même choſe; mais Strabon rapproche les bornes du Monde de ce côté-là, & ne reconnoît aucun pays découvert au de-là de l'Ecoſſe. *Pytheas Maſſilienſis*, dit-il, liv. 2. *circa Thulen Brittannicarum inſularum ſeptentrionaliſſimam ultima ait eſſe; de reliquis nihil narrat, neque quòd inſula ſit Thule, neque ultrùm eò uſque habitationes pertingant. Ego autem illum ſeptentrionalem finem multò propiùs meridiem verſus exiſtimo: qui enim hodiè terras perluſtrant, ultrà Hiberniam nihil poſſunt referre.*

(140) *Proxima Africæ incolitur Ægyptus, introrſùs ad meridiem recedens, donec à tergo prætendantur Æthiopes.* Plin Hiſt. lib. 5. cap. 9.

Enfin en Asie tous les petits Royaumes compris sous le nom de Turquie Asiatique leur étoient connus, ainsi que la Colchide située entre le Pont Euxin & la mer Caspienne, l'Arabie, la Perse, & une partie de l'Inde. Si l'on pouvoit ajouter foi à ce que les Historiens ont écrit d'Alexandre, on croiroit que ce Prince auroit pénétré jusqu'au Gange, ainsi que Bacchus avoit fait, dit-on, avant lui. Mais il y a peu d'apparence qu'il ait poussé si loin ses conquêtes. De la maniere dont tous les Anciens ont parlé de ce fleuve, on voit clairement qu'ils n'en ont jamais bien connu le cours ni la situation. Quoiqu'il en soit, il est très-certain qu'ils n'avoient qu'une notion très-confuse des pays situés au-delà de l'Indus, & qu'ils n'en avoient nulle de ceux qui sont au-delà du Gange (141).

Les Anciens donnoient indistinctement à tous les Habitans des pays qui ne leur étoient pas connus, les noms généraux d'Indiens, de Scythes, d'Hyperboréens & d'Ethiopiens. Ils comprenoient sous le nom d'Indiens les peuples qui habitoient aux environs & au delà de l'Indus,

(141) *Sed indè (ut plani consentiunt omnes,) Emodi montes assurgunt, Indorumque gens incipit.... usquè ad Indum amnem, qui est ab Occidente finis Indiæ.... Non tamen deest diligentiæ locus, adeò diversa & incredibilia traduntur.* Plin. Hist. lib. 6. cap. 17.

& généralement tous les peuples Orientaux. Ils appelloient Scythes ceux qui étoient situés au delà du Pont-Euxin & de la mer Caspienne, & qui occupoient tout le Nord de l'Asie (142). Les Hyperboréens étoient les Habitans de l'Allemagne septententrionale, de la Pologne & de la Moscovie (143). Enfin sous le nom d'Ethiopiens étoient compris, comme je viens de le dire, tous les Peuples méridionaux de l'Afrique, depuis environ le 26e degré de Latitude septentrionale & au-delà.

Je parlerai bientôt de la fameuse Isle Atlantique. A l'égard de la Taprobane (144), on ne peut faire aucun fond sur ce qui se lit aujourd'hui dans les Anciens au sujet de cette Isle, que quelques-uns ont crû assez légerement être celle de Ceylan, & d'autres avec encore moins de fondement la grande Isle de Sumatra. Que quelques vaisseaux aient été autrefois jettés sur les côtes de ces Isles, je n'y vois point d'impos-

(142) *Ultrà* (Tanaïm) *sunt Scytharum populi.* Plin. Hist. lib. 6. cap. 1. & Strab. lib. 11. *Veteres Græcorum Scriptores universas gentes septentrionales Scytharum & Celte-Scytharum nomine affecerunt.*

(143) *Ponè eos montes* (Rinhæos,) *ultraque Aquilonem, gens felix, si credimus, quos Hyperboreos appellavêre, annoso degit ævo, fabulosis celebrata miraculis.* Plin. Hist. lib. 4. cap. 12. *V.* Strab. lib. 1.

(144) Voyez au sujet de l'Isle de Taprobane, *Pline*, liv. 6. ch. 24. *Strabon*, liv. 15. *Mela*, liv. 3. ch. 1 *Solin*, ch. 53.

ſibilité; mais on n'en a aucune certitude: on n'y voit pas même d'apparence. Néarque & Onéſicrite, Amiraux d'Alexandre, s'embarquerent par ordre de ce Prince, & revinrent quelque temps après avec une relation de leur voyage toute remplie de fables, ainſi que Strabon le leur reproche (145). Cependant ſur leur témoignage, & ſur celui d'un certain Jambole (146), dont la relation paroît encore plus extravagante, on prétend aujourd'hui fonder quelque certitude ſur la Taprobane des Anciens, qui ne peut raiſonnablement paſſer que pour un pays imaginaire, ainſi que les Iſles fortunées autrefois ſi célebres.

A ce que je viens de dire de la Géographie des Anciens, je dois ajouter qu'ils avoient comme nous l'uſage des Cartes Géographiques. Anaximandre, Diſciple de Thalès, eſt fameux par ſa ſphere & par ſa Carte générale de la Terre (147). Eratoſthene corrigea depuis cette Carte d'Anaximandre,

(145) *Quicumque de Indiâ ſcripſêre, pleraque mentiti ſunt, præ reliquis Daïmachus, proximè Megaſthenes, Oneſicritusque & Nearchus, aliique tales.* Strab. lib. 2.

(146) Voyez ce qu'en dit Diodore, liv. 3.

(147) *Illuſtres ſunt, etiam qui eum (Homerum) ſecuti ſunt, viri magni nominis, & Philoſophiæ familiares. Quorum duos poſt Homerum primos Eratoſthenes ait fuiſſe Anaximandrum Thaletis diſcipulum & Hecatæum Mileſium: quorum ille primus Geographicam ediderit Tabulam.* Strab. lib. 1.

d'Anaximandre, qui étoit très-fautive & fort imparfaite; & Hiparque corrigea celle d'Eratosthene. On sçait ce que Socrate dit un jour à Alcibiade (148), qui tiroit vanité du nombre de ses Terres & de leur étendue. Ce Philosophe présentant à son Disciple une Carte du Monde, lui dit de montrer la Grece sur cette Carte; ce qu'Alcibiade ayant exécuté, Socrate le pria de lui indiquer de même la position des terres qu'il avoit dans l'Attique. Mais Alcibiade ayant répondu, qu'elles n'étoient pas assez considérables pour être marquées sur la Carte: Puisque vos terres, quoique fort étendues, repliqua Socrate, ne peuvent pas trouver place dans une Carte, jugez de celle que vous devez occuper dans le monde, vous qui n'êtes qu'un homme. Florus dit (149) au commencement de son Abrégé, qu'il va imiter ceux qui ont coutume de représenter tous les pays de la Terre sur une petite Carte, en faisant de toute l'Histoire un tableau en raccourci. Plutarque, au commencement de la vie de Thésée, compare aussi l'Histoire à une Carte de Géographie (150), & Varron nous apprend

(148) Voyez Plutarque, *in Alcibiad.*

(149) *Faciam quod solent, qui terrarum situs pingunt: in brevi quasi tabellâ totam ejus imaginem amplectar.* Flor. Præf. *Lib.* 1.

(150) Ὥσπερ ἐν ταῖς γεωγραφίαις . . . οἱ ἱστορικοί, *&c. Plut. in Thes.*

qu'il trouva un jour C. Pundanius son beau-pere occupé à considérer une Carte de l'Italie, qu'on avoit tracée sur une muraille. (151).

Il est donc constant que les Anciens avoient comme nous l'usage des Cartes, tant générales que particulieres. Celles-ci pouvoient être assez exactes: à l'égard des autres, elles contenoient certainement, ou beaucoup de vuide, ou beaucoup d'imaginaire & de fabuleux. Le peu d'habileté qu'ils avoient dans l'art de la Navigation, qu'on peut nommer la source de la connoissance des pays éloignés, étoit pour eux un obstacle insurmontable à la découverte des Régions distantes de celles qu'ils habitoient. On félicitoit les premiers Empereurs Chrétiens sur ce que leurs vaisseaux avoient osé naviger sur l'Océan pendant l'Hiver. On attribuoit cet avantage à une protection particuliere de Dieu, qui par là récompensoit leur zele pour la propagation de la foi; & on regardoit le succès de ces entreprises comme des événemens merveilleux, qui n'avoient point eu d'exemple, & qui n'en auroient jamais. C'est ainsi que Firmicus s'en explique (152).

(151) *Offendi ibi* (in æde Telluris) *C. Fundanium socerum meum, & C. Agrium Equitem Romanum Socraticum, & Publ. Agrasium Publicanum, spectantes in pariete pictam Italiam.* Var. de Re rust. lib. 1. cap. 2.

(152) *Ut virtutibus vestris gloria major accederet, mutato ac*

Il n'eſt pas ſurprenant que les Anciens aient toujours parlé de l'Océan avec la même emphaſe à-peu-près, que du Stix ou de l'Achéron. Il n'y a pas trois cents ans, que nos Navigateurs oſoient à peine s'écarter de ſes bords. Enfin nous pouvons légitimement croire, que ſi l'invention de la Bouſſole n'eût perfectionné l'art de la Navigation, nous ſerions encore aujourd'hui à-peu-près dans la même ignorance, où ſont reſtés ſi long-temps les hommes qui nous ont précédés, ſur ce qui regarde la plus grande partie de la Terre.

CHAPITRE V.

Des révolutions auxquelles les Anciens ont crû la Terre ſujette.

IL n'y a rien dans l'Univers, qui ne ſoit ſujet au changement. C'eſt à la viciſſitude, que tous les Etres doivent leur origine, comme elle eſt la cauſe de leur deſtruction. Lorſqu'Homere appelle l'Océan le Pere des Dieux, il s'explique, dit Platon (153), d'une maniere al-

contempto temporum ordine, hyeme, (quod nec factum eſt aliquando, nec fiet,) tumentes ac ſævientes undas calcaſtis Oceani ſub remis veſtris. Quid amplius vultis? Virtutibus veſtris victa elementa ceſſerunt. Jul. Firm. de errore profan. Relig.

(153) *In Cratylo.*

légorique, & veut dire par là que tout eſt produit par cette viciſſitude éternelle de la nature, qui nous eſt repréſentée par le flux & le reflux de la Mer. Les Anciens n'ont point exempté la Terre du changement, auquel ils ont crû que toutes choſes étoient ſujettes. Ceux-mêmes qui ont ſoutenu qu'elle occupoit de toute éternité le centre du Monde, & qu'elle conſerveroit éternellement cette place, n'ont pas laiſſé de convenir qu'elle étoit ſujette à certains accidens, qui ſans détruire ſa forme, ni rien changer à ſa figure priſe en général, pouvoient cependant l'altérer, & y produire quelques changemens particuliers. Il n'eſt point ici queſtion des altérations inſenſibles, qui arrivent dans les entrailles de la Terre par la production des minéraux & des végétaux. Nous ne parlons point non-plus des changemens réguliers & peu conſidérables qu'on remarque ſans ceſſe dans ſa ſurface, qui quelquefois eſt aride, & quelquefois couverte de verdure. Il s'agit ici d'altérations plus importantes, d'accidens ſinguliers, capables de renverſer une partie de cette ſuperficie même, enſorte qu'elle en devienne abſolument méconnoiſſable.

Les déluges, les débordemens d'eau, les tremblemens de terre, les embrâſemens, ont été régardés de tout temps comme la cauſe principale des grands changemens qui arrivent dans la ſuperficie de la Terre. Outre cela les Anciens ont toujours crû que la mer pouvoit quelquefois ſe retirer de certains pays, les laiſſer à ſec, & en revanche en occuper d'autres qu'elle ne couvroit point auparavant. „ J'ai, „ vu dit, Ovide, faiſant parler Pythagore dans „ ſes Métamorphoſes (154), j'ai vu ce qui „ étoit précédemment une terre très-ferme, „ devenir tout d'un coup une mer; j'ai vu au „ contraire des terres ſortir du ſein de l'O- „ cean, & leurs terrains ſemés des coquilles „ nées dans le ſein des eaux. Nous ſçavons, „ dit auſſi Apulée (155), que des Continens „ ont été changés en Iſles, & que, par la re- „ traite de la mer, des Iſles, ont été jointes „ à des Continens." Hérodote étoit perſuadé que la mer avoit autrefois couvert toute la baſſe Egypte juſqu'à Memphis: il avoit la même opinion de pluſieurs autres pays, tels que les campagnes d'Ilion, de Theutrane & d'Epheſe,

(154) *Vidi ego quod fuerat quondàm ſolidiſſima tellus*
Eſſe fretum: vidi factas ex æquore terras;
Et procul à pelago conchæ jacuere marinæ.
Ovid. Met. lib. 15.

(155) *Illas etiam* (ſcimus,) *quæ priùs fuerint continentes, hoſpitibus atque advenis fluctibus inſulatas, alias deſidiâ maris pedeſtri acceſſu pervias factas.* Apul. de Mundo.

& les plaines qu'arose le Méandre (156). C'est une pensée de Sénéque, qu'un Auteur moderne n'a point entendue, lorsqu'il fait dire à ce Poëte d'un ton prophétique, qu'on découvrira un jour le nouveau Monde (157). Sénéque n'a voulu dire autre chose dans l'endroit dont il s'agit, sinon que quelque jour la mer se retirant des lieux qu'elle couvre aujourd'hui, découvrira de nouvelles terres, en sorte que l'Isle de Thulé ne sera plus regardée comme l'extrémité du Monde (158). Enfin Pline fait une longue & exacte énumération (159) des terres que la mer a abandonnées, de celles qu'elle a couvertes, des Isles qui ont paru de nouveau, & de celles qui ont été jointes au Continent.

Nous avons déjà vu ce que les Stoïciens & quelques autres ont dit de cet embrâsement gé-

(156) *Si quidem quod inter prædictos montes supra Memphim urbem positos medium est, videtur mihi sinus maris aliquando fuisse, quemadmodùm ea, quæ sunt circà Ilium, & Theutraniam, & Ephesum, & Meandri planitiem.* Herodot. lib. 2.

(157) La découverte du Pérou, *Pref.*

(158) *Venient annis sæcula seris,*
Quibus Oceanus vincula rerum
Laxet, & ingens pateat tellus,
Tethisque novos detegat orbes,
Nec sit terris ultima Thule.

Senec. Med. Act. 2.

(159) Plin. *Hist. lib.* 2. *cap.* 87. *& suiv.*

néral du Monde, qui devoit un jour confondre la terre & les cieux (160). Examinons à présent ce qu'on pensoit dans l'Antiquité de certains embrâsemens particuliers, auxquels la Terre étoit sujette, selon ceux-là mêmes qui la croyoient éternelle, & qui soutenoient qu'elle ne seroit jamais détruite. Ces embrâsemens particuliers étoient à-peu-près semblables à ceux que nous voyons arriver aujourd'hui dans les pays remplis de souffre & de bitume, qui s'enflamment aisément. C'est ce qui a produit l'Etna, le Vésuve & les autres volcans, qui vomissoient des feux & des cendres il y a deux ou trois mille ans, comme ils en vomissent encore de nos jours. Les tremblemens de terre causés, comme on le croit, par les feux soûterrains, n'étoient pas autrefois plus terribles, que celui qui au siecle passé applanit les montagnes & fit disparoître les rivieres du Japon; ou plus fréquens, que ceux qui désolent si souvent l'Italie & la Sicile, l'Isle de Ténerife & tant d'autres pays. Enfin tout ce que les Anciens racontoient des embrâsemens particuliers du Globe terrestre, étoit fondé sur ces sortes d'accidens naturels & ordinaires, auxquels ils le voyoient journellement sujet. Platon

(160) Voyez Chap. 3.

nous apprend (161), que la fable de Phaëton tiroit son origine d'un pareil incendie, qui consuma une assez grande étendue de pays; & elle passoit assez communément chez les anciens pour être fondée sur quelque événement réel. Apulée faisant l'énumération des accidens fâcheux auxquels la Terre est exposée, n'oublie pas celui-ci (162), & dit que, selon l'opinion de quelques-uns, cet embrâsement étoit arrivé dans les pays Orientaux. Strabon étoit du même sentiment, & vouloit aussi donner une origine naturelle à toutes ces sortes d'événemens, lorsque parlant de l'incendie de Sodome & de Gomorre, il assuroit (163) qu'il n'étoit pas étonnant que ces Villes eussent été autrefois consumées par le feu, puisque le pays où elles étoient situées, étoit pêtri de souffre, de bitume & d'autres matieres inflammables. Les Chrétiens mêmes sembloient convenir de la vé-

(161) *In Timæo.*

(162) *Quid cùm incendia de nubibus emicarunt. cùm Orientis regiones Phaëtontis ruinâ, ut quidam putant, conflagratæ perierunt.* Apul. de Mundo.

(163) *Esse autem ignem in solo ejus regionis multis etiam aliis signis docent; ut iis fides haberi posse videatur, quæ ab indigenis prædicantur, in hoc loco tredecim urbes olim habitatas fuisse, quarum caput Sodoma; terræ autem tremoribus, & ignis aquarumque calidarum & bituminosarum ac sulphurearum eruptione extitisse lacum: saxa ignem concepisse; urbium, alias absorptas, alias ab iis, quicumque fugere potuerunt, derelictas.* Strab. lib. 16.

rité de cette opinion, & s'en prévaloient, pour montrer qu'avant la naissance du Christianisme il étoit arrivé de plus grands malheurs aux hommes, que depuis son établissement. C'est ainsi qu'Arnobe s'en explique. „ Quand est-ce, dit-„ il (164), que les déluges ont fait périr le „ genre humain? N'est-ce pas avant nous? „ Quand est-ce que le Monde embrasé s'est „ vu réduit en cendres? N'est-ce pas avant „ nous?"

L'embrâsement de Phaëton est le seul accident particulier de cette nature, dont les Anciens aient fait mention: ils n'ont parlé qu'en général des autres incendies auxquels, selon eux, la Terre a été sujette dans tous les temps. Il n'en est pas de même des déluges & des inondations: l'Antiquité peut en fournir plusieurs exemples; & nous les avons recueillis avec soin, afin de faire voir ce que l'on doit penser sur cet article.

A l'égard du Déluge universel, il est certain d'abord qu'un des plus sçavans Peres de l'Eglise convient (165) qu'un événement si considérable

(164) *Quandò humanum genus aquarum diluviis interemptum? Non ante nos? Quandò Mundus incensus in favillas & cineres dissolutus est? Non ante nos?* Arnob. adv. Gent. lib. 1.

(165) *Quanquàm Ogygius ipse quandò fuerit, cujus temporibus etiam diluvium magnum factum est, (non illud maximum, quo nulli homines evaserunt, nisi qui in arcâ esse potuerunt, quod*

a été absolument inconnu aux Historiens Grecs & Romains. Joseph assure, à la vérité (166), que Bérose Chaldéen, Nicolas de Damas & Jérome l'Egyptien en avoient parlé à-peu-près comme Moïse, mais le fait dût-il passer pour constant, est-il étonnant que Bérose & les autres qui vivoient en Orient sous l'Empire des Macédoniens, dans un temps & dans un pays où les Juifs étoient si connus, aient inséré dans leurs Histoires ce que les livres de ceux-ci contenoient sur cet article? J'ajoute que les circonstances mêmes rapportées par ces Historiens prouvent combien on doit peu compter sur leur témoignage & sur leur bonne foi, s'il est vrai qu'ils aient écrit ce qu'on leur fait dire. En effet le passage que Josephe cite de Bérose, parle des restes de l'Arche, qu'on voyoit encore dit cet Auteur, sur une montagne d'Arménie, & dont on emportoit des morceaux qui servoient de préservatifs. J'avoue que quelques Arméniens grossiers sont encore aujourd'hui dans cette opinion ridicule au sujet des restes de l'Arche; mais on sçait que nos Voyageurs les plus sensés conviennent que c'est une fable puérile

Gentium nec Græca, nec Latina novit Historia,) seu tamen majus, quam postea tempore Deucalionis fuit, inter Scriptores Historiæ non convenit. August. de Civ. Dei, lib. 18. cap. 8.

(166) *Antiq. Jud. lib. 1. cap. 2.*

(167); que le mont Ararat sur lequel on prétend que l'Arche s'arrêta, est en tout temps couvert de neiges, & tellement inaccessible qu'à peine est-il possible de parvenir jusqu'à la moitié de sa hauteur. Les habitans du pays ont même une tradition au sujet de cette montagne, qui ne s'accorde point du tout avec ce que l'Ecriture rapporte de ce Déluge: car ils assurent que Noë se sauva avec soixante & dix-neuf personnes, & que le bourg de *Tamanin* situé au pied de cette montagne en a tiré son nom, qui en Arabe signifie quatre-vingt, d'autant de personnes qui sortirent de l'Arche, & s'établirent en cet endroit.

Or on conviendra avec moi, qu'il est étonnant que les Grecs qui saisissoient si avidement tout ce qui tenoit du merveilleux, que les Romains qui sçavoient si bien démêler la vérité d'avec les fables, n'aient jamais parlé de ce déluge, qui dut engloutir tous les hommes en général. Nous pouvons même ajouter que l'on ne conçoit pas qu'un événement si frappant & si terrible, ait jamais pu s'abolir de la mémoire des hommes qui s'en étoient sauvés, & de celle de toute leur postérité, à un point que ni les Indiens, ni les Chinois, ni aucun peuple du

(167) Voyez les Voyages de Tournefort & autres.

Monde, quoique selon l'opinion commune tous doivent descendre de l'heureux Noë, n'en aient pas conservé le moindre souvenir ; & que la mémoire d'un fait aussi important qui intéressoit également tout le genre humain, ne se soit conservée dans la tradition, ni d'aucun pays, ni d'aucune Nation, si l'on en excepte les Juifs, qui n'y étoient pas plus intéressés que les autres.

Mais passons aux déluges particuliers, dont il est fait mention dans l'Histoire. Si la chronologie des Egyptiens avoit quelque certitude, ou si l'on veut, quelque vraisemblance, nous pourrions assurer que celui qui arriva sous le regne d'Osiris (168), est le plus ancien dont il soit parlé dans l'Antiquité. Osiris Roi d'Egypte qui, comme nous le verrons dans la suite, devroit avoir vécu plus de vingt-mille ans avant Alexandre, étant occupé à étendre ses conquêtes par toute la terre, il arriva pendant son absence une inondation, qui submergea une partie de l'Egypte. Le même Auteur dont nous tenons ce fait, nous apprend encore (169), que les habitans de l'Isle de Samothrace assuroient, qu'il s'étoit fait chez eux un déluge

(168) Voyez Diodore, *liv.* 1.

(169) Diodore, *liv.* 5.

antérieur à tous les autres; que ceux qui en réchapperent se retirerent sur les lieux les plus élevés de l'Isle, & que delà ils firent des vœux au Ciel; qu'ensuite les eaux s'écoulerent, & que pour marque de leur reconnoissance ils dresserent des Autels dans ce même lieu, où ils continuerent toujours depuis d'offrir des sacrifices. Ce déluge avoit été causé, selon eux, par un débordement du Pont-Euxin dans l'Hellespont, qui inonda une partie de l'Asie maritime.

Le déluge qui arriva dans la Grece, du temps d'Ogygès, est si ancien, qu'on l'a toujours regardé comme un événement qui touchoit aux temps fabuleux, & dont il étoit impossible d'établir la date. Varron l'avoit choisi (170) comme le temps le plus reculé, où il fût possible de remonter. Saint Augustin dit lui même (171), que les Historiens ne conviennent aucunement du temps auquel Ogygès a vêcu. Mais les Chronologistes Chrétiens, plus habiles que ne le sont les Profanes dans leur propre Histoire, ont fixé ce temps; & il a plû à Eusebe (172) & aux autres de faire vivre Ogygès environ deux cents ans avant Deucalion, dont l'âge est plus connu & moins incertain; c'est-à-dire,

(170) Var. *de Re rust. lib.* 3. *cap.* 1.

(171) Voyez *pag.* 89. *N.* 165.

(172) Euseb. *Præp. Evang. lib.* 10. *cap.* 8.

qu'ils ont fait Ogygès contemporain du Patriarche Isaac.

Soit que ce Déluge d'Ogygès eût été peu considérable, soit qu'il fût arrivé dans un temps trop réculé, à peine en étoit-il fait mention dans les livres des Anciens. Il n'en est pas de même de celui qu'on nomme le déluge de Deucalion, parce qu'il arriva du temps de ce Prince. Au bout même de quatorze ou quinze siecles ce déluge étoit encore célebre chez les Grecs; en effet une grande partie de la Grece en avoit été submergée; & les hommes chez qui un pareil événement est arrivé, & qui se sont sauvés du péril, en doivent conserver long-temps la mémoire. On voyoit donc dans la Grece des villes & des montagnes, qui tiroient leurs noms de ce fameux déluge. La montagne de Mégare dans l'Attique avoit été ainsi nommée, parce qu'attiré par le chant des grives, Mégarus s'y étoit sauvé à la nage. D'autres qui s'étoient retirés sur le Parnasse, guidés dans les ténebres par les hurlemens des loups, y avoient bâti une ville, à laquelle ils donnerent le nom de Lycorée. Les Grecs montroient encore avec une espece de frayeur un trou, par lequel ils assuroient que les eaux s'étoient écoulées. Enfin les Poëtes n'avoient point oublié d'ajouter à cet événement toutes les fictions, dont leur art est susceptible. Personne n'ignore la fable de Deucalion & de Pyrrha. Un Historien sensé nous dévoile la vérité obscurcie par ces nuages. (173) „ Du „ temps, dit-il, d'Amphiction, Roi d'Athe- „ nes, un déluge fit périr la plus grande partie „ des Peuples de la Grece. Il n'échappa que „ ceux qui purent se retirer sur les montagnes, „ ou qui se sauverent par bateaux dans la Thes- „ salie, où regnoit alors Deucalion. Aussi, „ dit-on de lui, qu'il avoit rétabli le genre „ humain."

Le déluge de Deucalion, que les Anciens Grecs avoient pris vraisemblablement pour un déluge général, ne se fit point sentir ailleurs que chez eux. Mais dans ces temps grossiers, les hommes vivant dans l'ignorance & dans la simplicité, ne connoissoient du Monde que ce qui les environnoient, & jugeoient du reste de la terre par le pays qu'ils habitoient. C'est ainsi que les premiers habitans de la Grece se persuaderent qu'un déluge qui leur étoit particulier, avoit fait périr tout le genre humain; & c'est probablement de la même maniere, que

(173) *Amphictionis temporibus, aquarum illuvies majorem populorum Græciæ partem absumsit. Superfuerunt quos refugia montium receperunt, aut qui ad regem Thessaliæ Deucalionem ratibus evecti sunt; à quo propterea genus humanum conditum dicitur.* Justin. *lib.* 1.

Noë réfugié dans ſon Arche, c'eſt-à-dire, dans un vaiſſeau tel qu'on les conſtruiſoit alors, avec ſa famille & ſes beſtiaux, porté par les flots dans un pays naturellement déſert, ou dont les habitans avoient péri par le même accident, crut que tout ce qui n'étoit pas renfermé avec lui avoit été englouti dans les eaux. C'eſt ainſi qu'après l'embrâſement de Sodôme, les filles de Loth s'imaginerent être reſtées ſeules ſur la Terre avec leur pere. L'Hiſtoire ancienne fourmille de pareils exemples. Dans les derniers temps où la Grece étoit dans la ſplendeur, un débordement de la mer ſubmergea les villes d'Helice & de Burrha dans l'Achaïe. Sur cela Diodore fait une remarque fort judicieuſe. „ Les devots, dit-il (174), „ prirent cet accident pour une vengeance de „ Neptune irrité contre les habitans de ces „ villes malheureuſes; mais les autres le regar- „ derent comme quelque choſe de fort ordi- „ naire & de très-naturel." Nous pouvons ajouter, que ſi ce débordement fût arrivé dans ces temps groſſiers dont nous venons de parler, on en auroit fait ſans doute un événement beaucoup plus conſidérable, peut-être quelque choſe de pareil à l'hiſtoire du déluge de Déucalion.

Quoiqu'il

(174) Diodor. *lib.* 15.

Quoiqu'il en ſoit, Juvénal n'a pu s'empêcher de mettre au rang des fables (175) toutes les circonſtances merveilleuſes que les Grecs racontoient de ce fameux déluge.

On voit par ce qui vient d'être dit, que les Anciens convenoient qu'il étoit arrivé en différens temps pluſieurs déluges ſur la Terre. Platon aſſure qu'il s'en faut beaucoup (176) que ceux dont les Grecs font mention, ſoient les ſeuls que les hommes aient éprouvés. Pauſanias parlant des petites Iſles de Pélops ſituées proche de Trezene, dit qu'une de ces Iſles n'a jamais été ſubmergée dans les plus grands déluges (177). Polybe, Varron, Cicéron, tous les Anciens en un mot, ne parlent jamais de déluges, qu'au nombre pluriel, ſur quoi il eſt à propos de faire une remarque au ſujet de ce mot.

(175) *Ex quo Deucalion, nimbis tollentibus æquor,*
Navigio montem aſcendit, ſorteſque popoſcit,
Paulatimque animâ caluerunt mollia ſaxa,
Et maribus nudas oſtendit Pyrrha puellas :
Quidquid agunt homines, votum, timor, ira, voluptas,
Gaudia, diſcurſus, noſtri eſt farrago libelli.
Juven. Sat. 2.

(176) Οἱ πρῶτον μὲν ἕνα γῆς κατακλυσμὸν μέμνησθε πολ ἔμπροσθεν γεγονότων. *Plat. in Timæo.*

(177) Τὰς δὲ νησίδας . . . ἀριθμὸν ἐννέα οὔσας, ΠέλοπΟς μὲν καλοῦσι. Τοῦ θεοῦ δὲ ὕοντος, μίαν ἐξ αὐτῶν οὔ φασιν ὕεσθαι. Pauſan. Corinth. lib. 2. cap. 34.

Aujourd'hui nous entendons ordinairement par ce terme, une pluie abondante, qui tombant impétueusement sur la Terre, la noye dans les eaux. Par-là nous distinguons le déluge d'avec l'inondation, qui n'est autre chose qu'un débordement de la mer & des rivieres; & nous faisons cette distinction, parceque la Génese nous apprend que le déluge par lequel Dieu fit périr tous les habitans de la Terre, fut l'effet d'une pluie extraordinaire, qui tomba du Ciel pendant quarante jours & quarante nuits (178). Les Anciens au contraire ne faisoient aucune différence de l'inondation & du déluge: ces termes étoient parfaitement synonimes chez les Grecs & chez les Romains, & signifioient également une inondation causée, ou par l'eau des pluies, ou par les eaux de la mer & des rivieres. C'est pour cette raison, qu'ils ont toujours donné le nom de déluges aux inondations causées uniquement par les débordemens de la mer, telles qu'ont été les déluges d'Ogygès, de Deucalion, & les autres dont nous avons parlé.

Ce ne seroit pas rapporter tout ce qui nous reste de l'Antiquité au sujet des déluges, que de ne rien dire de la fameuse Isle Atlantique de

(178) *Rupti sunt omnes fontes abyssi magnæ, & cataractæ Cœli apertæ sunt: & facta est pluvia super terram quadraginta diebus & quadraginta noctibus.* Gen. cap. 7. vers. 11 & 12.

Platon (179), que quelques-uns prennent aujourd'hui si ridiculement pour l'Amérique. Les annales des Egyptiens faisoient grande mention de cette Isle, qu'elles disoient avoir été autrefois submergée par l'Océan. C'étoit, disoient les Egyptiens, un pays fort étendu, dont les Rois avoient été si puissans, qu'outre l'Isle qui étoit très-grande, ils possédoient encore une partie considérable de l'Europe & de l'Afrique. Lorsque Solon passa en Egypte, il s'instruisit de tout ce qu'on y disoit à ce sujet; & il entreprit d'écrire en vers ce qu'il en avoit sçu. La mort l'empêcha d'achever cet Ouvrage. Platon apprit ensuite la même chose des Egyptiens; & c'est de lui que nous tenons le peu de connoissances que nous avons sur cette Isle fameuse. Il nous auroit fait plaisir de nous marquer plus précisément sa position, & de nous apprendre dans quel temps elle fut submergée. Mais il y a grande apparence que les Egyptiens eux-mêmes n'en sçavoient rien, & qu'ils débitoient à ce sujet plus de fables que de vérités. Ce qu'il y a de constant, c'est que, suivant le récit de Platon (180), l'Atlantique étoit fort

(179) Il parle de cette Isle dans son Timée, mais beaucoup plus au long dans le Dialogue intitulé *Critias*.

(180) Νῆσον γὰρ πρὸ τοῦ στόματος εἶχεν, ὃ καλεῖτε (ὡς φατὲ

voiſine de l'Europe & de l'Afrique ; d'où il s'enſuit que ce ne peut-être l'Amérique, qui en eſt fort éloignée. Outre cela Platon aſſure très-poſitivement que cette Iſle fut ſubmergée par l'Océan; ce qui convient encore moins à l'Amérique, qui quoiqu'abſolument inconnue aux Anciens, n'a pas laiſſé de ſubſiſter.

Les Peuples des environs du Détroit de Gibraltar étoient dans une opinion, qui s'accorde aſſez avec ce que les Egyptiens racontoient de l'Atlantique ſubmergée par l'Océan. Pline parlant de ces deux fameuſes montagnes appellées vulgairement les Colonnes d'Hercule, nous apprend (181) que les habitans du pays croyoient que l'Océan s'étoit autrefois ouvert un paſſage au travers de ces montagnes, & avoit ainſi changé la face de la nature en inondant une partie de la Terre. On comprend ſans peine, qu'une Iſle ſituée proche du Détroit aura pû être ſubmergée, lorſque l'Océan qui eſt d'une étendue immenſe en cet endroit, ſe ſera jetté avec une impétuoſité inconcevable dans le canal de la Méditerranée par le paſſage qu'il

ὀνομάζετε) Ἡρακλέους στήλας . . ὑστέρῳ δὲ χρόνῳ ἡ Ἀτλαντὶς νῆσος ὡσαύτως κατὰ τῆς θαλάσσης δῦσα ἠφανίσθη. *Plat. in Timæo.*

(181) *Quam ob cauſam indigenæ Columnas ejus Dei* (Herculis) *vocant ; creduntque perfoſſas excluſa anteà admiſiſſe maria, & rerum naturæ mutaſſe faciem.* Plin. Hiſt. lib. 3. cap. 1.

venoit de s'ouvrir. Il eſt permis de recourir aux conjectures pour expliquer un fait, dont la vérité eſt d'elle-même aſſez douteuſe. Peut-être cette ancienne Atlantique étoit elle compriſe dans l'étendue du terrain, que couvre aujourd'hui la Méditerranée: enſorte que dans la ſuite des temps les Egyptiens mal informés en auroient fait une Iſle, quoique ce fût un continent joint à l'Europe & à l'Afrique, dont les Rois de l'Atlantique poſſédoient une partie, comme nous l'avons déjà dit. Quoiqu'il en ſoit, Pline ne doutoit nullement que la Méditerrannée n'eût été autrefois un pays habité, ainſi que le Pont-Euxin & l'Helleſpont. Voici de quelle maniere il s'exprime. „ Il ne „ ſuffiſoit pas, dit-il (182) à l'Océan d'environner la terre, & d'en ronger continuelle- „ ment les bords; ce n'étoit pas aſſez pour lui, „ en s'ouvrant un paſſage entre Calpé & Abi- „ la, d'avoir envahi un eſpace preſqu'auſſi con- „ ſidérable que celui qu'il occupoit déjà: non

(182) *Non fuerat ſatis Oceano ambiſſe terras, & partem earum auctâ inanitate abſtuliſſe; non irrupiſſe fractis montibus, Calpeque Africæ avulſâ, tanto majora abſorbuiſſe, quàm reliquerit ſpatia; non per Helleſpontum Propontida infudiſſe, iterùm terris devoratis: à Boſphoro quoque in aliam vaſtitatem panditur, nullâ ſatietate, donec exſpatianti lacus Mæotii rapinam ſuam jungant. Invitis hoc accidiſſe terris, indicio ſunt tot anguſtiæ, atque tam parva naturæ repugnantis intervalla.* Plin. *Hiſt. lib.* 6. *cap.* 1.

„ content d'avoir englouti les pays que couvre „ la Propontide & l'Hellefpont, il a encore „ abforbé au-delà du Bofphore une région en„ tiere, jufqu'à ce qu'il vienne enfin fe joindre „ aux Palus Méotides, qui eux-mêmes ne fe „ font étendus qu'aux dépens des terres qu'ils „ ont inondées." Il ajoute que tous les détroits qu'on remarque dans ces mers, font une preuve certaine, que l'Océan y a autrefois forcé les trop foibles barrieres que la nature oppofoit à fa violence.

Au refte on ne peut douter que tous les déluges n'aient été caufés principalement par des débordemens de la mer. L'eau des pluies peut bien faire enfler les rivieres, & inonder une partie de pays peu confidérable; mais pour fubmerger des Provinces entieres & des Royaumes, pour couvrir toute la Terre au point de s'élever au-deffus des plus hautes montagnes, il faudroit fuppofer dans le Ciel des réfervoirs immenfes, tels que pourroient les imaginer les hommes affez mauvais Phyficiens, pour ignorer que la pluie eft caufée par les vapeurs, qui s'élevent de la terre & de la mer, & qui fe raffemblant dans la moyenne région de l'air, font obligées par leur propre poids de rétomber enfuite fur la terre. Ou bien il faut renoncer à fa raifon, & recourir au miracle, contre ce que diéte le bons ſens, & en dépit même de l'Ecriture, qui ne parle du déluge de Noë que comme d'un événement naturel, quoique cauſé par une volonté toute puiſſante.

Ce ſont ces déluges particuliers dont nous venons de parler, ainſi que les embrâſemens cauſés par les volcans & les terrains ſulphureux, qui avoient fait croire aux Anciens que la Terre étoit ſujette à ces ſortes d'accidens, & qu'elle y étoit ſujette d'une maniere conſtante & réglée. Ils étoient même perſuadés, que ces déluges & ces embrâſemens cauſoient la deſtruction & la fin de toutes choſes; non, à la vérité que tout pérît à la fois, mais parce que, ſelon eux, dans chacun de ces événemens, la plus grande partie des hommes & des animaux étoient ou engloutis dans les eaux, ou conſumés par le feu. Pour ne point accumuler ici un nombre inutile de paſſages qui diſent tous la même choſe, il ſuffira d'en rapporter un de Macrobe, qui expoſe la penſée des Anciens ſur ce ſujet d'une maniere claire & préciſe. „ Il n'ar-
„ rive jamais, dit cet Auteur (183), que le

(183) *Nunquàm tamen, ſive eluvio, ſive exuſtio omnes terras, aut omne hominum genus, vel omninò operit, vel penitus exurit. Certè igitur terrarum partes internecioni ſuperſtites ſeminanium inſtaurando generi humano ſiunt: atque ita contingit, ut non ruſti mundo rudes homines & cultûs inſcii in terris oberrent, & aſperitatem paulatim vagæ feritatis exuti, conciliabula & cœtus,*

„ déluge couvre la Terre entiere, ni que l'em-
„ brâſement ſoit général dans le globe. Les
„ hommes qui échappant à la fureur de ces
„ redoutables fléaux, ſont donc comme la pé-
„ piniere, qui ſert à réparer la diminution ſur-
„ venue au genre humain. Ainſi quoique le
„ Monde ne ſoit pas nouveau, il paroît l'être,
„ parce que les hommes réduits à un petit nom-
„ bre, retombent dans la groſſiereté & la bar-
„ barie inſéparables de la ſolitude, juſqu'à ce
„ que venant à ſe multiplier, la nature les por-
„ te à former des ſociétés, où regnent d'abord
„ cette candeur & cette ſimplicité innocente,
„ qui a fait donner le nom d'âge d'or aux pre-
„ miers ſiecles."

CHAPITRE IV.

De l'Origine des hommes & des Animaux.

NOUS n'avons rien à dire de ceux qui ont ſoutenu l'éternité du Monde quant à ſa matiere & à ſa forme: on voit aſſez qu'ayant crû tous les animaux éternels comme la Terre, ils n'ont

naturâ inſtruente, patiantur; ſicque primum inter eos mali neſcia & adhuc aſtutiæ inexperta ſimplicitas, quæ nomen auri primis ſæculis præſtat. Macr. *in Somn. Scip. lib.* 2.

pu penſer autre choſe de leur origine, ſinon qu'ils n'en avoient point. A l'égard de ceux qui ont donné un commencement à la forme préſente du Monde, ils ont tous aſſuré que c'étoit la Terre qui avoit produit les hommes & les autres eſpeces d'animaux qui l'habitent. Il n'y a point deux ſentimens à ce ſujet dans l'Antiquité (184) : on a crû généralement que dans les premiers tems de la formation de la Terre, elle renfermoit les ſemences de toutes choſes, & que ces ſemences échauffées alors d'un degré de chaleur convenable, avoient fait éclorre de ſon ſein les plantes & les animaux (185).

(184) Cependant Plutarque aſſure, *Sympos lib. 8.* qu'Anaximandre faiſoit ſortir les hommes des poiſſons.

(185) C'étoit, ſelon Diogene Laërce, l'opinion d'Anaxagore, d'Archelaüs, de Zenon Eleate & de Parménide. C'étoit auſſi le ſentiment de Lucrece, qui l'a ainſi exprimé dans ces vers de ſon ſecond Livre :

Quippe videre licet vivos exiſtere vermes
Stercore de terro, putrorem cùm ſibi nacta eſt
Intempeſtivis ex imbribus humida tellus.
. . . .
Ergò omnis natura cibos in corpora viva
Vertit, & hinc ſenſus animantum procreat omne:
Denique cæleſti ſumus omnes ſemine oriundi :
Omnibus ille idem pater eſt, undè alma lique
H..morum guttas mater cùm terra recepit,
Fœta parit nitidas fruges, arbuſtaque læta
Et genus humanum.

Et dans ſon cinquieme Livre :

Tum tibi terra dedit primùm mortalia ſæcla,

Les Anciens n'avoient point recours à un Etre intelligent pour la production des Animaux : ils croyoient que la chaleur & l'humidité, l'une & l'autre dans un certain degré, suffisoient pour cette opération ; & ils regardoient comme un reste de cette ancienne vertu productrice de la nature, ce qui arrivoit tous les ans en Egypte, où après le débordement du Nil, la terre humectée de ses eaux, & engraissée des limons dont il l'avoit couverte, engendroit avec le seul secours de la chaleur du Soleil une multitude prodigieuse d'insectes. C'est de cette suite de génération que les Egyptiens concluoient, que leur pays avoit produit sans doute les premiers hommes (186). Cependant les autres Peuples ne leur accordoient point cette chimérique préexistence des hommes en Egypte : chacun se croyoit aussi ancien dans la terre qu'il habitoit, que les Egyptiens

Multus enim calor atque humor superabat in arvis.
Hinc ubi quæque loci regio opportuna dabatur,
Crescebant uteri terræ radicibus apti :
Quos ubi tempore maturo patefecerat ætas
Infantum, fugiens humorem aurasque petissens ;
Convertebat ibi natura foramina terræ,
Et succum venis cogebat fundere apertis
Con similem lacti.

(186) *Tradunt Ægyptii, ab orbis initio primos homines apud se creatos* Diodor. *lib.* 1. & Herod. *lib.* 2. Οἱ δὲ Αἰγύπτιοι ἐνόμιζον ἑαυτοὺς πρώτους γενέσθαι πάντων ἀνθρώπων.

l'étoient dans la leur. Les Ethiopiens en particulier aſſuroient, que les Egyptiens étoient ſortis d'entre eux (187); & ils prétendoient le prouver par cette raiſon, que la mer couvroit encore toute l'Egypte, lorſque l'Ethiopie avoit déjà des hommes. Quoiqu'il en ſoit, les principales Nations de la Terre ſoutenoient qu'elles avoient été, produites dans leur propre pays, & qu'elles n'y étoient jamais venues d'ailleurs pour s'y établir (188), comme nous allons le faire voir.

Commençons par les quatre grandes Nations, dont les Anciens ne connoiſſoient gueres que le nom: voici ce que l'Hiſtoire nous en apprend. „ Les Indes, dit Diodore (189), ſont „ habitées par un grand nombre de Peuples „ différens, qui ſont tous indigenes: car aucune „ Nation n'y eſt venue d'ailleurs. Les Indiens „ n'ont jamais reçu chez eux de colonies; ils „ n'en ont jamais envoyé au dehors." Ils ſont „ preſque, dit Pline (190), le ſeul Peuple

(187) Voyez Diodore, *liv.* 3.

(188) Voyez la fin de ce Chapitre, *N.* (*)

(189) *Indiam omnem . . . multæ variæque gentes incolunt, quarum nulla originem extra Indiam trahit, ſed omnes indigetes appellantur.* Diodor. *lib.* 3.

(190) *Indi propè gentium ſoli nunquàm migravère finibus ſuis... Colliguntur à Libero patre ad Alexandrum Magnum reges eorum* CLIV. *annis* VI. M. CCCCLI. *adjiciunt & menſes tres.* Plin. Hiſt. lib. 6. cap. 21.

„ de la Terre, qui ne ſoit jamais ſorti de ſon „ pays." Il ajoute, qu'ils comptent ſix milles quatre cent cinquante & un an & trois mois depuis Bacchus juſqu'à Alexandre, & que dans cet intervalle ils ont eu cent cinquante-quatre Rois. Solin en dit à peu près la même choſe (191). Diodore parlant des Ethiopiens (192), aſſure que tout le monde convient, qu'ils ont été produits dans le pays qu'ils habitent. Le même Auteur rapporte des Scythes (193), qu'ils ſe diſoient deſcendus de Scytha, qui naquit d'une fille moitié ſerpent que la terre avoit produite; ce qui prouve que cette Nation ne comptoit devoir ſon origine qu'au pays qu'elle habitoit. C'eſt pourquoi Juſtin n'en reconnoît point de plus ancienne (194). A l'égard des Hyperboréens, comme de tous les Peuples ils étoient ceux dont les Anciens

(191) *Soli Indi nunquàm à natali ſolo receſſerunt. Indiam Liber pater primus ingreſſus eſt... Ab hoc ad Alexandrum Magnum numerantur annorum ſex millia quadringinti quinquaginta unus, additis & amplius tribus menſibus, habitâ per reges computatione, qui centum quinquaginta tres tenuiſſe medium ævum deprehenduntur.* Solin. cap. 52.

(192) Diodor. *lib.* 4.

(193) *Fabulantur Scythæ, natam apud ſe ex terrâ virginem umbilico tenùs hominis formâ, reliquâ viperæ; eam genuiſſe puerum, cujus nomen fuerit Scytha; hunc indidiſſe populis Scytharum nomen.* Diodor. *lib.* 3.

(194) *Scytharum gens antiquiſſima ſemper habita... Antiquiores ſemper Scythæ viſi.* Juſtin. *lib.* 2. *cap.* 1.

avoient le moins de connoiſſance, à peine en trouve-t-on dans l'Antiquité autre choſe que le nom ; & à la réſerve de quelques fables (195), on n'a jamais rien dit d'eux, ſinon qu'ils exiſtoient.

Les Egyptiens ne convenoient point qu'ils fuſſent une colonie des Ethiopiens. Non-ſeulement ils ſoutenoient qu'ils avoient été produits dans leur propre pays, mais ils ſe croyoient auſſi anciens que le Monde (196). Les Phrygiens avoient la même opinion de leur Nation. Enfin nous pouvons dire que la plûpart des Peuples s'imaginant être indigenes, & n'en reconnoiſſant point de plus anciens qu'eux, avoient encore la vanité de penſer, que tous les autres leur étoient poſtérieurs, & que la terre les avoient produits plus tard.

Quoique les Grecs fuſſent très-jaloux les uns des autres, & que les Athéniens en particulier s'attiraſſent l'envie de tous les autres Peuples de la Grece, on ne leur a pourtant jamais conteſté l'indigénat dont ils ſe glorifioient ſi fort. „ Les habitans de l'Attique, dit „ Plutarque (197), ont été nommés Autochto-

(195) Voyez *pag.* 113. *N.* (*b*).

(196) *Ego certè Ægyptios opinor neque cum loco, quem Delta Iones vocant, pariter extitiſſe, ſed ſemper fuiſſe ex quo genus humanum extitit.* Herodot. *lib.* 2.

(197) Plut *De Exil.*

„ nes, c'eſt-à-dire, nés de la terre même où „ ils ſont, parce qu'on ne ſe ſouvient pas que „ jamais ils ſoient venus de quelque autre en-„ droit s'établir dans le pays qu'ils habitent. „ Ils ne ſont pas étrangers, ajoute Juſtin „ (198); mais le lieu de leur demeure eſt en „ même tems celui de leur origine." Un des plus fameux Orateurs de l'ancienne Athênes a étendu cette penſée, & a relevé en ces termes la gloire de ſa Nation. „ Il eſt conſtant, dit-„ il (199), que notre ville eſt très-célèbre „ par toute la terre. Mais nous ſommes encore „ moins recommandables par tout autre en-„ droit, que parce que nous habitons un pays „ dans lequel nous ne ſommes point venus com-„ me étrangers, pour en chaſſer ceux qui „ l'occupoient, ou pour lui donner des ha-„ bitans. Nous ne ſommes point une nation

(198) *Soli* (Athenienſes) *præterquam incremento, etiam origine glorientur. Quippe non advenæ, neque paſſim collecta populi colluvies originem urbi dedit: ſed eodem innati ſolo, quod incolunt, & quæ illis ſedes, eadem origo eſt.* Juſtin. lib. 2. cap. 6.

(199) *Conſtat enim noſtram urbem & antiquiſſimam eſſe, & maximam, & apud omnes homines celeberrimam... In hâc enim terrâ ſic habitamus, ut nec alios populaverimus, nec vacuam occupaverimus, nec ex multis gentibus permiſti ſed adeò honeſtè liberaliterque nati ſumus, (cum indigenæ ſumus) ut quæ nos produxit, eam perpetuò teneamus. Solis enim nobis ex omnibus Græcis eamdem & nutricem, & patriam, & matrem vocare datum eſt.* Iſocrat. in Paneg.

„ formée de l'assemblage de plusieurs peuples „ réunis (200): cette terre nous a produits; „ & comme nous sommes ses premiers enfans, „ nous ne l'avons jamais abandonnée. De „ tous les Grecs, c'est donc à nous seuls qu'il „ appartient d'appeller la Grece notre patrie, „ notre mere, notre nourrice."

Quoiqu'en dise Isocrate, les Athéniens n'étoient pas les seuls entre les Grecs, qui s'attribuassent l'indigénat. Les Arcadiens & les Achéens, deux des sept Nations du Péloponese, s'en glorifioient aussi. Pausanias, qui a écrit l'histoire particuliere de la Grece, le leur attribue comme une prérogative non contestée (201); & Hérodote l'avoit fait avant lui (202). Les Cydoniens dans l'Isle de Crete & les Etéocretes étoient indigènes du pays, comme Strabon & Diodore nous l'apprennent (203). Les Pélasgiens y passerent depuis, & ensuite les Doriens, que Minos réunit sous un même gouvernement. Les amours d'Apollon & de Rhodes étoient regardées comme une allégorie,

(200) Voyez la fin de ce Chapitre.

(201) Pausan. *Eliac. lib.* 5. *cap.* 1.

(202) Herodot. *lib.* 1.

(203) Τοὺς μὲν οὖν Ἐτεοκρῆτας καὶ τοὺς Κύδωνας αὐτόχθονας ὑπάρξαι εἰκός. Strab. *lib.* 10. & Diodor. *lib.* 5. *Qui primò Cretam inhabitarunt, antiquissimi dicuntur Eteocretæ indigetes fuisse.*

ſelon Diodore (204), & ne ſignifioient autre choſe, ſinon que par ſa chaleur le Soleil avoit rendu féconde l'Iſle de Rhodes, & lui avoit fait produire des hommes. Cet Hiſtorien ajoute, qu'à cauſe de cette origine, les premiers Rhodiens qui n'étoient d'abord qu'au nombre de ſept, furent appellés Héliades. Les Sicaniens paſſoient pour être indigénes dans la Sicile, comme Timée & Diodore l'aſſurent (205): les Siciliens y vinrent enſuite; & les Grecs s'y établirent après eux. Enfin nous verrons plus bas que les Ombriens, les Tyrrhéniens & pluſieurs autres, étoient regardés comme des Peuples indigênes de l'Italie.

Que ſi dans des lieux ſi fréquentés des Anciens il ſe trouvoit tant de Peuples indigênes, c'eſt-

(204) *Sol, ſecundùm fabulas, Rhodiæ amore captus, inſulam à quâ amata, Rhodum ab eâ dixit. Verùm id conſtat, cùm à principiis inſula referta paludibus admodùm humida eſſet, ſolis calore areſactos humeros terram fertilem reddidiſſe, ab eâque genitos ſeptem numero, qui dicti ſunt Heliades. Cùm alii prætereà indigetes populi inſulam inhabitarent, exiſtimatum eſt eam ſoli ſacram eſſe.* Diodor. lib. 5.

(205) *Fabulantur poëtarum quidem, poſt Plutonis & Proſerpinæ nuptias hanc inſulam* (Siciliam) *ab Jove Anacalyptræ Nymphæ traditam; Sicanos autem, qui in eâ antiquitùs habitarunt, indigetes eſſe, præcipui Scriptores tradunt. Philiſcus Sicanos ex Iberiâ in Siciliam veniſſe affirmat; cujus inſcientiam arguens Timæus, Sicanos ait Siciliæ indigetes eſſe, multa eorum antiquitatis argumenta referens.* Diodor. *ubi ſuprà.*

c'est-à-dire, occupant de toute antiquité les pays qu'ils habitoient, & se regardant comme des hommes que la terre y avoit produits; il n'est pas étonnant que dans des régions moins connues, des habitans barbares, & sans aucun commerce avec leurs voisins, eussent la même opinion d'eux-mêmes. Ni Bacchus, ni Hercule, ni aucun de ces fameux Conquérans qui couroient autrefois toute la Terre, n'avoit passé dans la grande-Bretagne. Cette Isle étoit cependant habitée; & à la réserve de la côte voisine des Gaules, où les Belges avoient envoyé quelques colonies, le reste du pays étoit peuplé d'indigênes (206). Aussi César nous assure-t'il (207) que c'étoit une ancienne tradition, qu'ils avoient été engendrés dans leur Isle même. Les Germains avec lesquels on n'avoit pas plus de commerce qu'avec les Bretons, soutenoient aussi que leurs ancêtres avoient été produits de la terre; & Tacite marque, qu'ils conservoient la mémoire de cette origine dans des vers anciens, qu'ils récitoient dans

(206) Avant que les Belges y eussent envoyé des colonies, les Celtes cherchant à s'étendre de proche en proche y étoient sans doute passés de la Gaule, & l'avoient peuplée. Voilà les Indigênes dont il s'agit. V. Rapin Toyras, *Hist. d'Angl.*

(207) *Britanniæ pars interior ab iis incolitur, quos natos in insulâ ipsâ memoriâ proditum dicunt. Cæs. de Bel. Gal. lib. 5.*

leurs cérémonies. Après cela cet Historien ajoute (208), que l'extrême différence qui se trouve entre les Germains & les autres Peuples, soit pour la figure, soit pour les coutumes, est une preuve de leur tradition. Les Gaulois disoient la même chose. Ils assuroient que Pluton, qui, comme on le sçait, est le Dieu des entrailles de la terre, étoit l'auteur de leur origine : c'est pourquoi, dit César (209), ils comptent la durée du temps par le nombre des nuits, & non pas par celui des jours.

Cette opinion constante d'un si grand nombre de Peuples, qui assuroient tous que la terre les avoit produits dans leur propre pays, répugne évidemment à la raison. Car comment concevoir que des hommes, des chevaux & des éléphans soient autrefois sortis de terre comme des champignons (10)? Mais il n'est pas ici

(208) *Ipsos Germanos indigenas crediderim, minimèque aliarum gentium adventibus & hospitiis mistos. Celebrant carminibus antiquis, (quod unum apud illos memoriæ & annalium genus est) Tuistonem Deum terrâ editum.* Tacite. *De mor. Germ. cap.* 2. *& cap* 4. *Ipse illorum opinionibus accedo, qui Germaniæ populos nullis aliis aliarum nationum connubiis infectos, propriam & sinceram, & tantùm sui similem gentem extitisse arbitrantur. Unde habitus quoque corporum, quanquàm in tanto hominum numero, idem omnibus.*

(209) *Galli se omnes ab Dite patre prognatos prædicant... Ob eam causam spatia omnis temporis, non numero dierum, sed noctium finiunt.* Cæs. *de Bel. Gal. lib* 5.

(210) Le fait seroit en effet fort singulier s'il étoit vrai.

question d'examiner si ce sentiment est absurde ou raisonnable (211): il nous suffit d'avoir prouvé par l'autorité de l'Histoire, que tous les anciens Peuples ont soutenu qu'ils avoient été produits dans les pays même qu'ils habitoient, sans croire qu'ils fussent descendus ni d'Adam, ni de Noë, dont ils n'avoient même jamais eu la moindre notion; & que les Bretons, les Germains, les Gaulois, les Athéniens, les Egyptiens, les Indiens, les Chinois & tous les autres peuples des contrées même anciennement connues, ont eu à ce sujet des opinions toutes opposées à celles qu'ils devoient naturellement avoir.

On dira sans doute, que sur le fait en question il ne s'agit pas de s'en rapporter absolument aux traditions & aux opinions des Peuples, qui peuvent s'être trompés sur leur propre origine; qu'il vaut beaucoup mieux en juger par ce que l'Histoire nous apprend touchant les anciennes colonies; & qu'elle ne nous permet pas de douter, que le monde ne se soit peuplé successivement, & peu à peu. On croit, par

(211) Au contraire, c'est ce qu'il auroit fallu bien examiner. Car à quoi bon faire tant d'étalage des Bretons, des Germains & de tant d'autres? Si le fait est absurde, que tous les Peuples de l'Univers aient eu la sotise de concourir à s'en persuader, que nous importe, & qu'est ce que cela prouve? Ils ont bien cru d'autres absurdités. *Voyez* la fin de ce Chapitre.

exemple, que les Egyptiens & les Phéniciens ont peuplé la Grece; que les Grecs & les Lydiens ont peuplé l'Italie; que les Phéniciens & les Celtes ont peuplé l'Espagne, & ainsi des autres pays. Examinons donc ce qui nous reste de l'Antiquité sur ces colonies: faisons voir que, selon les Historiens anciens, tous les pays où elles ont été envoyées, étoient habités avant leur arrivée: montrons que les colonies anciennes ne différoient en aucune maniere de celles que les Européens envoient aujourd'hui dans le nouveau Monde; & prouvons par là d'une maniere évidente, qu'à ne consulter que l'Histoire, il est absolument impossible de remonter à ces premiers temps, où la terre a commencé d'être peuplée, & que par conséquent tout ce qu'on dit sur ce sujet au delà d'un certain point, n'est que fable & conjecture frivole (212).

Comme la Grece & l'Italie sont les deux pays, dont les Anciens ont écrit l'histoire avec le plus d'exactitude, il nous sera aisé d'entrer dans le détail des différens Peuples qui les ont habités. Après cela nous parlerons des autres d'une maniere plus générale, à proportion des lumieres que l'Antiquité nous fournit à ce sujet.

(212) Cela est hardi, & beau à prouver. Mais l'Auteur le prouvera-t-il aussi évidemment qu'il le dit? *Voyez* la fin de ce Chapitre.

L'Hiſtoire ne fait mention d'aucune colonie qui ſoit paſſée dans la Grece avant celles que Danaüs & Cadmus y conduiſirent à peu près dans le même temps, l'un d'Egypte, l'autre de Phénicie. Pélops & les Phrygiens n'entrerent dans le Péloponeſe, que long-temps après que Danaüs s'étoit établi à Argos, dont il ne s'étoit lui-même emparé, qu'après en avoir chaſſé Gélanor qui y regnoit dès lors, ainſi que Pauſanias nous l'apprend (213). Danaüs ſe rendit illuſtre, au rapport de Strabon (214); & les habitans d'Argos qu'on appelloit avant lui Pélaſgiens, furent appellés de ſon nom Danaens (215).

On voit déjà que Danaüs ne paſſa point dans le Péloponeſe pour le peupler, mais plutôt qu'il y entra en uſurpateur, pour s'emparer d'un pays habité, dont les Rois faiſoient remonter leur origine juſqu'à Inachus, qui avoit précédé le déluge d'Ogygès; c'eſt-à-dire juſ-

(213) *Δαναὸς δ' ἀπ' Αἰγύπτου πλεύσας ἐπὶ Γελάνορα τὸν Σθενέλα, τοὺς ἀπογόνους τοὺς Ἀγήνορος βασιλείας ἔπαυσεν.* Pauſan. *Corinth. lib. 2. cap. 16.*

(214) Strab. *lib. 8.*

(215) *Arcem Argivorum condidiſſe perhibetur Danaus, qui tantùm præſtitiſſe iis, qui ante ipſum iſtis in locis principatum geſſerant, videtur, ut, quod eſt apud Euripidem,*

Pelaſgiotas nuncupatos antea
Danaos vocari lege latâ juſſerit.

qu'aux temps fabuleux. Pélops arriva dans le même pays environ deux cents ans après, & lui donna son nom. Il est inutile de parler des Doriens & des autres qui s'y rendirent dans la suite: il suffit d'observer, qu'avant toutes ces révolutions les Arcadiens occupoient le milieu du pays, & les Athéniens la partie septentrionale. Ces deux Nations passoient pour être indigénes du Péloponese, & pour l'avoir habité de tout temps.

Cadmus ne trouva pas la Béotie où il aborda, moins peuplée que l'étoit le Péloponese à l'arrivée de Danaüs. Strabon & Pausanias parlent des Hyantes & des Aoniens, peuples indigênes de la Grece, qui habitoient alors la ville de Thêbes (216). Cadmus les vainquit, & convint ensuite avec eux qu'ils ne seroient plus qu'un peuple avec ses Phéniciens, après quoi il bâtit Cadmée. Au-reste les Hyantes & les Aoniens n'étoient pas les premiers fondateurs de Thêbes. Cette ville avoit été habitée auparavant par les Hectenes, autre Nation indigène du pays, qui périt toute entiere par une maladie, contagieuse (217). Thébes

(216) *Bœotiam initio Barbari tenuerunt, Aones & Temmices ex Sunnio evagati, & Leleges ac Hyantes. Deindè cum Cadmo à Phœniciâ profecti Phœnices occuparunt.* Strab. *lib.* 9. V. Pausan. *Bœotic. lib.* 9. *cap.* 5.

(217) Pausan. *Achaic. lib.* 7. *cap.* 2.

s'appelloit alors Gygée, du nom d'un de ſes Rois. Elle paſſoit pour la plus ancienne de toutes les villes de la Grece, & pour avoir été bâtie par Ogygès (218), c'eſt-à-dire, deux mille ans avant Jules-Céſar, ſelon le calcul de Varron.

Les Grecs qui avoient reçu parmi eux les Egyptiens & les Phéniciens, ſe rendirent eux-mêmes célebres dans la ſuite par le grand nombre de colonies; qu'ils envoyerent en différentes contrées de la Terre. Mais on doit obſerver, que toutes ces colonies trouverent les lieux où elles aborderent auſſi peuplés, que ceux qu'elles venoient de quitter, avec cette différence ſeule, qu'ils étoient habités par des hommes plus groſſiers & moins polis.

Les plus fameuſes colonies Grecques ſont celles qui paſſerent dans l'Aſie mineure & en Italie. Pour ce qui eſt de l'Aſie, quelques-uns ont prétendu dans ces derniers temps, que les Grecs étoient au contraire paſſés de cette partie du Monde en Europe; mais ce fait eſt contredit par tous les Anciens. Strabon parle fort au long d'Androclus & des autres enfans de Codrus Roi d'Athènes, qui les premiers de tous

(218) *Etenim vetuſtiſſimum oppidum cùm ſit traditum Græcum Bœotiæ Thebæ, quod rex Ogyges ædificavit.* Varro, *de Re ruſt. lib. 3. cap. 1.*

les Grecs passerent en Asie, & y bâtirent Ephese, Milet & les autres villes d'Ionie (219); après quoi les Phocéens allerent aussi s'y établir. Pausanias dit la même chose (220). Les Cariens & les Léleges occupoient alors les pays dont les Grecs s'emparerent; & il fallut les en chasser, comme Strabon l'assure positivement. L'Ionie n'étoit donc pas vuide, quand les Grecs s'y établirent.

Les Etéocretes & les Cydoniens habitoient l'Isle de Crete, comme nous l'avons dit, & ils étoient regardés comme Peuples indigênes, lorsque les Doriens & les Pélagiens passerent de la Grece dans ce pays. Les Corinthiens n'aborderent en Sicile, qu'après que les Siciliens y furent venus d'Italie; & quand les Arcadiens passerent en Italie, les Pélasgiens y étoient déjà établis, & y avoient trouvé eux-mêmes plusieurs autres Peuples. Il en est de même de tous les autres pays, où les Grecs envoyerent des colonies: ces contrées étoient occupées par des Barbares, qu'il falloit gagner par la douceur, ou soumettre par la force, avant que de

(219) *Fines oræ Joniæ... De hâc... Pherecydes scribit, Cares quondàm tenuisse; reliquam, usque ad Phocæam, Chium, & Samum, oram Leleges: utrosque ab Jonibus ejectos. Ducem coloniæ Jonum ait fuisse Androclum, Codri Atheniensium Regis filium legitimum, qui Ephesum condiderit.* Strab. *lib.* 14.

(220) Pausan. *Achaïc. lib.* 7. *cap.* 2.

s'y établir. C'eſt ainſi qu'en uſerent Miltiades & Cimon ſon fils, quand ils conduiſirent, l'un après l'autre, des colonies d'Athènes dans la Thrace (221).

Voyons préſentement ce qui regarde l'Italie: Denis d'Halicarnaſſe qui a écrit l'Hiſtoire Romaine avec tant de ſoin, ſera l'Auteur qui nous guidera. „ Les Sicules dit-il (222), Nation „ barbare, ſont ceux qui les premiers ont habité „ le pays où Rome eſt bâtie. Les Aborigênes „ les en chaſſerent enſuite à l'aide des Pélas„ giens & de quelques autres Grecs, & y ont „ toujours demeuré depuis juſqu'au temps de „ Romulus." Voilà deja une Nation indigêne, que cet Hiſtorien reconnoît en Italie, c'eſt-à-dire, les Sicules: elle ne ſera pas la ſeule. „ Les Aborigênes, continue-t'il (223), ſont „ ainſi nommés, ſelon quelques-uns, parce „ qu'ils ont donné l'origine aux autres Peuples „ d'Italie, ou, ſelon d'autres, parce qu'étant „ une troupe d'hommes errans & ſans demeure

(221) *Pervenit Cherſoneſum* (Miltiades.) *Ibi brevi tempore Barbarorum copiis dejectis totâ regione, quam petierat, potitus, loca caſtellis idonea communivit.* Cornel. Nep. *in Miltiad.* & *in Cim. Primùm imperator apud flumen Strymona, magnas Thracum copias fugavit, oppidum Amphipolim conſtituit eòque decem millia Athenienſium in coloniam miſit.*

(222) Dion. Halyc. *Antiq. Rom. lib.* 1. *cap.* 8.

(223) Dion Hal. *ubi ſuprà.*

„ fixe, ils s'établirent en ce pays; selon quelques autres enfin, parce qu'ils habitoient les „ montagnes." Caton & Sempronius ont écrit, qu'ils étoient Grecs d'origine, d'où pourroit venir leur nom d'Aborigênes, comme qui diroit, originairement de Grece, en sous-entendant ce dernier mot. Mais ils ne le prouvoient, au rapport de Denis d'Halicarnasse, par le témoignage d'aucun Auteur ancien. Cependant, ajoute-t-il, il faut suspendre son jugement, & ne point conclure que les Aborigênes soient des Peuples barbares, comme les Liguriens & les Ombriens.

Si cet Historien qui auroit souhaité sans doute pouvoir donner une origine grecque aux Romains, n'a pas osé dire que les Aborigenes dont ils descendoient, fussent des Peuples barbares, au moins ne peut-on douter, qu'il n'ait reconnu les Liguriens & les Ombriens pour des naturels d'Italie. Zénodote qui a écrit l'histoire de ces derniers, assure (224) qu'ils sont indigênes; qu'ils habiterent d'abord à Reate, & qu'en ayant été chassés ensuite par les Pélasgiens, ils se réfugierent dans le pays qu'ils oc-

(224) *Zenodotus Trœzenius, qui Umbricæ gentis historiam conscripsit, narrat indigenas primùm in Reatino habitasse, & inde Pelasgorum armis expulsos, venisse in terram, quam nunc habitant; mutatoque cum sedibus nomine, Sabinos pro Umbris appellatos.* Dion. Hal. *lib. 2. cap. 84.*

cupoient de ſon temps, & prirent le nom de Sabins. Pline dit poſitivement, que cette Nation paſſoit pour la plus ancienne d'Italie (225).

Les Arcadiens ſont les premiers de tous les Grecs qui aient paſſé en Italie : les Pélaſgiens & les Crétois s'y rendirent depuis. Oenotrus, fils de Lycaon, y conduiſit une colonie dix ſeptcents ans avant la guerre de Troyes. Cet Oenotrus aborda à la côte occidentale de l'Italie, qui s'appelloit alors Auſonie, à cauſe des Auſoniens qui l'habitoient, ainſi que Denis d'Halicarnaſſe le marque expreſſément. Il s'empara de pluſieurs terres propres au labourage & aux paturages, après les avoir en partie purgées des barbares, & y bâtit enſuite de petites villes. Les Arcadiens s'emparerent de leur côté, nonſeulement de pluſieurs terres incultes ou mal cultivées; il ſe ſaiſirent auſſi de celles qui l'étoient mieux, & qu'occupoient les Ombriens. Tout ce récit prouve clairement, que l'Italie étoit déjà habitée, avant que la plus ancienne colonie dont l'Hiſtoire faſſe mention, fût allée s'y etablir.

Nous ne dirons rien ici d'Evandre, qui aborda dans le *Latium* ſous le regne de Latinus, en-

(225) *Umbrorum gens antiquiſſima Italiæ exiſtimatur, ut quos Ombrios à Græcis putent dictos, quòd inundatione terrarum imbribus ſuperfuiſſent.* Plin. *Hiſt. lib.* 3. *cap.* 19.

viron vers le temps de la guerre de Troyes ; ni de Saturne, qui y étoit passé déjà auparavant du temps de Janus. Il est évident qu'un pays qui avoit des Rois avant leur arrivée, devoit être peuplé. Mais les colonies de Lydiens que Tyrrhenus y conduisit, au rapport d'Hérodote (226), méritent d'être examinées. Denis d'Halicarnasse soutient d'abord que c'est une fable. „ Xanthus, dit-il (227), qui étoit Lydien, „ & qui a écrit avec soin l'histoire de sa Na- „ tion, ne fait aucune mention de ce Tyrrhe- „ nus, & ne dit pas même que jamais Lydien „ soit passé en Italie, quoiqu'il rapporte des „ faits moins importans." Notre Historien ajoute, que les Thyrrhéniens ne sont point Lydiens d'origine, parce qu'il n'y a aucun rapport entre la langue, la Religion & les coutumes de ces deux peuples, & conclut que ceux qui font cette Nation indigéne, peuvent bien avoir raison, puisqu'elle est très-ancienne dans son pays, & qu'elle ne convient avec aucune autre, soit pour la Langue, soit pour les usages. Concluons de-là que les Tyrrhéniens, les Ausoniens, les Liguriens, les Sicules, les Ombriens & les Aborigénes sont des peuples, dont il n'est pas possible de découvrir l'origine.

(226) Herodot. *lib.* 1.

(227) Dion. Hal. *lib.* 1. *cap.* 8.

Les colonies qui fonderent Carthage en Afrique, Cadix en Eſpagne, & Marſeille dans les Gaules, ſont très-célebres dans l'Antiquité : or les pays où ces villes furent bâties, étoient habités long-temps avant l'arrivée de leurs fondateurs. On ſçait la ruſe dont la Reine de Carthage ſe ſervit (228) pour tromper les habitans du lieu, qui ne lui avoient cédé qu'autant de terrein qu'en pourroit couvrir un cuir de bœuf. Les Phéniciens furent obligés d'employer la force, pour s'établir & ſe maintenir en Eſpagne. Juſtin nous apprend (229) que les Iberes faiſant la guerre à leurs nouveaux hôtes, les Carthaginois les ſecoururent, ce qui donna lieu à ceux-ci de mettre le pied dans ce pays, où ils ſe rendirent depuis très-puiſſans. Protis, un des chefs de la colonie qui peupla Marſeille, s'acquit au contraire la bienveillance des Gau-

(228) *Eliſſa delata in Africæ ſinum, incolas loci ejus, adventu peregrinorum mutuarumque rerum commercio gaudentes, in amicitiam ſollicitat : deindè empto loco, qui corio bovis tegi poſſet... corium in tenuiſſimas partes ſecari jubet ; atque ita majus loci ſpatium, quàm petierat, occupat.* Juſtin. *Lib.* 18. *cap.* 5.

(229) *Cùm Gaditani à Tyro, unde & carthaginenſibus origo eſt, ſacra Herculis, per quietem juſſi, in Hiſpaniam tranſtuliſſent, ibique urbem condidiſſent, invidentibus incrementis novæ urbis finitimis Hiſpaniæ populis, ac propterea Gaditanos bello laceſſentibus, auxilium conſanguinei Carthaginienſes miſere. Ibi felici expeditione & Gaditanos ab injuriâ vindicarunt, & majorem partem provinciæ imperio ſuo adjecerunt,* Idem, *lib.* 44. *cap.* 5.

lois, en épousant la fille d'un de leurs Rois (230); & les Grecs enseignerent ensuite aux habitans des Gaules, qui étoient encore alors très-barbares, une maniere de vivre plus humaine & plus raisonnable.

Les secours que l'Histoire fournit ne sont pas suffisans pour nous faire remonter jusqu'à l'origine des premiers habitans de la Terre : les temps fabuleux ne nous conduisent pas même si loin. Nous n'avons rien de plus ancien dans la Fable & dans l'Histoire, que les expéditions de Bacchus, d'Hercule, d'Osiris, de Sésostris. Mais peut-on imaginer, que ces premiers Conquérans aient parcouru tout l'Univers par le seul plaisir de se faire suivre par des armées dans des deserts immenses? Comment ces armées pouvoient-elles subsister, si les terres étoient incultes (231)? Tous les pays qu'ils traverserent, étoient donc incontestablement habités. Aussi l'Antiquité nous représente-t-elle ces premiers Héros comme animés du noble désir de

(230) *Phocensium juventus... Massiliam inter Ligures & feras gentes Gallorum condidit.. Duces classis Simos & Protis fuere. Itaque regem Segobrigiorum, Nannum nomine, amicitiam petentes conveniunt. Fortè eo die rex occupatus in apparatu nuptiarum Gyptis filiæ erat. &c.* Idem. *lib.* 43. *cap.* 3 & *cap.* 4. *Ab his igitur Galli, & usum vitæ cultioris... & agrorum cultus, & urbes cingere didicerunt.*

(231) Voyez la fin de ce Chapitre, N. (*).

la gloire, & touchés en même temps du malheur des hommes ensévelis alors pour la plûpart dans une extrême barbarie, dont ils vouloient les retirer. C'est dans cette vûe qu'ils laissoient des colonies en différens endroits de la Terre, autant pour le bien particulier des Peuples qu'ils avoient soumis, que pour s'assurer leurs conquêtes.

L'utilité qui porte aujourd'hui si facilement les hommes à abandonner le lieu de leur naissance, étoit encore plus capable de les y engager dans ces premiers temps, où ils ignoroient l'art de se rendre heureux chez eux; dans ces temps grossiers, où un Prométhée passoit pour avoir dérobé le feu du ciel, parce qu'il avoit trouvé le secret de tirer le feu des cailloux; où l'on regardoit un Aristée comme un Dieu, parce qu'il avoit inventé l'art de faire du beure avec le lait, & tirer l'huile des graines ou des olives. Les hommes vivant alors de ce que la terre produisoit d'elle-même, ignoroient encore l'art de la défricher & de la rendre plus fertile. C'est sans doute pour cette raison, que nous voyons dans l'Antiquité tant de Nations errantes sur la Terre, tant de pays subjugués par ces Peuples barbares, que leur propre climat ne pouvoit plus nourrir. Ces faits se trouvent répétés dans des temps mêmes très-peu éloignés de ceux-ci, où l'on voit encore plusieurs de ces Nations vagabondes, toujours prêtes comme les anciennes à faire des incursions chez leurs voisins.

Si on ne peut fixer le temps auquel les hommes ont commencé d'habiter la Terre, au moins paroît-il par tout ce que nous venons de dire, qu'ils y sont extrémement anciens. Pour le prouver, nous n'avons pas besoin de recourir à l'antiquité prodigieuse que les Egyptiens & les Chaldéens donnoient aux hommes dans leurs annales. Ceux-là avoient l'Histoire chronologique de leurs Rois depuis onze mille trois cent quarante ans, selon Hérodote (232), & depuis quinze mille ans, selon Diodore (233), sans compter le regne des Dieux & des Héros qui en avoit duré dix-huit mille. Nous avons parlé ailleurs (234) des Caldéens, & de l'extrême

(232) *Ad hunc usque narrationis locum, & Ægyptii, & sacerdotes referebant, demonstrantes à primo rege ad Vulcani sacerdotem hunc* (Sethon) *qui postremus regnavit, progenies hominum fuisse trecentas quadraginta unum: trecentæ autem progenies decem millia annorum valent; una & quadraginta, quæ reliquæ sunt ultra trecentas, sunt anni mille trecenti quadraginta.* Herodot. *lib.* 2.

(233) *Eorum nonnulli fabulantur, Deos primùm & Heroas in Ægypto paulò minus* 18000 *regnasse annos... homines verò paulò minùs annorum* 15000 Diodor. lib. 2.

(234) Voyez le Chap. 1. *pag.* 7, 8. *N.* 10. & 11.

me antiquité qu'ils donnoient à leurs obſervations aſtronomiques. Strabon rapporte des habitans de la Bétique en Eſpagne, (234) qu'ils étoient fort adonnés aux Lettres, & qu'ils conſervoient les annales de ce qui s'étoit paſſé chez eux depuis ſix mille ans. Les Indiens, comme nous l'avons dit (235), comptoient de même ſix mille ans depuis Bacchus juſqu'à Alexandre. J'avoue qu'on a raiſon de ne pas ajouter foi à ces témoignages. Mais en les réuniſſant avec ce que nous apprenons des annales des Chinois, il paroîtroit du moins que le Monde auroit été habité pluſieurs milliers d'années au-deſſus du temps que Moïſe a fixé pour ſon commencement (236).

Le nombre prodigieux d'habitans que contenoient certains pays dans les temps les plus reculés, ſemble prouver encore inconteſtablement, que les hommes ſont plus anciens ſur la Terre qu'on ne le croit communément ſur le témoignage de la Geneſe (237). Tous les Anciens conviennent que Ninus eſt le premier Conquérant dont il ſoit parlé dans l'Hiſtoire.

(234) *Hi omnium Hiſpanorum doctiſſimi judicantur, & antiquitatis monumenta habent conſcripta, ac poëmata, & metris incluſas leges à ſex millibus, ut aiunt, annorum* Strab. *lib.* 3.

(235) Voyez *pag.* 107. *N.* 189.

(236) Voyez plus bas.

(237) Voyez plus bas.

Or on ſçait que ce Roi d'Aſſyrie fit la guerre aux Bactriens avec deux millions de ſoldats (238), & que Sémiramis ſa femme fit marcher une armée de quatre millions d'hommes contre les Indiens, qui de leur côté lui en oppoſerent une encore plus nombreuſe. On ne peut rejetter ces faits ſans démentir toute l'Antiquité, qui ne parle que de la grandeur immenſe des villes de Ninive & de Babylone, dont la premiere contenoit, au rapport du Prophete Jonas (239), plus de ſix vingt mille enfans qui n'étoient pas encore dans un âge à pouvoir diſtinguer leur main droite d'avec la gauche.

Dans le même temps l'Egypte n'étoit pas moins peuplée. La ſeule ville de Dioſpolis, appellée communément par les Grecs Thebes la grande, devoit contenir plus de quatre millions d'habitans (240). Germanicus parcourant

(238) *Tradit Cteſias, ſcriptos pedites ad* 1700000. *fuiſſe, equitum* 200000. *currus verò falcatos paulò minùs* 10600. Diodor. *lib.* 3. Et plus bas il ajoûte au ſujet de Semiramis : *Fuit hominum numerus, ut Cteſias tradit,* 3000000. *equitum* 500000. *currus ad* 100000.

(239) *Et ego non parcam Ninivæ civitati magnæ, in quâ ſunt pluſquam viginti millia hominum, qui neſciunt quid ſit inter dexteram & ſiniſtram ſuam.* Jon. *cap.* 4. *vers* 11.

(240) *Mox viſit veterum Thebarum magna veſtigia. Et manebant ſtructis molibus litteræ Ægyptiæ priorem opulentiam complexæ; juſſuſque è ſenioribus Sacerdotum patrium ſermonem interpretari, referebat habitaſſe quondàm ſeptingenta millia ætate militari.* Tacit, *Annal. cap.* 60.

l'Egypte, vit dans les ruines de cette ancienne ville des inſcriptions en caractères Egyptiens, qui marquoient qu'elle avoit contenu autrefois dans ſes murs ſept cens mille hommes en âge de porter les armes. Je ne parle point d'Homere, qui, peut-être par une exagération poëtique, a dit qu'elle avoit cent portes, de chacune deſquelles pouvoient ſortir à la fois dix mille hommes armés (241). Or je demande, s'il eſt poſſible que dans des temps qui auroient ſuivi de ſi près un déluge univerſel, la Terre ſe ſoit trouvée ſi prodigieuſement peuplée, ſurtout l'Ecriture n'attribuant point aux premiers hommes une fécondité proportionnée à la durée étonnante de leur vie? Car ſans parler des autres Patriarches, Noë à l'âge de ſix cens ans n'avoit que trois enfans; & dans un âge déjà avancé, ces trois enfans n'en avoient encore aucun. Il en eſt de même de tous ceux qui ont vêcu depuis, auxquels la Geneſe ne donne pas un plus grand nombre d'enfans, que les hommes n'en ont ordinairement de nos jours (*)

(241) Αἵ θ' ἑκατόμπυλοί εἰσι. Διηκόσιοι δ' ἀν, ἑκάστην
Ἀνέρες ἐξοιχνεῦσι σὺν ἵπποισιν καὶ ὄχεσφιν. *Hom. Iliad. Lib.* 9.

(*) J'ai renvoyé ici l'examen de quelques difficultés répandues dans ce Chapitre, parce que toutes ſemblent tendre au même but, je veux dire, à faire le Monde beaucoup plus ancien qu'on ne nous le donne à entendre dans la Geneſe. Il eſt vrai que s'il ne s'agiſſoit que de quelques ſiecles, ou même de quelques

Concevons donc, que par l'autorité de l'Histoire, il n'est pas possible de remonter à ces

milliers d'années de plus, peut-être cela ne vaudroit-il pas la la peine de faire un procès à ceux qui croyent pouvoir soutenir cette opinion; je crois avoir assez bien prouvé dans mon Essai Chronologique que nos Chronologistes ont tort de s'entêter sur cet article. Mais le dessein de l'Auteur dans ce Chapitre, & même dans tout ce Traité, n'est pas si caché, qu'on ne puisse s'appercevoir que son véritable but est de montrer que le Monde est éternel, & que les hommes sont de toute éternité sur la terre. D'excellentes plumes ont démontré suffisamment l'absurdité de cette these; ensorte qu'il ne me reste ici qu'à répondre aux difficultés que l'Auteur a formées pour tâcher d'étayer ce faux systême. Elles se réduisent à peu près à ce raisonnement.

Les Colonies les plus anciennes dont l'Histoire fasse mention, ont trouvé, dit-on, des Habitans dans tous les pays, où elles ont été s'établir; & ces pays étoient extrêmement peuplés, même dans des temps fort voisins du Déluge. On ajoute, que les principales Nations de la terre ont cru qu'elles étoient nées dans leur propre pays; qu'elles n'y étoient point venues d'ailleurs; & qu'elles n'ont eu aucun souvenir d'être descendues d'Adam & de Noë, dont elles n'avoient nulle connoissance. Or, continue-t'on, s'il étoit vrai de dire que les Descendans de Noë eussent peuplé toute la terre, seroit-il possible qu'en si peu d'années ces différens pays eussent pû être habités, & contenir un nombre d'Habitans si considérable? On joint à cela l'antiquité des annales des Egyptiens, des Chaldéens & des Chinois; & de là on conclud, que les hommes sont beaucoup plus anciens sur la terre, que l'Ecriture ne nous l'apprend. Cet argument est spécieux sans doute; il a d'abord une apparence de solidité capable de faire illusion aux esprits prévenus ou peu éclairés: cependant il est très-aisé de le détruire.

Je crois qu'il est assez inutile que je m'amuse à répondre à ce qu'on objecte de ces Nations prétendues indigenes, qui se croyent nées dans le Pays même qu'elles habitoient. Faire sortir des hommes de la terre comme des asperges & des champi-

premiers temps, où la Terre a commencé d'être habitée.

gnons, est une absurdité qui ne tombe pas dans l'esprit d'un homme de bon sens, & ne mérite pas d'être refutée. Si les Egyptiens, les Indiens, les Athéniens & tant d'autres ont été assez fous, pour donner dans une pareille extravagance, doit-on en être surpris? Ils en avoient adopté tant d'autres. On sçait d'ailleurs quelle étoit la vanité des anciens Peuples: chacun cherchoit à faire valoir son antiquité; & tous, comme le remarque Tite-Live, tâchoient d'illustrer leur origine par des merveilles & par des prodiges. Ajoutez que les Historiens qui rapportent ces anciennes traditions, sont les premiers à nous apprendre combien on doit peu y ajouter foi, lorsqu'ils se servent si souvent de ces expressions, *on dit*, *on croit*, *je serois volontiers porté à croire*, *&c.* Diodore lui-même les traite presque par tout de chimeres & de fables, comme on peut le voir dans les passages qu'on en a cités. Enfin on doit observer d'après tous les Grammairiens, que les Anciens appelloient ordinairement fils de la Terre tous ceux dont l'origine étoit inconnue: d'où il résulte, que cette expression peut bien marquer une grande antiquité; mais qu'on auroit tort de vouloir la prendre à la lettre.

A l'égard des anciennes colonies, quoique notre Auteur n'ait pas fait l'honneur à Moïse de le compter au nombre des Historiens, il est cependant certain, qu'on ne peut s'empêcher de le regarder au moins comme un Ecrivain ordinaire, tel qu'Hérodote, Diodore, Justin & les autres; & considéré seulement sous ce point de vue, il est incontestablement beaucoup plus ancien, que tous les Historiens qui nous restent. Or delà il s'ensuit, que si les Historiens profanes n'ont point connu de colonies plus anciennes que celles dont il est parlé dans Strabon, dans Justin, dans Diodore & quelques autres, c'est qu'ils n'ont pu remonter comme Moïse jusqu'à ces premieres colonies composées des premiers Descendans de Noë, qui peuplerent tous ces différens pays, que celles qui vinrent ensuite trouverent déja habités. Du reste il est démontré, que cent cinquante ans seulement après le Déluge, l'Europe, l'Asie & l'Afrique ont pu contenir 432 millions d'hommes. Dès-là tout ce qu'on raconte des expéditions d'Osiris, de Bacchus, d'Hercule, de Sésostris, ce que les Historiens rapportent de la grandeur de ces fameuses Villes anciennes, Thèbes, Ninive & Babylone, & du nombre prodigieux de leurs habitans, n'a plus rien qui arrête ni qui doive surprendre. Je ne parle point de la chronologie des Egyptiens, des Chaldéens & des Chinois : son antiquité ne peut se soutenir que par tant d'obscurités & par tant de fables, que dans la comparaison tout homme de bon sens lui préférera toujours celle de Moïse.

FIN DE LA PREMIERE PARTIE.

DE L'AME,

ET DE SON

IMMORTALITÉ.

SECONDE PARTIE.

TOUJOURS occupés de l'avenir, la mort même ne borne pas notre inquiétude; nous la pouſſons au delà du tombeau. Nous ſçavons qu'il n'eſt pas queſtion ſeulement d'une heure, d'une année ou d'un ſiecle, mais d'une éternité qui nous attend après la mort; (1) & ſans faire attention à cette autre éternité qui nous a précédés, nous n'enviſageons qu'avec effroi celle qui doit nous ſuivre. L'eſſai que les hommes font pendant toute leur vie des plaiſirs & des peines, leur en fait ſouhaiter ou craindre d'infiniment plus durables; & cette penſée produit en eux un déſir violent de connoître quel doit être leur ſort, lorſqu'ils ceſſeront de vivre. C'eſt ce déſir & cette inquiétude générale des hommes, qui ont donné lieu aux raiſonnemens

(1) *Non unius horæ*
Ambigitur ſtatus, in quo ſit mortalibus omnis
Ætas poſt mortem quæ reſtat cunque manenda.
Lucret. lib. 3.

qu'ils ont faits dans tous les temps sur la nature de l'ame. Persuadés qu'il faut exister avant que d'être heureux ou misérable, ils ont examiné s'il étoit de l'essence de leur être de subsister encore après la mort. Les uns l'ont cru, & se sont promis l'immortalité; d'autres ont pensé le contraire, & se sont soumis sans peine à un anéantissement ou plutôt à une dissolution qu'ils ont regardée, moins comme le terme de leurs plaisirs, que comme la fin des maux auxquels la nature humaine est nécessairement sujette.

L'extrême intérêt que nous avons à découvrir si nous devons un jour cesser d'être, ou si nous serons toujours, devroit nous engager à faire quelques efforts pour nous en éclaircir. Mais ce n'est point avec un esprit timide & prévenu qui ne connoît & ne respecte que son siecle, qu'on doit entreprendre cette discussion. Il faut sortir de cette enceinte d'opinions présentes, où la nature & l'éducation nous ont enfermés; il faut franchir cette barriere qui nous environne, donner un champ libre à nos réflexions, nous transporter dans les siecles les plus reculés, & examiner sans préjugé ce qu'on a pensé avant nous sur la nature de notre ame. Par là on apprendra l'histoire naturelle de cette substance qui nous anime; on verra le progrès

& la source de l'opinion de son immortalité; on connoîtra sur quoi cette opinion a été fondée parmi la plus grande partie des Peuples. Mais convenons de la vérité: à s'en tenir à ces seules recherches, on ne verra rien qui mérite de fixer nos sentimens, rien qui ne soit une preuve de la foiblesse de l'esprit humain & de l'aveuglement de notre raison, lorsqu'elle n'est point éclairée par des lumieres supérieures.

CHAPITRE I.

Premiere idée que les Hommes ont eue de l'Ame.

CE n'est pas d'aujourd'hui, que l'homme se regarde comme le premier & le plus excellent des Etres vivans qui sont sur la Terre. Cette opinion lui est en quelque sorte naturelle, & aussi ancienne en lui que lui-même. Il n'étoit donc pas nécessaire que Moyse nous représentât la nature humaine comme le chef d'œuvre du Créateur, & l'abrégé de ses merveilles. Il étoit inutile qu'il fit prononcer à Dieu même cet Arrêt, par lequel il soumet à l'homme tout ce qui respire (2). Portés na-

(2) *Benedixitque illis Deus, & ait... replete terram, & subjicite eam, & dominamini piscibus maris, & volatilibus cœli, & universis animatibus, quæ moventur super terram.* Gen. cap. 1. vers. 28.

turellement à penser avantageusement de notre espece, & à nous assujettir toutes les autres créatures, nous ne nous en serions pas moins relevés au-dessus du reste des animaux, & nous n'en aurions pas moins envahi la domination.

Cependant cette grande opinion que les hommes ont d'eux-mêmes, n'a pas toujours été si générale, que plusieurs n'ayent pensé sur ce sujet d'une maniere différente & toute opposée. Quelques Philosophes moins prévenus en faveur de la nature humaine, ont fait à l'homme un sujet de s'humilier & de s'avilir des choses mêmes dont il se glorifie le plus. Sa raison, ont-ils-dit, ne sert qu'à l'agiter, sa prévoyance qu'à l'affliger, son industrie qu'à multiplier ses besoins. Ils le mettent au-dessous de tout ce qui respire, par les miseres auxquelles il est sujet. Ils assurent qu'il étoit plus expédient pour lui de ne pas naître, que de vivre; & que les plus malheureux sont ceux qui meurent le plus tard. Enfin ils soutiennent, que la nature qui a rempli les fonctions d'une bonne mere à l'égard des autres Etres, ne paroît être qu'une marâtre à l'égard de l'homme. C'est ainsi qu'en voulant trop rabaisser l'orgueil humain, ils se sont jettés dans un excès opposé tout-à-fait déraisonnable.

La plupart des Physiciens plus attachés que

les autres à obſerver la conduite de la nature, ont crû y découvrir tant d'uniformité & ſi peu de diſtinction pour la nature humaine, qu'ils n'ont pas héſité à confondre les hommes avec les autres animaux, dont ils vouloient orgueilleuſement ſe diſtinguer. C'eſt également de la terre, diſent-ils, que les uns & les autres ont été produits: c'eſt elle qui fournit également à leur ſubſiſtance; & c'eſt dans ſon ſein qu'ils retournent tous indifféremment après la diſſolution de leurs organes. La nature leur a donné à tous une même origine, comme elle les a tous aſſujettis aux mêmes beſoins, & leur prépare à tous une même fin. La faculté de raiſonner, dont les hommes ſe ſont glorifiés dans la ſuite au point de s'attribuer une ame particuliere différente de celle des bêtes, ne ſuffiſoit point autrefois pour établir aucune distinction entre cette ame humaine & celle des autres animaux. On croyoit appercevoir dans les Bêtes un raiſonnement, qui ne différoit de celui des hommes que du plus au moins, de même à peu près que la raiſon des hommes ſtupides & groſſiers differe de celle des hommes ſpirituels & éclairés. C'eſt pour cela qu'en général tous ceux des Anciens qui ont crû l'immortalité de l'ame, avant que Platon & Zénon euſſent ramené la Philoſophie & la Phyſique à la Morale, ont été dans l'opinion de la Métempſycoſe ; ce qui prouve invinciblement, qu'ils attribuoient également l'immortalité à l'ame des bêtes, comme à celle de l'homme : par conſéquent ils ne mettoient aucune différence eſſentielle entre l'une & l'autre. Entrons dans quelque détail.

Pour nous convaincre de ce que les Anciens ont penſé de la nature de l'ame humaine, nous examinerons. 1°. Quelle eſt la premiere idée que les hommes ont eûe de l'ame, 2°. Ce qu'ils ont penſé de ſon immortalité. 3°. Quelle idée ils ſe ſont formée de ſa nature quoiqu'immortelle. Par-là nous pourrons eſpérer de découvrir ce qu'on a penſé avant nous ſur la nature de notre ame.

De toutes les parties de la Philoſophie, la Métaphyſique eſt une de celles que l'on croit avoir perfectionnée le plus dans ces derniers temps. Nos Philoſophes plus ſubtils & plus éclairés que ceux qui avant eux avoient raiſonné ſur cette matiere, ſe vantent d'avoir débrouillé ce que les ſiecles précédens avoient confondu, & d'avoir prouvé d'une maniere convaincante la ſpiritualité, & par conſéquent l'immortalité de notre ame. La raiſon dont ils ſe ſervent pour démontrer une vérité auſſi importante, leur paroît ſi naturelle & ſi facile à trouver, qu'ils s'étonnent comment nos peres ne s'en sont point apperçus; ensorte qu'en cela ils reconnoissent la vérité de ce que disoit un Ancien (3): „ Un temps viendra, où l'étude „ & l'application de nos neveux dévoileront „ tous ces mysteres; un jour nos descendans „ seront surpris, que nous ayons pû ignorer „ des choses aussi claires, & dont la décou„ verte étoit si aisée."

Il n'est point de mon sujet d'entrer ici dans l'examen de cette preuve si claire & si évidente, de cet argument sans replique par où l'on prétend démontrer invinciblement la spiritualité de l'ame; cette discussion trouvera sa place dans la suite de ce Traité: mon dessein a été seulement de rappeller à mes Lecteurs ce que l'on pense aujourd'hui de cette substance. Ainsi comme j'entreprens de faire connoître dans ce Chapitre quelle premiere notion les Hommes en ont eue, en rapprochant ces deux extrémités, je prétends montrer la différence étonnante qui se trouve entre les idées qu'on s'est formées en divers temps d'une même chose.

(3) C'est Seneque, qui dans ses Questions naturelles, liv. 7, ch. 25. parlant des Cometes & des Eclipses de Lune, dit: *Veniet tempus, quo ista, quæ nunc latent, in lucem dies extrahet, & longioris ævi diligentia; veniet tempus, quo posteri nostri tam aperta nos nescisse mirentur.*

Aujourd'hui on entend généralement par le mot d'*Ame* une substance immatérielle tellement unie au corps, que les mouvemens de l'un sont nécessairement suivis des mouvemens de l'autre. Les Anciens s'en étoient formé une idée assez différente. Examinons donc les divers degrés par où l'ame a passé, avant que de se spiritualiser dans l'esprit des hommes.

Dans sa premiere origine le mot d'*Ame* ne signifioit que la *respiration animale*, autrement l'air que nous respirons, & qui est le principe de notre vie. On entendit ensuite par ce terme une matiere subtile & déliée, distinguée de ce corps grossier qu'elle animoit, & pouvant subsister après la dissolution de ses organes; c'est-à-dire pouvant passer dans un autre corps, & l'animer de même qu'elle avoit animé celui qu'elle quittoit, ou bien être reçue dans un lieu, où elle subsisteroit sans être unie à aucun corps. Enfin on a spiritualisé l'ame, & on en a fait une substance d'une nature absolument différente du corps; mais elle n'est arrivée à ce point que lentement. Combien n'a-t'il pas fallu de siecles, pour accoutumer les hommes à une idée dont ils sont si éloignés par leur maniere naturelle & ordinaire de penser!

Dans notre Langue, & dans la plupart des Langues vivantes, les termes d'*Ame* & d'*Esprit* ne ſont point équivoques, ſur-tout depuis que la Philoſophie moderne a été introduite : on entend préſentement par ces mots un être abſolument immatériel. Il n'en étoit pas ainſi du temps de nos Peres. Les Langues anciennes qui nous ont fourni ces termes, ne nous ont point communiqué l'idée qui y étoit alors attachée ; ces mots ne ſignifioient autre choſe dans leur origine, que *ſouffle* & *vent* : c'eſt la premiere idée que les Anciens ont eue de l'Ame & de l'Eſprit ; *reſpirer*, & *être animé*, étoient pour eux une même choſe. Les termes de ψυχὴ & de πνεῦμα (4), dont on s'eſt ſervi dans la Langue Grecque pour déſigner l'Ame & l'Eſprit, veulent dire ſimplement *la reſpiration* & le *ſouffle* : & ceux de *ſpiritus*, *animus*, *anima*, ne ſignifient autre choſe en Latin que

(4) Ψυχὴ vient de Ψύχω, qui ſignifie *ſpiro* ou *refrigero*, *je ſouffle*, *je raſraîchis*. Auſſi Chryſippe dit-il dans Plutarque, *De Stoic. repug.* que l'ame n'a été appellée de ce nom Ψυχὴ, que *à refrigeratione*. Ὅθεν οὐκ ἀπὸ τρόπου τὴν Ψυχὴν ὀνομάσθαι παρὰ τὴν ψύξιν.

A l'égard de πνεῦμα, il vient de πνέω, qui ſignifie *ſlo*, *ſpiro*, *je ſouffle*, & ſe prend ordinairement pour le vent : comme Ariſtote, *De Mundo*, nous l'apprend en ces termes : Ἄνεμος οὐδὲν ἐστι πλὴν ἀὴρ πολὺς ῥέων καὶ ἀθρόος, ὅστις ἅμα καὶ πνεῦμα λέγεται ; & le même Philoſophe, *Politic. lib.* 4. ſe ſert du même terme pour ſignifier les différens vents : Τῶν πνευμάτων, dit-il, λέγεται τὰ μὲν Βόρεια τὰ δὲ Νότια.

souffle & *vent* (5). Les Auteurs Sacrés n'ont pas même d'autres termes dans la Langue Hébraïque pour désigner l'Esprit de Dieu, que celui dont ils se servent pour exprimer le vent & le souffle.

Il n'est pas surprenant que les Juifs ayent confondu l'esprit avec le corps, puisque, comme nous le verrons dans la suite, il ne paroît pas que les premiers Ecrivains de cette Nation ayent eu aucune idée d'une substance purement spirituelle. Mais on ne peut s'empêcher d'être étonné, que les Grecs & les Romains qui ont tant raisonné sur la nature de l'ame, n'ayent eu dans leurs Langues aucun terme particulier pour la désigner. Or delà je prétens être en droit de conclure, que ni les anciens Grecs, ni les anciens Latins, n'ont eu aucune notion de l'être immatériel, puisque dans leurs Langues, quoique très-fécondes & très-abondantes, il ne se trouve aucun terme pour l'exprimer; & voici comment je raisonne.

Dans l'origine des Langues, les hommes ont désigné par des noms propres & particuliers toutes les choses, dont ils avoient quelque notion, or

(5) *Alii ventum, undè animæ, vel animus, nomen accepit quòd Græcè ventus ἄνεμος dicitur.* Lactant. *De Opif. Dei*, cap. 17.

or il ne se trouve point de Langue ancienne, où l'être immatériel, soit exprimé par un terme particulier; donc les Anciens n'avoient aucune notion de l'être immatériel.

On dira peut-être, que les Anciens n'ayant point d'idée claire de l'Esprit, ne pouvoient le désigner que métaphoriquement. Mais raisonner de la sorte, c'est confondre l'idée de l'esprit avec la notion de l'esprit. Il suffit d'avoir la notion d'une chose, pour pouvoir désigner cette chose par quelque terme; mais il n'y a aucun rapport d'idée entre un nom & la chose indiquée par ce nom. D'ailleurs n'avons-nous pas aujourd'hui dans nos Langues vivantes des termes particuliers pour exprimer l'Esprit & l'Ame, sans avoir cependant une idée beaucoup plus claire & plus distincte que les Anciens, ni de l'ame, ni de l'esprit? Ces mots, comme je l'ai déja dit, ne signifient proprement parmi nous qu'un être spirituel & immatériel. Il est vrai que nous nous en servons quelquefois pour désigner un corps très-subtil: nous disons, par exemple, *esprit de vin*, *esprit de nitre*, *esprits animaux*, *&c.* Mais ces expressions sont métaphoriques dans notre Langue; & parmi nous la premiere & veritable signification du mot *esprit* est l'être immatériel, au-lieu que chez les Anciens c'étoit tout le contraire. Dans leurs Langues la matiere étoit la signification propre de ce terme; & s'ils s'en servoient quelquefois pour désigner l'être immatériel, ce n'étoit que métaphoriquement. Or d'où vient cette différence entre les Langues anciennes & les Langues modernes; De ce que la notion de l'esprit, ou de l'être immatériel, est postérieure aux premieres, & antérieure aux autres.

Lorsque Platon introduisit la spiritualité dans la nature de l'ame, il fut obligé de se servir des termes de sa Langue qui étoient déjà en usage, & qui pouvoient le mieux exprimer la chose qu'il vouloit indiquer. Les Latins en ont usé de même; & aujourd'hui nos Missionnaires obligés de pratiquer la même chose parmi les Sauvages, à qui ils veulent donner quelque notion d'un être immatériel, sont contraints de s'assujettir à des mots de leurs Langues, qui jusqu'alors avoient désigné quelque chose de corporel. Mais nos Langues modernes ayant trouvé la notion de l'esprit déjà établie avant leur naissance, ont pu fournir des termes qui n'eussent point d'autre signification propre, que celle de l'être immatériel, quoique dans les Langues anciennes dont ces mêmes termes étoient empruntés, ils eussent un sens très-différent,

& s'appliquassent proprement à la matiere. Concluons donc que la premiere idée que les hommes ont eue de l'ame, est celle d'un être matériel.

CHAPITRE II.

Origine de l'immortalité de l'ame.

PAR l'Antiquité de l'opinion de l'immortalité de l'ame, on voit que les hommes en ont fait de bonne heure une substance distincte du corps qu'elle animoit, & capable d'exister par elle-même. Il ne faut cependant pas confondre cette immortalité qu'ils lui ont attribuée, avec sa spiritualité, puisque, comme nous le verrons, on la croyoit immortelle long-temps avant que de penser qu'elle fût spirituelle. On doit encore moins confondre le temps auquel on a commencé de la croire spirituelle, avec celui que les Philosophes ont rendu si célebre par leurs disputes sur son immortalité, puisque les Egyptiens, les Chaldéens & plusieurs autres Peuples la croyoient immortelle long-temps avant que Phérécyde, Pythagore & Thalès s'avisassent de dogmatiser sur cette matiere.

Quoique nous trouvions chez les Anciens la doctrine de l'immortalité de l'ame établie en même temps en différens endroits de la terre, cependant avec un peu d'attention il ne nous sera pas difficile de démêler à peu près quel Peuple a eu le premier cette opinion, & de fixer au moins le lieu de son origine, si nous ne pouvons en fixer précisément le temps. Les Egyptiens les Mages, les Chaldéens, les Gaulois & les Thraces, sont ceux chez qui ce sentiment paroît avoir la plus grande antiquité; pour les Grecs, ils conviennent eux-mêmes qu'ils l'ont reçu des Egyptiens: c'est pourquoi nous allons examiner de quelle maniere il a pu s'établir chez chacun de ces Peuples en particulier.

Les Thraces sont fameux entre les Anciens par la certitude avec laquelle ils ont crû l'ame immortelle. Ces Peuples pleuroient à la naissance de leurs enfans, & se réjouissoient à la mort de leurs proches: c'étoit aussi un usage établi parmi eux pour les femmes, de se brûler toutes vives avec les corps de leurs maris (6).

(6) *Editum puerum, propinqui circumsidentes complorant* [illegible] *est illi, quod vitam ingressus* [illegible] *terra mandant, referentes quot malis liberatus in omni sit felicitate. Singuli plures uxores habent, quorum ubi quis decessit* [illegible]

Or ces coutumes bizarres & cruelles n'étoient fondées que ſur l'opinion de l'immortalité; & cette opinion leur avoit été inſpirée par Zamolxis, leur Légiſlateur. Hérodote nous apprend (7) qu'il avoit enſeigné à ces Peuples, qu'au ſortir de cette vie ils iroient dans un lieu, où ils jouiroient de toutes ſortes de biens; que pour faire recevoir ſa doctrine avec plus de reſpect, il s'étoit caché pendant trois ans dans un lieu ſoûterrain, & qu'au bout de ce terme

viro humatur, cæteris id ſibi pro ingenti calamitate ducentibus. Herodot. *lib.* 5. & Solin, *ch.* 10. *Concordant omnes ad interitum voluntarium, dum nonnulli eorum putant obeuntium animas reverti, alii non extingui, ſed beatas magis fieri. Apud plurimos lugubria ſunt puerperia: denique recens natum fletu parens excipit; contrarversùm læta ſunt funera, adeò ut exemnos gaudiis proſequantur. Fœminæ inſiliunt defunctorum rogos conjugum, & quod maximum inſigne ducunt caſtitatis, præcipites in flammas eunt.* Vid. Valer. Max. *lib.* 2. *cap.* 6. & Mel. *lib.* 2. *cap.* 2.

(7) *Zamolxis hic homo fuit, Samique ſervitutem ſervivit Pythagoræ Mneſarchi filio. Hinc nactus libertatem, in Patriam rediit. Qui cùm animadverteret Thraces malè viventes & inſulsè, ipſe edoctus Ionicum vivendi genus & mores liberaliores, domicilium extruxit, in quod primos quoſque popularium in convivium accipiebat, & inter convivandum docebat, neque ſe, neque ſuos convivas, nec eos qui ex ipſis in omne tempus naſcerentur, interituros; ſed in eum locum ituros, ubi ſuperſtites omnium bonorum compotes eſſent. Dum ea ageret atque diceret, interim ſubterraneum ædificium ſtruebat: quo prorsùs abſoluto, è Thracum conſpectu ſe ſubducit, deſcendens is illud ſubterraneum ædificium: ubi circiter triennium egit, deſiderantibus eum Thracibus. Quarto anno ſe eiſdem in conſpectum dedit; atque ita credibilia ſunt effecta, quæ illis expoſuerat.* Herodot. *lib.* 4.

il s'étoit fait revoir, comme un homme qui auroit eu commerce avec les Dieux. Diodore de Sicile rapporte (8) qu'il avoit aſſuré les Thraces, que la Déeſſe Veſta lui avoit dicté ſes loix. Or, ſelon Hérodote (9), Zamolxis avoit été eſclave de Pythagore; & Diogene Laërce ajoute qu'il avoit été ſon diſciple (10). Ainſi il faut chercher ailleurs que chez les Thraces l'origine de l'opinion de l'immortalité de l'ame.

Les Gaulois ne ſe ſont pas rendus moins célebres que les Thraces, par le mépris que leur inſpiroit pour la mort l'eſpérance qu'ils avoient conçue de l'immortalité. Les Druides qui étoient tout enſemble leurs Philoſophes, leurs Légiſlateurs & leurs Pretres, avoient établi cette opinion parmi eux, afin de les rendre plus vertueux & plus braves (11). Ils n'avoient

(8) *Apud Ariſmaſpos Zathrauſtes bonum genium, apud Getas Zamolxis communem Veſtam, legum auctorem ſuarum finxiſſe perhibentur.* Diodor. *lib.* 1.

(9) Voyez page précédente, Note 7.

(10) *Habuit (Pythagoras) ſervum Zamolxim, quem Getæ Deum faciunt, Saturnum, ut ait Herodotus, exiſtimantes.* Diog. Laert. *in Pythag.*

(11) *Inprimis hoc volunt perſuadere, non interire animas, ſed ab aliis poſt mortem tranſire ad alios; atque hoc maxime ad virtutem excitari putant, metu mortis neglecto.* Cæſ. *de Bell. Gal. lib.* 6 & Mela, *lib.* 3. *cap.* 1. *Unum ex iis, quæ præcipiunt, in vulgus effluit, videlicet ut forent ad bella meliores,*

pas été trompés dans leur attente. Les Gaulois affrontoient les plus grands périls, & ne craignoient point d'expofer une vie, qu'ils croyoient devoir être fuivie d'une autre (12). Cependant il ne paroît point qu'une opinion fi fortement établie parmi ces Peuples, eût chez eux une origine fort ancienne. Céfar eft le premier qui en ait parlé, & quoique les Gaulois fuffent connus long-temps avant lui par les fréquentes irruptions qu'ils avoient faites dans l'Italie & dans la Grece, il n'étoit point encore queftion qu'ils cruffent l'ame immortelle. Les Anciens ne les avoient jamais regardés que comme des barbares & des brutaux. Ce fut donc le commerce que les Druides eurent avec les Grecs, qui avoient envoyé plufieurs Colonies fur les côtes de la Gaule, qui leur apprit une chofe

æternas effe animas, vitamque alteram ad manes. Itaque cùm mortuos cremant ac defodiunt, apta viventibus olim negotiorum ratio, etiam & exactio crediti deferebatur ad inferos. Vid. Val. Max. *lib.* 5. Diodor. *lib.* 6. Strab, *lib.* 4.

(12) . . . . . . *Vobis auctoribus, umbræ*
Non tacitas Erebi fedes, Ditifque profundi
Pallida regna petunt. Regit idem fpiritus artus
Orbe alio: longæ, canitis fi cognita, vitæ
Mors media eft . . . .
. . . . *Inde ruendi*
In ferrum mens prona viris, animæque capaces
Mortis, & ignavum redituræ parcere vitæ.

Lucan. *De Bel. Civ.* lib. 1.

&

que ces Philosophes employerent depuis fort utilement pour le gouvernement de leurs peuples. Justin est positif sur cet article. „ Les „ habitans de Marseille enseignerent, dit il, „ (13), aux Gaulois une maniere de vivre „ raisonnable: ils leur apprirent à cultiver la „ terre, à s'assujettir à des loix; & ils méta„ morphoserent tellement ces hommes sauvages „ & féroces, qu'il sembloit que les Gaulois „ eussent été transportés en Grece, plutôt que „ les Grecs dans les Gaules."

Comme les Chaldéens & les Mages étoient extrêmement voisins, il est inutile d'examiner séparément ce qui les regarde. Ceux-ci étoient des Prêtres & des Philosophes de Perse, ceux-là des Prêtres Babyloniens. L'opinion de l'immortalité de l'ame étoit si ancienne chez les Chaldéens, qu'ils en ont disputé aux Egyptiens l'honneur de l'invention: quelques-uns même la leur ont attribuée. Cependant on sçait qu'ils étoient redevables à l'Egypte de toutes leurs connoissances & de toute leur Philosophie. Belus avoit conduit autrefois une Colonie d'Egyp-

(13) *Ab his Galli & usum vitæ cultioris, depositâ & mansuefactâ barbariâ, & agrorum cultus, & urbes manibus cingere didicerunt. Tunc & legibus, non armis vivere .... consueverunt; adeoque magnus, & hominibus, & rebus impositus est nitor, ut non Græcia in Galliam emigrasse, sed Gallia in Græciam translata videretur.* Justin, lib. 43. cap. 4.

tiens ſur les bords de l'Euphrate, & avoit établi dans ce pays les Prêtres Chaldéens, à l'imitation de ceux d'Egypte (14). De là venoit cette grande conformité d'uſages qui ſe remarquoit entre les uns & les autres; même goût pour l'obſervation des Aſtres, même ſoin d'écrire leurs annales. Comme ils avoient formé un même peuple, une origine commune les entretint dans un commerce & dans une liaiſon continuelle. Ainſi quand même l'opinion de l'immortalité de l'ame n'eût pas encore été établie chez les Egyptiens, lorſqu'ils paſſerent en Chaldée, une doctrine auſſi intéreſſante ne pouvoit manquer de ſe communiquer des uns aux autres bientôt après ſon origine. C'eſt pour cette raiſon qu'elle ſe trouve ſi ancienne chez les Chaldéens; & c'eſt ce qui a donné lieu à quelques-uns de croire qu'ils en étoient les inventeurs.

Les Chaldéens avoient inſtruit les Mages, leurs voiſins, de ce qu'ils avoient appris eux-mêmes; & ceux-ci, conjointement avec les Grecs, répandirent dans la ſuite parmi les Gymnoſophiſ-

(14) *In Babylonem Belus coloniam duxit, & delectâ apud Euphratem ſede, Flamines, pro more Ægyptiorum, impenſis & oneribus publicis exemtos inſtituit, quos Chaldæos Babylonii nominant. Hi ſtellas, Sacerdotum in Ægypto, Phyſicorumque & Aſtrologorum exemplo, obſervant.* Diodor. *lib.* 1.

tes une opinion qui ſubſiſte encore aujourd'hui chez eux. Mais ce paſſage de la doctrine de l'immortalité de l'ame dans les Indes arriva plus tard. Il paroît même que les Gymnoſophiſtes n'en avoient encore aucune connoiſſance du temps d'Alexandre : car ce Prince ayant demandé à un des plus conſidérables d'entr'eux, lesquels étoient en plus grand nombre, des morts ou des vivans, celui-ci répondit que le nombre des vivans ſurpaſſoit certainement celui des morts, puiſque les morts n'étoient plus rien (15). Or on conçoit qu'un homme perſuadé de l'immortalité n'eût pû faire cette réponſe. Quoi qu'il en ſoit, il ne reſte dans l'Antiquité aucun veſtige, qui prouve que ces Philoſophes ayent crû l'ame immortelle avant le commerce qu'ils eurent avec les Grecs.

Après ce que nous venons de dire, il ne nous ſera pas difficile de nous perſuader que les Egyptiens ont été les premiers qui ayent ſoutenu l'immortalité de l'ame. Le plus ancien des Hiſtoriens l'aſſûre ainſi (16) ; & c'eſt l'opi-

(15) *Ex Gymnoſophiſtis, qui plurimum fatigaverant Macedonas, decem acres ad reſpondendum & contractos habitos cepit. His quæſtiones obſcuras poſuit, mortem denuntians primo, qui parùm aptè reſpondiſſet. Primus interrogatus, vivoſne plures eſſe, an mortuos cenſeret, vivos ait; nec enim jam eſſe eos, qui mortui ſunt.* Plutarch. *in Alexand.*

(16) *Hi* (Ægyptii) *primi extiterunt, qui dicerent, animam hominis eſſe immortalem.* Herodot. *lib.* 2.

nion la plus commune & la mieux établie dans l'Antiquité. Les Egyptiens ont été pendant plusieurs siecles les plus illustres de tous les Peuples : ils ont eu parmi leurs Rois des Conquérans d'une grande partie du monde ; & parmi leurs Sages, des hommes qu'on venoit entendre des extrêmités de la terre. C'est en Egypte qu'Orphée, Musée, Dédale, Homere, Lycurgue, Solon, Pythagore, Platon, Démocrite, & tant d'autres, ont puisé tout ce qui dans la suite les a rendus si célebres (17). Les Egyptiens sont les inventeurs de la Mythologie : ils sont les auteurs de toutes les opinions diverses qui se sont répandues parmi les hommes sur les Dieux ; sur les Etres subordonnés à la Divinité, tels que les bons & les mauvais Démons, gardiens de tout ce qui existe dans l'Univers ; sur les Héros, les Génies, &c. En un mot ils sont les Peres de toute la Philosophie (18), ainsi qu'un Grammairien célebre les a nommés ; & quelque forte prévention que les Grecs eussent pour eux-mêmes, ils ont été obligés de reconnoître qu'ils tenoient d'eux les Arts & les Sciences, qu'ils enseignerent depuis au reste du monde.

(17) Voyez Diodore, *liv.* 1.

(18) *Omnium Philosophiæ disciplinarum parentes.* Macrob. *Saturn. cap.* 19.

Il ne ſera pas auſſi facile de fixer le temps auquel on a commencé de croire l'ame immortelle, qu'il l'a été de découvrir les auteurs de cette opinion. Nous voyons que les hommes en étoient déjà perſuadés, avant que les plus anciens Ouvrages qui nous reſtent de l'Antiquité euſſent paru. Homere en parle, comme d'une doctrine établie dès le temps de la guerre de Troye. Patrocle, ſelon ce Poëte, apparoît à ſon ami Achille, & le prie de faire brûler ſon corps (19). Il fait auſſi deſcendre Ulyſſe aux Enfers, où il lie converſation avec les morts qu'il avoit connus (20). Peut être les Grecs n'avoient-ils encore aucune connoiſſance de cette opinion au temps qu'Homere la leur attribue; mais au moins ne peut-on douter que ce Poëte lui-même n'en fût inſtruit. Les Prêtres d'Egypte montroient écrit dans leurs annales, qu'il avoit paſſé autrefois dans leurs Pays pour s'informer de leurs opinions (21). Il avoit par conſéquent appris d'eux une doctrine qui pouvoit être encore ignorée dans ſa nation. Héſiode qui vivoit peu de temps après Homere,

(19) Ο'υ γαρ ἔτ' ἄυτις
Νίσσομαι ἐξ ἀΐδαο, ἐπήν με πυρὸς λελάχητε.
Homer. *Iliad. lib.* 2[illegible]

(20) *Odyſſ. lib.* 11.

(21) Voyez Diodore, *liv.* 1.

parle fort au long des Démons & des Héros (22), qui n'étoient autre chose, selon lui, que les ames des premiers hommes que la mort avoit enlevés: par où il paroît, que du temps de ce Poëte cette doctrine commençoit déjà à être assez connue. Si nous avions les Ouvrages d'Oribantius de Trézene, qui avoit écrit l'Histoire de sa Patrie; de Darès de Phrygie, qui avoit composé une Iliade; de Mélisandre de Milet, qui avoit décrit les combats des Centaures & des Lapithes (23), & des autres qui ont vécu avant Homere, nous pourrions remonter plus haut dans la recherche que nous faisons du temps précis, auquel on a commencé de croire l'immortalité de l'ame. Après tout il nous faudroit des Auteurs Egyptiens, & même du temps florissant de leur Empire, si nous voulions en avoir de contemporains à l'établissement de cette opinion.

En effet je dis que l'Egypte devoit être déjà un Etat considérable, lorsque la doctrine de l'immortalité de l'ame y fut introduite. Les

(22) Αὐτὰρ ἐπεί κεν τοῦτο γένος κατὰ γαῖα κάλυψεν.
Τοὶ μὲν Δαίμονές εἰσι, Διὸς μεγάλου διὰ βουλάς,
Ἐσθλοί, ἐπιχθόνιοι, φύλακες θνητῶν ἀνθρώπων.
Hesiod. *Oper. & Dies*, *lib.* 1.

(23) Au sujet de ces trois Auteurs, voyez Elien, *Var. Hist.* *lib.* 11. *cap.* 2.

Histoires nous apprennent plusieurs usages observés par les anciens Egyptiens, dont l'origine doit avoir été antérieure à cette opinion; par exemple, de mettre dans les festins un Squelete au bout de la table, pour s'exciter à la joie & au plaisir (24), d'embaumer les corps morts avec tant de soin, & sur tout de se bâtir des tombeaux superbes, tandis qu'ils négligeoient d'orner leurs propres maisons. La raison qu'ils donnoient de cette derniere coutume, ne pouvoit absolument s'accorder avec l'opinion de l'immortalité de l'ame, puisqu'ils ne justifioient cet usage bizarre, qu'en disant que leurs maisons n'étoient que des demeures passageres, au lieu que les Tombeaux étoient des demeures éternelles (25). Que si ces preuves ne paroissent pas convaincantes, au moins ne peut on douter que

(24) *Apud locupletes coruisi, cùm multi convenerunt, & à cœna discessum est, circumfert aliquis in loculo mortuum è ligno factum, sed picturâ & opere verum maximè imitantem, ostendensque singulis conviviarum, ait: in hunc intuere, pota & oblectare, talis post mortem futurus.* Herodot. *lib.* 2.

(25) *Regionis hujus incolæ tempus vitæ limitibus circumscriptum perexigui existimant: at quod celebrem à morte virtutis memoriam habiturum sit, illud pendunt maximi. Et domicilia viventium diversoria nominant, quòd exiguum ad tempus hæc incolamus: defunctorum verò sepulcra domos æternas appellant, quòd infinitum apud inferos ævum peragant. Quam-obrem de structurâ domorum minùs sunt solliciti: in adornandis autem sepulcris eximiè nihil studii faciunt reliquum.* Diodor. *lib.* 1.

les Juifs ne soient sortis d'Egypte, avant qu'on eût commencé d'y croire l'ame immortelle, puisque Moïse, nourri & élevé dans la Théologie la plus secrette du Pays, n'eût pas manqué d'établir cette doctrine parmi les Peuples de cette République naissante dont il étoit le chef. Or ce qui prouve qu'il n'en a eu nulle connoissance, est que dans tout le Pentateuque il n'est pas dit un seul mot, ni d'une autre vie, ni de l'état de l'ame après la mort; & que ce Législateur, qui avoit affaire à un Peuple mutin & toujours prêt à se révolter, ne lui a jamais proposé que des peines ou des récompenses temporelles. Eût-il négligé de le tenir en bride par l'espérance ou la crainte des biens & des maux à venir, s'ils ne lui eussent pas été inconnus? Il semble même que les Juifs, d'ailleurs si soigneux de conserver les anciens usages & les anciennes opinions, n'ont été instruits de l'immortalité de l'ame qu'après leur retour de la captivité. Ce qu'il y a de certain, est que nous apprenons de Josephe, que cette opinion qui étoit établie chez les Chaldéens, ne s'introduisit dans sa Nation que peu de temps avant la naissance de Jesus-Christ (26).

(26) Joseph. *De Bel. jud. lib. 2. cap. 8.*

Les Egyptiens ont été le premier Peuple policé de la terre. Les autres hommes vivoient encore dans la groſſiereté & dans la barbarie, tandis que l'Egypte étoit déja gouvernée par des Rois ſages, & que ſes Habitans obſervoient des coutumes raiſonnables. Ainſi on ne doit point être étonné, qu'une doctrine auſſi utile au gouvernement que celle de l'immortalité de l'ame, ait pris naiſſance chez eux, puiſqu'alors ils étoient les ſeuls, auxquels l'établiſſement de cette opinion pût être de quelque uſage pour le bien de la ſociété. Si une République, diſent quelques Auteurs anciens (27), pouvoit n'être compoſée que d'hommes vertueux, toutes les inventions politiques de religion ſeroient inutiles. Mais parce que les hommes ſont ordinairement vicieux, il faut les tenir en bride par ce moyen. C'eſt, au rapport de Ciceron, ce qui a fait dire à quelques-uns, que la Religion n'a été inventée, que pour ſervir de frein à ceux que la raiſon n'étoit pas capable de retenir dans le devoir (28). Les Légiſlateurs

(27) Voyez entr'autres Polybe & Strabon.

(28) *Quid ii, qui dixerunt, totam de diis immortalibus opinionem fictam eſſe ab hominibus ſapientibus reipublicæ cauſa, ut quos ratio non poſſet, eos ad officium religio duceret?* Cic, *De Nat. Deor. lib. 2.*

Légiſtateurs Egyptiens ayant donc jugé très-propre à contenir ces Peuples, une doctrine qui leur faiſoit craindre des châtimens & eſpérer des récompenſes après cette vie, l'établirent chez eux, par la même raiſon qui porta depuis Zamolxis & les Druides à la répandre chez les Thraces & chez les Gaulois. Peut-être ne ſe tromperoit-on pas trop en attribuant cette politique à Siphoas, ou Hermès, trente-cinquiéme Roi de Thebes, ſelon Eratoſthene, & ſucceſſeur de Meris. Il vivoit, ſelon le calcul du P. Pezron, plus de deux mille ans avant Jéſus-Chriſt. La ſcience extraordinaire qu'il poſſédoit lui mérita le nom de ſecond Thot; & il a été connu des Grecs ſous celui de Mercure Triſmégiſte. Ce Prince, diſent les Hiſtoriens, fut un modele de juſtice & de piété. A peine fut-il monté ſur le Trône, qu'il entreprit de rétablir la pureté de la Religion parmi ſes Sujets, & de rendre aux Loix morales leur ancienne vigueur. Les Philoſophes Chymiſtes & les Cabaliſtes font leur Héros de ce ſecond Hermès. Je reviens à mon ſujet.

C'eſt pour nous conformer au ſentiment le plus généralement reçu dans l'Antiquité, que nous venons de dire que les Egyptiens ont été les premiers qui ayent crû l'ame immortelle, & que ce ſont eux qui ont communiqué cette doctrine aux autres Nations. Cependant comme cette opinion n'est fondée à l'égard de certains Peuples que sur de fortes conjectures, & que nous manquons de preuves absolument convaincantes pour nous assurer, par exemple, que les Chaldéens, & les Indiens ayent reçû cette doctrine des Egyptiens, nous pouvons faire à ce sujet une réflexion, qui ne sera pas hors de propos. Les Grecs tenant des Egyptiens l'opinion de l'immortalité, ils n'ont peut-être pû se persuader que d'autres Peuples qu'ils regardoient comme barbares, & parmi lesquels ils voyoient cette opinion établie, ne l'eussent pas puisée dans la même source. Les Romains qui furent instruits de cette doctrine par les Grecs, ayant adopté en même temps tout ce que ceux-ci racontoient des Egyptiens, les uns & les autres les ont célébrés à l'envi, comme les Peres & les seuls auteurs de ce dogme. Ainsi pour avoir enseigné aux Grecs l'opinion de l'immortalité, les Egyptiens ont été regardés comme ceux qui l'avoient répandue dans tout le reste du monde. Il est vrai que les Egyptiens étant le premier Peuple policé de la terre dont nous ayons quelque connoissance, il peut être arrivé, qu'ils ayent été les premiers à croire l'ame immortelle; mais il est aussi très-possible, que dans la suite d'autres Nations soient parvenues à la croire comme eux. La même politique qui a pû établir cette doctrine chez les uns, a pû l'introduire de même chez les autres, comme un sentiment que l'on a cru utile & avantageux au bien de la société. L'usage que les Brachmanes & les Bonzes font de l'opinion de l'immortalité de l'ame sur les esprits crédules des Indiens & des Chinois, autorise cette conjecture.

Mais s'il est vrai que la politique ait introduit le dogme de l'immortalité de l'ame parmi certains peuples, on peut dire que les hommes ont de leur côté beaucoup contribué à l'établissement de cette opinion, & que leur amour-propre a bien secondé en cela l'intention des Législateurs. La nature nous a imprimé une aversion si violente pour la destruction de notre être, que nous avons besoin d'un esprit bien philosophe pour envisager sa dissolution sans effroi. L'existence nous paroît quelque chose de si doux & de si naturel, que nous ne pouvons nous résoudre à y renoncer; & nous la croyons en même temps si essentielle à notre nature, que nous ne comprenons pas qu'il soit possible qu'un jour nous ne soyons plus. C'est par cette raison, que des hommes qui n'auroient jamais entendu parler de la mort, & qui jamais n'auroient vû mourir personne, se croiroient immortels : ils oublieroient qu'ils sont venus en ce monde : & ils s'imagineroient ne devoir jamais en sortir. Nous oublions de même que nous avons commencé d'être, & nous nous figurons devoir être toujours. A la vérité cette pensée, que nous avons commencé d'être, nous vient quelquefois dans l'esprit ; mais nous ne nous y arrêtons pas, nous la rejettons : elle nous deplaît, elle nous fatigue, parce qu'elle nous conduit naturellement à conclure, que ce qui n'a pas toujours été, pourroit bien ne pas toujours être. Cependant en poussant cette crainte de notre destruction par-delà les bornes de la vie, on peut dire que nous abusons d'une chose, que la nature n'a mise en nous que pour la conservation de notre être (29). C'est ainsi que les voluptueux abusent d'un plaisir, qu'elle

(29) Cette pensée, prise ainsi dans un sens exclusif, est absolument fausse & insoutenable. On ne doute point que le desir de l'immortalité qui naît dans nous avec nous-mêmes, ne nous soit inspiré par la nature, pour nous engager à veiller à notre conservation ; mais il n'est pas moins certain que ce sentiment intérieur si naturel à tous les hommes, leur a été donné par le Créateur, comme un gage & une assurance, ou si l'on veut, comme un avertissement de leur immortalité future. Sçavoir si sans le secours de la révélation, ce desir naturel pourroit être pour tous les hommes une preuve certaine que jamais ils ne cesseront d'exister, c'est ce que je ne crois pas devoir entreprendre de décider.

ne leur a fait ressentir que pour les exciter à satisfaire la nécessité.

C'est donc l'amour-propre qui, du moins chez plusieurs Peuples, a enfanté l'opinion de l'immortalité de l'ame; & il n'en faut point chercher la source ailleurs, que dans le cœur même de l'homme. Mais cette opinion eût toujours été un desir inquiet & une croyance confuse, plutôt qu'une véritable certitude, si d'habiles Législateurs ne l'avoient canonisée, pour ainsi dire, en l'établissant d'une maniere qui ne permît plus d'en douter. C'est ce que Zamolxis fit chez les Thraces, ce que les Druides pratiquerent chez les Gaulois, Pythagore & les autres Philosophes chez les Grecs, les Chaldéens & les Mages chez les peuples d'Assyrie & de Perse, les Gymnosophistes chez les Indiens, & vraisemblablement les anciens Prêtres & Rois d'Egypte chez les peuples qui leur étoient soumis. On peut ajouter que ces derniers ayant eu affaire à une Nation qui a toujours été fort crédule & fort superstitieuse, il ne doit pas leur avoir été difficile de lui faire recevoir un dogme, à l'établissement duquel l'esprit humain étoit déjà naturellement très-porté.

On objectera sans doute que de quelque façon que cette opinion se soit établie dans le monde, il est toujours constant, même par ce qui vient d'être rapporté, que ce sentiment est de tous les temps & de toutes les Nations ; ce qui forme, dit-on, un argument concluant en faveur de l'immortalité de l'ame. „ Lorsqu'il s'agit de l'éternité de nos ames, disoit „ Séneque (30), le concert unanime de toutes les Nations à craindre après la mort un „ mauvais sort, ou à espérer un jugement propice du Dieu qui préside aux Enfers, est „ une des plus fortes raisons pour persuader „ qu'il y a une autre vie. En cette matiere, „ le sentiment général est ce qui me détermine."

En effet, ajoute-t'on, le témoignage constant de toutes les Nations n'est-il donc d'aucun poids? Croira-t-on sans peine, que dans tous les siecles, tous les hommes de concert se soient accordés pour se laisser tromper & pour nous tromper, en soutenant que l'ame étoit immortelle? Tant de grands hommes, qui ont embrassé & défendu cette opinion, étoient-ils des sots ou des imposteurs? Pourquoi non? L'antiquité ou l'universalité d'un sentiment, le nombre ou la qualité de ceux qui le soutiennent, sont-ils donc toujours le sceau de la vérité? Si ce principe étoit une fois admis, que

(30) *Cùm de animarum æternitate disserimus, non leve momentum apud nos habet consensus hominum, aut timentium inferos, aut colentium. Utor hâc publicâ persuasione.* Senec.

deviendroit le Chriſtianiſme? Eſt-il plus ancien que la Religion Juive, ou plus répandu que ne l'a été l'Idolâtrie pendant cinq à ſix mille ans? Compte-t'il au nombre de ſes ſectateurs de plus grands noms que ceux des Socrates, des Platons, des Ariſtotes, & de tant d'autres Philoſophes célebres? Ces grands hommes, tout habiles & tout éclairés qu'ils étoient, ont donné dans des travers étonnans ſur la nature de cet Univers, ſur ſon origine & ſur ſa fin (31); ils ont eu ſur la nature de ſon Auteur les opinions les plus puériles & les plus extravagantes (32); eſt il impoſſible qu'ils ſe ſoient trompés de même ſur ce qui regarde l'ame humaine? La matiere étoit-elle moins obſcure, plus à leur portée, moins ſupérieure à toutes nos connoiſſances & à nos lumieres?

Pour fortifier cette réponſe, qui d'ailleurs paroît ſans réplique, on pourroit ajouter, conformément à la penſée d'un Ecrivain célebre & très-ingénieux (33), que pour quiconque veut

(31) Voyez le Traité des *ſentimens des Anciens ſur le monde.* Chap. 2. & 3. de la 1ere. partie de ce volume.

(32) Voyez Cicéron dans ſon *Traité de la nature des Dieux.*

(33) Le ſecond principe qui ſert beaucoup à nos erreurs, eſt le reſpect aveugle de l'Antiquité. Nos Peres l'ont crû: prétendrions-nous être plus ſages qu'eux? Pour peu qu'une ſottiſe ſoit établie, ce principe la conſerve à jamais. Il nous défend de nous tirer d'erreur, parce que nous y avons été quelque

ſe garder de l'erreur, l'antiquité d'une opinion & ſon univerſalité eſt moins une preuve de ſon authenticité, qu'un juſte ſujet de la révoquer en doute, de la tenir pour ſuſpecte, & de ne point s'y attacher, qu'après l'avoir mûrement examinée; que c'eſt un pitoyable & pernicieux argument que celui-ci, nos Peres l'ont cru; qu'il reſſerre l'eſprit, favoriſe l'ignorance & l'erreur, & ne conclut rien dans le fond, ſinon que de tout temps l'homme a été la dupe de ſa crédulité; que le nombre des ignorans & des ſots étant ſans contredit infiniment plus grand que celui des perſonnes ſages & éclairées, la vérité n'eſt pas ordinairement le partage du grand nombre (34); & que par conſéquent il n'y a point de ſentiment moins recevable, que celui qui n'a point de plus ſolide fondement, que l'autorité du temps & de la multitude.

Enfin, après ce qui vient d'être dit, il y a du moins lieu de douter, que malgré ſon anti-

temps. *Fontenelle, de l'origine des Fables.* Le témoignage de ceux qui croyent une choſe déjà établie, n'a point de force pour l'appuyer; mais le témoignage de ceux qui ne la croyent pas, a de la force pour la détruire. *Le même, Hiſt. des Oracles. Diſſert.* 1. *ch.* 8.

(34) *Grave etiam argumentum tibi videbatur, quòd opinio de Diis immortalibus & omnium eſſet, & quotidie creſceret. Placet igitur tantas res opinione ſtultorum judicari, vobis præſertim, qui illos inſanos eſſe dicatis.* Cic. *de Nat. Deor. lib.* 3.

quité, l'opinion de l'immortalité de l'ame ait été de tous les ſiecles. On examinera dans la ſuite de ce Traité, s'il eſt vrai qu'elle ait été de tous les Peuples & de tous les hommes. Du reſte on vient de voir qu'il n'eſt pas ſurprenant qu'une opinion ſi flateuſe pour l'homme ait enfin prévalû; que les Legiſlateurs ont toujours favoriſé ce dogme, dans la vue de contenir les méchans par la crainte des ſupplices inévitables pour eux dans une autre vie, & pour exciter les bons à la vertu par l'eſpoir d'une récompenſe certaine. On conçoit que les Miniſtres des Sectes intéreſſées à ſoutenir cette doctrine, n'oublierent rien de leur côté pour l'accréditer & pour l'étendre. De-là ſont venues ces deſcriptions de la vie heureuſe propoſée aux mânes des bons dans l'Elyſée, & des tourmens deſtinés à punir les méchans dans le Tartare; les roues des Ixions, les vautours des Tityes, les tonneaux des Danaïdes, les rochers des Siſyphes, &c. Les gens habiles & ſenſés étoient fort éloignés d'admettre des impoſtures ſi groſſieres, comme nous le verrons dans la ſuite. Séneque lui-même, dont on cite le témoignage en faveur de l'immortalité, en étoit ſans doute aſſez peu perſuadé, puiſqu'il établit ailleurs tout le contraire. C'eſt en écrivant à Martia, que ce Philoſophe traitant du ſort que tout homme doit attendre après la mort (35) „ Songez, „ Martia, dit-il, que les morts ne ſont ſujets „ à aucune peine ; que les deſcriptions qui „ nous font les enfers terribles, ſont de pures „ fables; qu'il ne s'y trouve point de ces lieux „ ténébreux, où les morts ſoient empriſonnés „ & retenus, point de ces fleuves de feu où „ ils ſoient tourmentés, point d'autres dont „ la boiſſon leur faſſe perdre le ſouvenir de ce „ qu'ils ont vû ou entendu dans cette vie, „ point de tribunaux où ils paroiſſent en crimi„ nels, & où leurs actions ſoient jugées. Ces „ chimeres ſont un jeu de l'imagination des „ Poëtes, qui ont cherché par-là à nous allar„ mer. La mort finit toutes nos peines; & „ au-delà il ne nous reſte rien à ſouffrir: elle „ nous rend à cette profonde tranquillité, dans „ laquelle nous étions mollement étendus avant

(35) *Cogita nullis defunctos malis affici; illa, quæ nobis inferos faciunt terribiles, fabulam eſſe; nullas imminere mortuis tenebras, nec carcerem, nec flumina flagrantia igne, nec oblivionis amnem, nec tribunalia, & reos. Luſerunt iſta Poëtæ, & variis nos agitavere terroribus. Mors omnium dolorum & ſolutio eſt, & finis, ultra quam mala noſtra non exeunt, quæ nos in illam tranquillitatem, in quâ, antequàm naſceremur, jacuimus, reponit. Si mortuorum aliquis miſeretur, & non natorum miſereatur.* Senec. *de Conſol. ad Marc. cap.* 19.

„ que nous viſſions le jour. S'il ſe trouve
„ quelqu'un aſſez foible pour plaindre le ſort
„ de ceux qui ont ceſſé de vivre, il peut avoir
„ la même compaſſion pour ceux qui ſont en-
„ core à naître."

CHAPITRE III.

Opinions des Anciens ſur l'état de l'ame après cette vie.

APRÈS avoir fait connoître les premiers Sectateurs de l'immortalité de l'ame, il faut à préſent expliquer ce qu'ils entendoient par cette immortalité; c'eſt-a-dire, qu'il faut examiner ce qu'ils penſoient ſur l'état de l'ame au ſortir de cette vie. Quoiqu'ils convinſſent tous qu'elle étoit immortelle, ils avoient cependant des opinions fort différentes ſur ce qu'elle devenoit après ſa ſéparation d'avec le corps. Les uns la faiſoient aller dans un lieu, où elle étoit récompenſée ou punie ſelon ſes mérites; d'autres prétendoient qu'elle paſſoit dans d'autres corps, pour y recommencer une nouvelle vie: c'eſt ce qu'on a appellé la Métempſycoſe. Quelques-uns l'envoyoient ſeulement dans des corps humains; d'autres dans des corps d'hommes & de bêtes indifféremment. Enfin on peut dire que l'opinion des Anciens a toujours été très-peu uniforme sur cet article, & que les Philosophes & les Poëtes ont donné à l'envi carriere à leur imagination, pour diversifier & embellir cette matiere.

La Métempsycose fut pourtant ce qu'il y avoit de plus généralement reçu dans les premiers temps. Comme les Egyptiens la croyoient (36), il n'est point étonnant que ce fût d'abord le sentiment commun, puisque, comme on l'a vu, ces peuples avoient communiqué au reste du monde l'opinion de l'immortalité. A la vérité ce sentiment avoit varié selon le génie différent des hommes; mais le fond de la doctrine étoit par-tout le même, & pourvû qu'on soutînt en général que l'ame passoit d'un corps dans un autre, on ne croyoit point s'en écarter. Tous ceux qui nous apprennent que les Gaulois croyoient l'ame immortelle, nous disent en même temps qu'ils admettoient la Métempsycose (37). Elle étoit reçue parmi les Thraces, plusieurs soutenoient ce sentiment (38). On

(36) [illegible] *primi extiterunt, qui dixerunt animam hominis esse immortalem,* [illegible] *subire in aliud* [illegible] *corpus,* [illegible] *circumgirant.* Herodot. [illegible] 2.

(37) Voyez seconde partie, pag. [illegible], Note [illegible]

(38) *Quidam* [illegible] *fant,* [illegible]

ſçait que les Indiens ont été & ſont encore grands partiſans de cette opinion, & qu'elle s'eſt répandue dans la ſuite juſques dans la Chine & aux extrêmités du monde. Pythagore l'avoit rendue célebre dans la Grece & en Italie (39); & elle s'eſt conſervée des Sectateurs illuſtres parmi les Grecs même après l'établiſſement du Platoniſme.

Hérodote attribue aux Egyptiens une eſpece de Métempſycoſe aſſez ſinguliere. Ils ſoutenoient, ſelon cet Hiſtorien (40), que l'ame parcouroit ſucceſſivement toutes les eſpeces d'animaux de la terre, de l'air & des eaux, après quoi elle retournoit dans un corps humain; & ils ajoutoient qu'il falloit trois mille ans, pour achever cette révolution. Les Egyptiens avoient un extrême reſpect pour un grand nombre d'animaux; & ils ne pouvoient regarder que comme un inſigne bonheur, de paſſer, par exemple, dans le corps d'un chien, d'un chat, d'un

gue. Id varia opinio perficit. Alii redituras putant animas obeuntium, alii, etſi non redeant, non extingui tamen, ſed ad beatiora tranſire. Mela, *lib.* 2. cap. 2.

(39) Voyez Ovide dans ſes *Métamorphoſes*, *liv.* 15.

(40) *Ili* [Ægyptii] *primi extiterunt, qui dicerent animam hominis eſſe immortalem, quæ de mortuo corpore ſubindè in aliud atque aliud corpus, ut quodque gigneretur, immigraret; atque ubi per omnia ſe circumtuliſſet, terreſtria, marina, volucria, rursùs in aliquod hominis corpus genitum introire: atque hunc ab eâ circuitum fieri intra annorum tria millia.* Herodot. *lib.* 2.

loup, d'un crocodile, &c. Cependant comme Hérodote est le seul qui rapporte ce fait, & que tous les autres Historiens, comme Diodore (41), ne leur attribuent point d'autre opinion sur ce sujet, que celle de Pythagore, sans faire aucune mention de cette singularité, il y a lieu de croire que ce sentiment étoit particulier seulement à quelques-uns d'entr'eux. On y remarque en effet un peu trop de subtilité & de raffinement, pour qu'il ait été l'opinion générale de la Nation.

On croyoit donc communément, que les ames passoient après la mort dans des corps, soit d'hommes, soit d'animaux, pour y être punies ou récompensées selon leurs mérites précédens, par la vie heureuse ou malheureuse qu'elles alloient mener dans ces nouveaux corps. Pour décider de ces récompenses ou de ces peines, Pythagore ne manqua pas avec sa Métempsycose d'établir aussi le jugement des ames d'abord après la mort, comme une chose qu'il jugea très-capable de contenir les méchans, & de détourner les hommes du vice. Le Poëte Claudien nous traçant une peinture de ce jugement, dit (42) que le Juge des Enfers envoie

(41) *Πυθαγόραν τε τὴν εἰς πᾶν ζῶον τῆς ψυχῆς μεταβολὴν μαθεῖν παρ' Αἰγυπτίων.* Diodor. *lib.* 1.

(42) *Nam juxtà Rhadamantus agit. Cùm gesta superi*

les ames des hommes vicieux & pervers dans les corps des bêtes, dont ils ont eu les inclinations pendant leur vie, ou qui ont elles-mêmes des inclinations contraires. Ainſi, ſelon lui, les hommes cruels deviennent ours, les voleurs loups, les trompeurs renards: les intempérans paſſent dans le corps d'un pourceau; & les grands parleurs deviennent poiſſons.

Platon dans ſon Phèdre, où il établit clairement la Métempſycoſe, n'envoie point les ames dans les corps des bêtes, mais ſeulement dans des corps humains; & il marque neuf différens états qui leur ſont deſtinés, ſelon leurs vertus ou leurs vices. Je dirai en paſſant, pour faire connoître le génie de ce Philoſophe, qu'il met au premier rang les Muſiciens & les parfaits amants; & pour donner une idée de la maniere de penſer des Grecs ſur la liberté, je dois ajouter, qu'il place les Tyrans au dernier: c'eſt-

Curriculi, totoſque diù proſpexerit actus:
Exæquat pœnam meritis, & muta ferarum
Cogit vincla pati. Truculentos injicit urſis,
Prædoneſque lupis; fallaces vulpibus addit.
At qui deſidiâ ſemper vinoque gravatus,
Indulgens veneri, voluit torpeſcere luxu:
Hunc ſuis immundi pingues detrudit in artus.
Qui juſto plus eſſe loquax, arcanaque ſuevit
Prodere, piſcoſas fertur victurus in undas,
Ut nimiam penſent æterna ſilentia vocem.

Claudian. *in Ruf. lib.* 2.

à-dire, qu'il reconnoît les premiers pour les plus vertueux, & les seconds pour les plus scélérats de tous les hommes.

L'opinion de ceux qui après la mort faisoient passer les ames dans un certain lieu, devint dans la suite la plus générale. Nous avons vû que les Thraces s'en étoient laissés persuader: les Grecs l'embrasserent aussi, & la communiquerent aux Romains, qui la répandirent par tout leur Empire. Ce lieu où les ames étoient reçues, n'est autre chose que le Tartare & les Champs-Elizées si fameux dans l'Antiquité. L'un étoit le sejour des criminels, l'autre la demeure des justes; & tous deux étoient compris sous le nom d'Enfers, qui signifie lieux bas & profonds. Hésiode assure que l'Enfer est autant au-dessous de la terre, que le Ciel est au-dessus (43); & il ajoute, que si l'on jettoit une enclume du Ciel en terre, elle feroit dix jours à y arriver. C'étoit donc sous terre, & dans un lieu extrémement bas, que les Anciens plaçoient le séjour des ames (44). Dans cette pensée, ils

(43) Hésiode ne croyoit pas sans doute, qu'il y eut des feux dans l'enfer: car il lui donne les épithetes de froid, d'obscur & sans jour.

(44) *Aiebant regem hunc* (Rhampsinitum) *descendisse vivum sub terram, eò ubi Græci opinantur, sedes infernas esse.* Herodot. *lib.* 2.

ils s'imaginoient que les gouffres & les trous profonds qu'on rencontroit en certains endroits de la terre, étoient autant d'ouvertures de l'enfer, & de chemins qui conduisoient dans ce lieu ténébreux. C'eſt pour cette raiſon, qu'on alloit conſulter les ombres des morts proche du fleuve Achéron en Epire, & au Lac d'Averne en Italie (45): c'eſt ce qui avoit fait croire, que la caverne d'Achéruſe voiſine de la Ville d'Héraclée dans le Pont; & le fameux antre de Trophonius dans la Grece, avoient autrefois donné paſſage à des Héros, qui étoient descendus par-la aux enfers (46); & c'eſt ce qui faiſoit regarder comme des ſoupiraux du Tartare, l'Etna, le Véſuve & les autres montagnes enflammées.

C'eſt ici le lieu de parler d'une opinion des Anciens, qui a toujours paru aſſez difficile à

(45) Diodore (*liv.* 4.) parle ainſi de cet oracle du Lac d'Averne: Μυθολογοῦσι δὲ τὸ μὲν παλαιὸν γεγενῆσθαι νεκυομαντεῖον πρὸς αὐτῇ, ὃ τοῖς ὕστερον χρόνοις καταλελύσθαι φασιν; & Strabon, *liv.* 6. *Qui nos ætate anteceſſerunt, Nekyæ Homericæ fabulas Averno applicaverunt, atque adeò narrant, fuiſſe ibi oraculum, ubi vitâ defuncti reſponſa darent. Et Avernum pro loco Plutoni dicato deputabant, & Cimmerios ibi fuiſſe indicatum habitare.*

(46) Pomponius Mela (*liv.* I. *ch.* 19.) parlant de la caverne d'Achéruſe, *juxtà* (Heracleam) dit-il, *ſpecus eſt Acheruſia, ad manes, ut aiunt, pervius; atque inde extractum Cerberum exiſtimant.*

expliquer. Ils croyoient que les ames de ceux qui n'étoient pas enterrés, demeuroient errantes ſur les bords du Stix, ſans pouvoir paſſer outre, ni être admiſes dans la ſociété des morts (47); & cette opinion leur inſpiroit un ſoin & une précaution extrême, pour ne point laiſſer les corps ſans ſépulture. Pour entendre la raiſon de cet uſage, il faut ſçavoir que les Anciens qui avoient partagé le monde entre les Dieux, ne reconnoiſſoient pour être du domaine de Pluton, que ce qui étoit compris dans le ſein de la terre. Ainſi ce Dieu ne pouvoit

(47) *Creditum eſt, inſepultos non antè ad inferos redigi, quam juſta perceperint, ſecundùm Homericum Patroclum, funus in ſomnis ab Achille flagitantem.* Tertul. *lib. de Animâ.* C'eſt auſſi ce que Virgile nous apprend au ſixiéme livre de ſon Enéide, lorsqu'il nous repréſente Enée trouvant à l'entrée des enfers Palinure ſon pilote, dont le corps s'étoit perdu dans les flots. Celui-ci le priant, ou de lui procurer la ſépulture, lorſqu'il ſera de retour ſur la terre, ou même de le tranſporter avec lui dans les Enfers :

Sedibus ut ſaltem placidis in morte quieſcam;

La Sibyle lui répond :

Undè hæc, ô Palinure, tibi tam dira cupido ?
Tu Stygias inhumatus aquas amnemque ſeverum
Eumenidum aſpicies, ripamve injuſſus abibis ?

Elle avoit dit auparavant à Enée :

Deſine fata Deûm flecti ſperare precando.
Nec ripas datur horrendas, & rauca fluenta
Tranſportare priùs, quàm ſedibus oſſa quierunt.

Voyez ſur le même ſujet Plutar. *Sympos. lib. 9. queſt. 5.* Euripid. *in Troad.* & Sil. Ital. *Thebaïd. lib. 1.*

compter au nombre de ses Sujets ceux qui n'étoient point encore inhumés, parce que la terre ne les renfermoit point. Leurs ames n'avoient par conséquent aucune justice à attendre, & ne pouvoient être admises à son tribunal, jusqu'à ce que par la sépulture elles eussent acquis, pour ainsi dire, droit de bourgeoisie dans son Empire. Suivant cette doctrine, il eût été avantageux aux scélérats, qui n'avoient que des châtimens à craindre plutôt que des récompenses à espérer, de ne jamais être inhumés; mais les Anciens qui laissoient pourrir les corps des criminels sur une croix, ne se piquoient pas de raisonner si conséquemment. Il est certain qu'ils regardoient la privation de la sépulture comme un si grand malheur, qu'ils ont quelquefois condamné à la mort leurs plus grands Généraux après une victoire remportée, pour avoir négligé de faire enterrer les corps de ceux de leurs Soldats, qui avoient péri dans le combat.

L'opinion où l'on étoit, que les ames de ceux qui demeuroient sans sépulture n'étoient point reçues dans l'Empire des morts, & que par conséquent elles n'étoient point retenues dans les Enfers, avoit donné lieu de croire, que ces ames usoient de leur liberté, & pouvoient apparoître à leurs amis, ou à qui bon leur sembloit. Patrocle, comme nous l'avons vû (48), apparoiſſant à Achille pour le prier de faire brûler ſon corps, l'aſſure que dès qu'il lui aura rendu ce dernier devoir, il ne pourra plus ſe faire voir à lui comme auparavant. Platon parle en quelque endroit d'un homme aſſaſſiné, dont le meurtrier avoit caché le corps dans un coin de ſa maiſon, & qui apparoiſſoit de même, parce qu'il n'étoit point inhumé.

Il nous reſte pluſieurs autres traits, qui prouvent cette opinion des Anciens (49). Cependant on peut aſſurer, qu'ils étoient peu fixes dans leurs ſentimens, & que pendant qu'ils aſſuroient une choſe, la ſuperſtition les faiſoit ſouvent agir comme s'ils euſſent crû le contrai-

(48) Voyez le Chapitre précédent, *pag.* 44. Not. (47).

(49) Suetone parlant de Caligula, dit que *cadaver ejus clam in hortos Lamianos aſportatum, & tumultuario rogo ſemiambuſtum, levi ceſpite obrutum eſt : poſteà per ſorores ab exilio reverſas erutum. crematum, ſepultumque. Satis conſtat*, ajoute-t-il, *priùs quàm id fieret, hortorum cuſtodes umbris inquietatos*. Pline le jeune dans ſa Lettre à Sura (*Ep. lib* 7.) fait une longue Hiſtoire d'une maiſon, qui pendant long-temps reſta déſerte à Athenes, à cauſe d'un Revenant qui y apparoiſſoit. C'étoit, dit-il, un vieillard pâle, maigre & décharné, ayant les cheveux hériſſés & la barbe longue. Le philoſophe Athénodore étant venu à Athenes, & ayant loué cette maiſon malgré la mauvaiſe réputation qu'elle avoit, ſuivit le Spectre, & remarqua l'endroit où il s'évanouiſſoit. Il en avertit les Magiſtrats : on fouilla dans ce lieu ; on y trouva un Squelete à moitié pourri chargé de chaînes ; & on lui fit des funérailles publiques. Après cela, dit Pline, *domus ritè conditis manibus caruit.*

re. Quoique ſelon leur Théologie ils duſſent être perſuadés que les ames, au moins celles dont les corps avoient été inhumés, étoient retenues dans les Enfers, pour y jouir de la récompenſe dûe à leurs vertus, ou pour y recevoir la punition de leurs crimes, ils étoient ſouvent aſſez ſimples pour s'imaginer, qu'un impoſteur ou un viſionnaire eût le pouvoir de les en tirer, & de ſuſpendre l'exécution de la ſentence des Dieux (50). Ils croyoient follement que ces mêmes ames, qui, ſelon eux, étoient occupées ailleurs, s'amuſoient à voltiger autour des tombeaux, où leurs corps étoient enfermés (51); & quelques-uns s'aviſoient de paſſer la nuit le long de ces tombeaux, afin d'apprendre ce qui devoit leur arriver. C'eſt ſur cette ridicule opinion qu'étoit fondé le bruit qui couroit parmi les Grecs, que dans les campagnes de Marathon, où étoient les tombeaux des Athéniens tués autrefois dans la bataille qui s'é-

(50) C'eſt ainſi que dans Lucain (*De Bel. Civ. lib. 6.*) Sextus fils de Pompée s'adreſſant à une Magicienne de Theſſalie nommée Erichto, pour ſçavoir quel devoit être le ſort de la guerre, lui dit :

Vel tu parce Deis, & Manibus exprime verum :
Elyſias reſera ſedes, ipſamque vocatam,
Quos petat è nobis, mortem tibi coge fateri.

(51) C'eſt ce que Platon enſeigne dans le Phédon. Περὶ τὰ μνήματά τε, dit-il, καὶ τοὺς τάφους κυλινδουμένη.

toit donnée en ce lieu contre les Perſes, on entendoit & l'on voyoit toutes les nuits des combattans fort animés les uns contre les autres, qui maltraitoient tous ceux qui venoient là par curioſité, ſans faire aucun mal à ceux qui s'y rencontroient par hazard. Les premiers Chrétiens eux-mêmes n'ont pas été exemts de cette ſuperſtition, puiſqu'un Concile ancien (52) a défendu ſous peine d'anathême d'allumer des cierges dans les cimetieres pendant le jour, de peur, dit-il, d'effaroucher les ames des Saints.

Quoique Platon eût ſoutenu la Métempſycoſe dans ſon Phedre, comme nous l'avons dit plus haut, il ne laiſſe pas d'établir dans un autre de ſes dialogues un ſyſtême tout contraire; & ce dernier ſentiment a été communément ſuivi par ceux qui ont embraſſé ſa doctrine. Il aſſure (53) donc, qu'au ſortir de cette vie les ames des juſtes vont dans un lieu pur au deſſus de la terre; que celles des ſcélérats ſont préci-

(52) C'eſt le Concile d'Elvire tenu en 305. ſous l'Empire de Conſtance & de Galerius, vingt-ans avant le premier Concile de Nicée. Voici ſes paroles, *cap. 34. Cereos per diem placuit in cœmeteriis non incendi: inquietandi enim ſpiritus ſanctorum non ſunt. Qui hæc non obſervaverint arceantur ab eccleſiæ communione.*

(53) *Poſtquam Manes ad eum locum pervenerunt, quò Dæmon unumquemque deducit, primùm quidem habitâ quæſtione dijudicatur, qui benè, juſt & ſanctè vitam traduxerunt, aut qui contrà. Et qui medio quodam modo vitam duxiſſe viſi fuerint, ad Ache-*

pitées dans le Tartare, d'où elles ne ſortiront jamais; & que celles qui ne ſont coupables que de quelques fautes légeres, paſſent dans le marais Achéruſe, où elles ſont purifiées par un châtiment proportionné à leurs fautes, & d'où elles ſortent enſuite pour être récompenſées de leurs bonnes actions. Virgile ne parle pas moins clairement que Platon de cet état mitoyen par lequel paſſent les ames qui ont beſoin d'être purifiées de quelques ſouillures. „ Après „ la mort, dit Anchiſe à Enée ſon fils (54), „ nous ne ſommes pas encore quittes de toutes

fontem profecti, conſcenſis vehiculis ſibi deſtinatis, his vecti ad paludem perveniunt; & tum abluendis, expurgandiſque ſceleribus pœnas expendunt. Quòd ſi propter peccatorum magnitudinem inſanabiles eſſe videantur, hos conſentanea ſors projicit in Tartarum, undè nunquam egrediuntur. Quos verò conſtiterit ſingulari quadam atque eximia virtute vitam inſtituiſſe, hi ſunt qui in ſuperiorum illam puramque regionem, quæ terræ ſuperminet, in quâ ad incolendum ſedes ſunt illis conſtitutæ, perveniunt. Plato, *in Phædon.*

(54) *Quin & ſupremo cùm lumine vita reliquit,*
Non tamen omne malum miſeris, nec funditùs omnes
Corporeæ excedunt peſtes; penitùſque neceſſe eſt
Multa diù concreta modis inoleſcere miris.
Ergò exercentur pœnis, veterum que malorum
Supplicia expendunt. Aliæ panduntur inanes
Suſpenſæ ad ventos; aliis ſub gurgite vaſto
Infectum eluitur ſcelus, aut exuritur igni.
Quiſque ſuos patimur manes. Exindè per amplum
Mittimur Elyſium, & pauci læta arva tenemus.

Virgil. *Æneid. lib. 6.*

„ nos miséres; & il nous reste à souffrir diver-
„ ses peines, pour nous purifier des souillures
„ contractées pendant le cours de notre vie.
„ Ainsi les uns sont suspendus & exposés au
„ vent; les autres sont purifiés par le feu;
„ quelques-uns sont précipités dans un gouffre
„ profond, pour y expier leurs fautes: chacun
„ souffre à sa maniere. Après cela on nous
„ envoie dans l'Elysée, où nous habitons d'a-
„ gréables campagnes."

Cette idée des Anciens nous fait connoître l'antiquité d'une opinion, que dans les derniers temps quelques-uns ont regardée mal à propos comme une invention nouvelle.

Les prieres, les offrandes, les sacrifices pour les morts étoient une suite naturelle de cette doctrine. On vouloit par-là leur rendre les juges des enfers propices: on espéroit abréger le temps de leur purification, & adoucir leurs peines; & on croyoit que la piété des vivans engageoit les Dieux à ne pas traiter les morts avec toute la sévérité que leurs fautes méritoient. Aussi ne pratiquoit-on rien de tout cela à l'égard de ceux qui mouroient dans l'enfance (55). Comme on sçavoit que les enfans

(55) *Suis infantibus mortuis neque inferias libant, neque aliud quidquam faciunt eorum quæ fieri mortuis solent. Neque enim terræ aut terrestrium infantes ullam partem percipiunt. Neque*

ne pouvoient s'être rendus coupables d'aucun crime, on ne doutoit point de leur bonheur futur; & l'on jugeoit qu'il étoit inutile d'implorer pour eux la miséricorde des Dieux, & de fléchir leur justice.

Quelques-uns des Anciens ont eu une troisieme opinion composée des deux autres ensemble, c'est-à-dire, de celle de la Métempsycose & de celle des Enfers. Ils disoient que les ames y étoient retenues pendant un certain temps, pour y être punies ou récompensées de leurs bonnes ou mauvaises actions, & qu'ensuite elles passoient dans d'autres corps, pour recommencer une nouvelle vie. Platon nous fournira encore de quoi appuyer ce sentiment: car on trouve de tout dans cet Auteur, & on peut y choisir ce qui plaît le plus. Dans ce Dialogue, où il représente Socrate mourant & consolant ses amis, un d'eux lui dit, que les hommes sont dans une terrible incertitude sur ce que devient l'ame après sa séparation d'avec le corps; & Socrate lui répond que suivant une ancienne opinion, après cette vie les ames descendent aux Enfers, d'où elles reviennent ensuite en

circum eorum sepulcra & monumenta commorentur aut adsident. Nam leges id non permittunt, cùm ii in meliorem ac diviniorem conditionem simul locumque concesserint. Plutarch. *Consol. ad uxor.*

ce monde (56). Malgré cela, le même Platon condamne ensuite les scélérats à ne jamais sortir du Tartare (57): cependant il soutient dans son Phedre, que leurs ames ne seront punies que pendant mille ans, & qu'ensuite elles passeront dans d'autres corps (58). Mais il est inutile de nous arrêter à ces contradictions de Platon: il suffit de sçavoir, que cette troisieme opinion composée des deux autres a eu aussi ses zélateurs, & que Virgile l'a rendue célebre par son fleuve Lethé. On peut voir à la suite de ce que nous venons de citer de ce Poëte, comment les ames qui habitent l'Elysée, après que la longueur du temps a effacé toutes leurs taches, & consommé en elles ce qui leur restoit de terrestre (59), se rendent à ce fleuve d'oubli, qui leur fait perdre la mémoire de tout ce qui leur étoit arrivé, & leur fait

(56) *Antiquus quidem est hic sermo, hinc eò proficisci, & illinc huc redire mortuorum, animas, & fieri ex mortuis.* Plato, *in Phædon.*

(57) Voyez *pag.* 49. *Not.* (54).

(58) Τῷ δὲ χιλιοστῷ ἀμφότεραι ἀφικνούμεναι ἐπὶ κλήρωσίν τε καὶ αἵρεσιν τοῦ δευτέρου βίου, αἱροῦνται ὃν ἂν ἐθέλῃ ἑκάστη. Plato, *in Phædro.*

(59) *Donec longa dies, perfecto temporis orbe,*
Concretam exemit labem, purumque relinquit
Æthereum sensum, atque aurai simplicis ignem.
Virgil. *Æneid. lib.* 6.

naître l'envie de retourner dans de nouveaux corps.

Il eſt naturel de penſer, que cette troiſieme opinion du fleuve Lethé ne fut inventée par les Philoſophes, que pour réparer le défaut eſſentiel de leur doctrine de la Métempſycoſe. Elle ne pouvoit ſe ſoutenir, ſans admettre néceſſairement le ſouvenir des choſes arrivées dans les diffétentes animations qui avoient précédé. Pythagore l'avoit conçu de la ſorte; & c'étoit pour appuyer de ſon exemple cette partie de ſon ſyſtême, qu'il avoit oſé ſoutenir hardiment ſe ſouvenir d'avoir été tantôt Euphorbe (60), tantôt Æthalide, Hermotime ou Pyrrhus, & même d'avoir été coq. Son témoignage pouvoit bien d'abord faire illuſion à ceux qui embraſſerent ſa doctrine; mais comme d'ailleurs aucun d'eux ne ſe ſouvenoit réellement de ce qui pouvoit lui être arrivé dans les corps différens, qu'il devoit avoir animés avant celui dans lequel il vivoit actuellement, pour remédier à ce défaut, on imagina l'admirable invention du fleuve d'oubli. C'eſt ainſi que toute doctrine qui vient des hommes, eſt toujours ſujette

(60) *Ipſe ego, nam memini, Trojani tempore belli*
Panthoïdes Euphorbus eram, cui pectore quondam
Hæſit in adverſo gravis haſta minoris Atridæ.

Ovid. *Metam. lib.* 15.

dans ſes commencemens à mille difficultés qu'ils n'ont pû prévoir. Elle ne ſe perfectionne qu'avec le temps, & porte par ſon incertitude & ſes variations des marques certaines de ſon origine.

Au reſte on doit obſerver que ces deux opinions, tant celle de la Métempſycoſe, que celle des Elyſées & des Enfers, ſuppoſant toutes deux la néceſſité d'un jugement après la mort, ont également toutes deux pour fondement la néceſſité d'une autre vie. C'eſt-là en effet le cheval de bataille, la preuve triomphante, l'argument bannal de tous ceux qui croyent pouvoir prouver par la raiſon l'immortalité de notre ame, parce que c'eſt le plus ſenſible, & celui qui paroît avoir le plus de fondement. Car ne feroit-ce pas bien en vain, dit-on, que l'homme adoreroit ſon Créateur, & lui rendroit de juſtes hommages, en vain qu'il s'abſtiendroit du mal & feroit le bien, s'il ne devoit y avoir aucune récompenſe pour les bonnes actions, aucune punition pour les mauvaiſes? Or de-là il s'enſuit, continue-t'on, que les récompenſes ou les châtimens des unes & des autres n'ayant pas toujours lieu dans cette vie, il eſt neceſſaire qu'il y en ait un autre, où les méchans ſoient punis de leurs crimes, & les bons récompenſés de leurs vertus; que ſans cela Dieu ne feroit pas jufte; & que la nécessité de cette autre vie emporte celle de l'immortalité de nos ames, puifque leur anéantiffement rendroit cette reffource inutile. Ce raifonnement a été mis en œuvre par les premiers Philofophes qui ont foutenu l'immortalité de l'ame, comme par ceux qui les ont fuivis. Tous font d'accord fur cet article; & il faut l'avouer, à ne le regarder que du premier coup d'œil, rien ne paroît plus fpécieux & plus propre à perfuader. Cependant à peine y fait-on quelque attention, que toute la difficulté s'évanouit, & on ne trouve dans cette preuve victorieufe que du préjugé, & une vraie pétition de principe, qui rejette dans le plus étrange embarras ceux qui en font les auteurs.

En effet les défenfeurs de l'opinion contraire nient d'abord la néceffité des peines & des récompenfes dans une autre vie, prétendant que dès celle-ci les bons font récompenfés de leurs vertus, ou par le témoignage intérieur de leur propre confcience, ou par l'eftime des autres hommes; & les méchans punis de leurs forfaits par la honte, l'ignominie & les châtimens qui fuivent les crimes, lorfqu'ils font découverts: Que faire le bien, aider fon prochain, fe rendre commode, utile & néceffaire à la fociété, porte avec foi une fatisfaction qui tient lieu de récompenſe à ceux qui le font: Qu'au contraire, indépendamment des peines portées par les Loix contre les actions vicieuſes, opprimer ſon ſemblable, lui ravir les biens, l'honneur ou la vie, eſt une conduite qui ne peut manquer d'être ſuivie du repentir, & de la crainte du châtiment: Que d'ailleurs le bien ou le mal phyſique ne conſiſte que dans notre opinion, qui, dépendant de l'éducation & de notre intérêt propre, change & varie ſelon la naiſſance, la condition & les conjonctures; Que ſur ce principe, la privation des richeſſes, des commodités, des honneurs, de la ſanté, de la vie même, n'eſt un véritable mal que pour ceux qui s'en affligent, comme ces mêmes choſes ne ſont des biens que pour les perſonnes qui les croyent tels: Que ſouffrir la douleur, les infirmités, les maladies, eſt un des plus ſûrs moyens d'y réſiſter ou d'en guérir: Que ſupporter avec patience & avec courage la pauvreté, la dureté des hommes, leur oubli, leurs perſécutions, eſt une reſſource certaine pour les moins ſentir: Que la tranquilité de l'eſprit, & la paix du cœur au milieu des adverſités, eſt de beaucoup préférable aux inquiétudes & aux remords, qu'éprouvent les hommes injuſtes & les méchans dans la poſſeſſion des biens & des honneurs qu'ils ſe ſont procurés par des voies iniques : Qu'après tout il y a une certaine mesure de bien & de mal, de plaisir & de douleur, répandue également sur tous les états & sur toutes les conditions de la vie, dont nul ne peut s'exemter : que les méchans en ont leur part ainsi que les gens de bien ; & qu'on voit tous les jours des hommes heureux dans la misere, comme des malheureux dans la fortune la plus brillante.

On ajoute, que pour prouver qu'il est de la justice de Dieu de punir le vice dans une autre vie, & de récompenser la vertu, il faut supposer que l'homme est capable de l'un & de l'autre ; Qu'il faut donc poser d'abord pour principe, que l'homme est libre ; qu'il est capable du bien & du mal, & par conséquent qu'il a une ame spirituelle & immortelle : Qu'autrement, & en supposant que l'homme n'est que matiere, que ce n'est qu'une pure machine guidée comme les bêtes par un instinct aveugle & sans choix, il n'est pas possible de connoître plus de bonté morale ou de malice dans l'homme, que dans la brute ; & que s'il est de la Justice de Dieu de châtier en lui ce qu'il peu faire de mal, il est également obligé de punir tant de meurtres, que le Tigre, le Lion & une infinité d'autres animaux féroces commettent continuellement. Or comment peut-on prouver, dit-on, l'exiſtence de cette ame humaine ſpirituelle & immortelle ? Par la néceſſité des peines & des récompenſes dans une autre vie, répondent les partiſans de l'immortalité. Vous prouvez donc, réplique-t'on, que l'ame de l'homme eſt ſpirituelle & immortelle par la néceſſité d'une autre vie; & vous prouvez la néceſſité d'une autre vie, parce que l'homme eſt capable du bien & du mal, c'eſt-à-dire, parceque l'ame humaine eſt ſpirituelle & immortelle: y eut-il jamais cercle plus vicieux, & pétition de principe plus évident & plus ſenſible ?

On va plus loin; & on demande ſur qui Dieu doit exercer ſa juſtice. C'eſt ſans doute ſur l'homme. C'eſt l'homme qui a fait le bien ou le mal; c'eſt l'homme qui doit être ou récompenſé ou puni. Qui ne puniroit ou ne récompenſeroit qu'une partie de l'homme, ne ſeroit pas juſte. L'homme tout entier eſt vertueux ou criminel; il doit donc recevoir tout entier le châtiment ou le prix de ſes vices & de ſes vertus. Or l'homme eſt un compoſé de l'ame & du corps; donc ſi Dieu eſt obligé de récompenſer & de punir, il doit récompenſer ou punir l'ame & le corps. Le corps deſtitué de l'ame eſt non-ſeulement incapable, mais même indigne de récompenſe ou de punition;

&

& l'ame ſéparée du corps n'eſt puls l'homme : elle ne peut ſeule recevoir juſtement des châtimens ou des récompenſes, qui doivent être communs à l'un & à l'autre (61). Cette doctrine eſt ſi certaine, que les premiers Chrétiens en ont fait le fondement de notre réſurrection future (62). C'eſt auſſi pour cette raiſon, que les Peres de l'Egliſe les plus anciens & les plus habiles (63) ont cru que Dieu différoit juſqu'au jour du jugement ſes châtimens & ſes récompenſes ; & qu'en conſéquence ils ont enſeigné, que juſqu'à ce terme, toutes les ames de ceux qui mouroient étoient renfermées dans une habitation commune, où elles attendoient ce jour deſtiné à décider de leur ſort pour l'Eternité.

(61) C'eſt ce qui fait dire à Montagne au Chapitre 12. de ſes Eſſais, après s'être déjà fort emporté contre Platon : „ Et „ quand tu dis ailleurs, Platon, que ce ſera la partie ſpirituelle „ de l'homme à qui touchera la jouiſſance de l'autre vie, tu nous „ dis choſes d'auſſi peu d'apparence : car à ce compte, ce ne „ ſera plus l'homme, ni nous par conſéquent, à qui touchera „ cette jouiſſance. Car nous ſommes bâtis de deux pieces principales & eſſentielles, deſquelles la ſéparation c'eſt la mort & „ ruine de notre être."

(62) Voyez Athénagore, *De Reſur. mort.*

(63) Clemens Rom. 1. *Recogn.* Juſtin. *in quæſt. à Gent. poſitis, Quæſt.* 76. Iren. *adv. Hæreſ.* Tertul. *cont. Marc. lib.* 4. *& lib. de An.* Origen. *Princip. lib.* 2. *&* 4. *& Hom* 7. *in Levit.* Lactant. *Div. Inſtit. lib.* 7. *cap.* 21. Auguſt. *in Pſ.* 36. Ambroſ. *lib. de bono mortis, cap.* 10. Theodoret. *ad cap.* 2. *Ep. ad Hebr. &c.*

Or ſur ce principe, & ne ſe propoſant que la raiſon pour guide dans ce raiſonnement, on demande ce que devient l'ame humaine depuis ſa ſéparation d'avec le corps, juſqu'à ſa réunion avec lui au jour de la réſurrection promiſe? Ou elle exiſte alors, ou elle n'exiſte point. Si elle n'exiſte point dans tout cet intervalle, comme quelques-uns l'ont penſé parmi les premiers Chrétiens, perſuadés qu'elle reſſuſciteroit avec le corps, elle n'eſt donc ni ſpirituelle ni immortelle de ſa nature. Que ſi elle exiſte, que l'on marque donc quel eſt alors ſon état. Dira-t'on que dès-lors Dieu exerce ſa juſtice ſur elle? On ne peut l'avancer, comme on vient de le voir, ſans contredire la raiſon, détruire la néceſſité de notre réſurrection future, & donner un démenti formel à l'Antiquité la plus reſpectable. Répondra-t'on au contraire conformément au ſentiment des Anciens Peres, que l'ame n'eſt alors ni dans le plaiſir, ni dans la ſouffrance? On ſera obligé d'avouer encore, que dans cet état elle ne peut mériter ni démériter. Or que l'on ſe repréſente, s'il eſt poſſible, la ſituation d'une ſubſtance vivante & intelligente qui eſt ſans action & ſans paſſion, qui ne ſouffre aucun mal, qui ne goûte aucun plaiſir: qu'on s'imagine que pour toutes les ames cette ſituation doit durer juſqu'à la fin du monde, jusqu'à la résurrection, par conséquent pour les ames des premiers hommes pendant dix mille, vingt mille, pendant cent mille ans peut-être: car qui peut définir le terme de la durée du monde (64)? Peut-on nier qu'un tel état ne soit chimérique, & que cette vie imaginaire ne soit une véritable mort?

Pour ne rien omettre de ce qui regarde l'état de l'ame après cette vie, il faut dire un mot d'une opinion aujourd'hui fort répandue dans le monde, & que les Chrétiens, les Juifs & les Mahométans regardent comme un des principaux articles de leur foi: je parle de la résurrection des morts, dont nous allons tâcher de découvrir l'origine.

Dans tout ce qui nous reste de l'Antiquité, nous n'avons qu'un seul endroit de Platon & un de Diogene Laërce, où il soit parlé de la résurrection générale. Car pour ce qui est de quelques résurrections particulieres, on sçait qu'il en couroit plusieurs contes, comme d'un Aristée, d'un Cléomede, d'Epiménide, & de quelques autres, qu'on assuroit autrefois être ressuscités (65). Mais tout cela n'étoit regardé

(64) Quelques anciens Peres ont tenté de le faire & n'y ont pas réussi, comme on l'a vû de S. Cyprien dans le Traité des *Sentimens des Anciens sur le Monde*, *chap.* 3. *pag.* 81, & *suiv.*

(65) V. Plutarch. *in vita Romul.* Plin. *Hist. lib.* 7. *cap.* 53. & 54. & Diogen. Laërt. *lib.* 2.

que comme de vrais contes de vieilles, dont les enfans mêmes se moquoient.

A l'égard de la résurrection générale, il en est parlé un peu plus sérieusement dans un des Dialogues de Platon (66), où ce Philosophe fécond en systêmes voulant expliquer de quelle maniere les hommes étoient d'abord sortis de la terre, suppose qu'après une certaine révolution de temps, toutes choses rétrogradent; que les Astres vont finir leur cours à l'Orient, ainsi qu'il est arrivé, dit-il, du temps d'Atrée & de Thyeste; que les hommes rajeunissent, & meurent dans la premiere enfance; & que ceux qui étoient déjà dans le sein de la terre, en sortent, & renaissent au même état où ils étoient quand ils sont morts. On peut ajouter à cet endroit de Platon ce que nous avons dit ailleurs du systême de la grande année (67). Du reste on voit assez qu'en tout cela il ne s'agit point du tout de l'espece de résurrection que nous cherchons. A l'égard de ce que nous venons de rapporter de Platon, on doit le regarder comme étant tiré de sa tête, plutôt que comme une opinion qui fût véritablement

(66) In Politico. V. le Traité des *Sentimens des Anciens sur le Monde*, *chap.* 2. *pag.* 40.

(67) Voyez le Traité des *Sentimens des Anciens sur le monde* *chap.* 2. *pag.* 39.

reçue de ſon temps. Ce ſentiment eſt une imagination creuſe de ce Philoſophe, & a probablement toujours paſſé pour tel, puiſque quoiqu'il ait eu grand nombre d'admirateurs & de diſciples, aucun ne s'eſt aviſé de l'embraſſer.

L'autre endroit où il eſt parlé de la réſurrection générale, ſe trouve dans Diogene Laërce. Voici de quelle maniere cet Auteur en fait mention. „ Clitarque aſſure, dit-il (68), que les „ Gymnoſophiſtes mépriſent la mort, & qu'ils „ condamnent l'uſage de brûler les corps. Ils „ ſont dans l'opinion que ces corps reſſuſciteront un jour, & vivront pour ne plus mourir. Pluſieurs diſent que les Juifs ſont ſortis d'entr'eux." Les Mages étoient du même ſentiment au ſujet des corps, comme le même Auteur l'écrit un peu plus bas ſur la foi de Théopompe (69).

On ſçait que les Mages admettoient deux principes, l'un bon, & l'autre mauvais; l'un auteur de la vie, & l'autre auteur de la mort. Mais tout le monde ne ſçait peut-être pas de

(68) Τοὺς γοῦν Γυμνοσοφιστὰς καὶ θανάτου καταφρονεῖν φησὶ Κλείταρχος; καὶ ἀνόσιον ἡγεῖσθαι πυρὶ θάπτειν; καὶ ἀναβιώσεσθαι τοὺς ἀνθρώπους, καὶ ἔσεσθαι ἀθανάτους. Ἔνιοι δὲ καὶ τοὺς Ἰουδαίους ἐκ τούτων εἶναι. Diog. Laërt. in prœm.

(69) *Theopompus Magorum ſententiâ homines in vitam quoque redituros, immortaleſque futuros tradit.* Idem, *ibid.*

même, qu'ils eſpéroient ne dépendre un jour que de l'un, & être entierement affranchis de la domination de l'autre. Plutarque nous l'apprend; & ce qu'il dit à ce ſujet doit être joint à ce que nous venons de rapporter de Diogene Laërce, afin d'avoir une connoiſſance exacte de leur Théologie. „ Les deux Principes que „ les Mages reconnoiſſent, dit Plutarque (70), „ doivent, ſelon eux, régner l'un après l'autre dans le monde pendant trois mille ans, „ & ſe faire la guerre enſuite pendant trois „ mille autres, au bout deſquels le mauvais „ principe ſera vaincu & détruit, & les hommes ſeront éternellement heureux." C'eſt ſans doute après la deſtruction de ce mauvais principe, qu'ils s'imaginoient que les morts reſſuſciteroient, afin de partager avec les vivans une éternelle félicité. Cette conjecture eſt d'autant mieux fondée, qu'ils diſoient qu'alors les hommes n'auroient pas beſoin de manger, & que leurs corps ne feroient point d'ombre.

(70) *Exiſtimant duos eſſe Deos quaſi contrariis deditos artibus, ut bona alter, alter mala opera conficiat. . . Theopompus ait, de ſententiâ Magorum, vicibus ter mille annorum alterum Deorum ſuperare, alterum ſuccumbere, & per altera tria millia bellum eos inter ſe gerere: tandem Plutonem deficere, & tunc homines fore beatos, neque alimento utentes, neque umbram edentes.* Plutarch. *De Iſid. & Oſir.*

Cette opinion de la résurrection des corps, que les Juifs avoient peut-être prise des Mages, ce qui donna lieu sans doute à quelques-uns de croire qu'ils étoient sortis de ces Sages de Perse, ou des Philosophes des Indes, ne paroît pas avoir fait de grands progrès. Si l'on en excepte les Indes, la Perse & la Palestine, nous ne voyons point qu'elle ait été établie & connue en aucun endroit de la terre. Il y a même lieu de douter, si ce n'étoit point chez les Juifs une opinion assez populaire. L'Evangile & les Actes des Apôtres nous apprennent, à la vérité, que les Pharisiens la croyoient: cependant Josephe qui étoit de cette Secte, n'en parle en aucune façon, & le mot de résurrection ne se trouve pas une seule fois dans ses livres: il dit même très-positivement en deux endroits, que les Pharisiens admettoient la Métempsycose (71). Ces hommes ambitieux qui vouloient mettre le peuple dans leurs intérêts, affectoient peut-être de favoriser une

(71) *Credunt animas omnes immortales; improbos sempiterno carcere claudi, bonos solos in aliud corpus transire.* Joseph. *De Bel. Jud.* lib. 2. cap. 8. Voyez le même Auteur, *Antiq. Jud. lib.* 18. *cap.* 1. Peut-être dans ces deux endroits Josephe ne veut-il dire autre chose, sinon que, selon la doctrine des Pharisiens, les Justes seuls ressuscitoient; ce qui a été le sentiment de quelques Saints Peres.

opinion, dont ils ne faisoient pas dans le fond beaucoup de cas.

Au reste Montagne a eu tort d'attaquer comme il l'a fait au chapitre douziéme de ses Essais, la possibilité de la résurrection, sous prétexte de combattre la doctrine de Platon, sur le bonheur préparé aux justes dans la vie future. Dans cet endroit s'élevant à ce sujet contre les promesses de ce Philosophe, „ Si „ pour nous rendre capables de ces choses, dit- „ il, on réforme & rechange notre être, ainsi „ que tu nous dis, Platon, ce doit être d'un „ si extrême changement, & si universel, que „ par la doctrine Physique, ce ne sera plus „ nous; ce sera quelqu'autre chose qui recevra „ ces récompenses: car ce qui est changé, est „ dissous, & par conséquent périt (72)." En effet, continue Montagne, suivant le sentiment de Lucrece (73), en supposant que la même matiere dont nos corps étoient composés avant la mort, rétablie dans son ancien état &

(72) *Quod mutatur enim dissolvitur; interit ergo.*

Lucret. *lib.* 3.

(73) *Nec si materiam nostram conlegerit ætas*
Post obitum, rursùmque redegerit ut sita nunc est;
Atque iterùm nobis fuerint data lumina vitæ:
Pertineat quidquam tamen ad nos id quoque factum,
Interrupta semel cùm sit repetentia nostra.

Lucret. *ubi suprà.*

ſa forme premiere, ſoit de nouveau rappellée à la vie par une ſeconde introduction de cette ame, qui l'avoit animée auparavant, cependant rien de ce qui auroit appartenu à la premiere vie, ne regarderoit la nouvelle, & rien de cette derniere n'appartiendroit à la précédente, la mémoire des choſes paſſées ayant été interrompue & anéantie. On paſſe ce ſentiment à Lucrece, qui raiſonnant en payen & en diſciple d'Epicure, ne pouvoit penſer autrement; mais il n'eſt pas pardonnable dans Montagne, qui n'a pû ignorer qu'il n'eſt pas plus difficile à Dieu de rétablir dans nous la mémoire du paſſé, que de nous reſſuſciter. Le même Créateur qui nous forma, n'eſt pas moins puiſſant pour opérer l'un, qu'il ſera fidéle à accomplir l'autre.

CHAPITRE IV.

Idée que les Anciens avoient de la nature de l'ame, quoiqu'immortelle.

„ ON ignore dit Lucrece (74), quelle est „ la nature de l'ame; si elle a pris naissance „ avec notre corps, ou si elle lui est infusée „ au moment de notre naissance; si elle périt „ avec lui par sa dissolution, ou si en se sépa„ rant de lui, elle va habiter dans l'obscurité „ des Enfers; enfin si celles des animaux s'in„ troduisent en leurs corps de la même ma„ niere que l'ame passe dans le nôtre." En effet la plûpart des Philosophes ont été obligés d'avouer, que cette matiere étoit incompréhensible, & que les ressorts dont nos corps étoient mûs, étoient couverts de ténebres si épaisses, qu'il n'étoit pas possible de reconnoître ce qui les faisoit agir. Après avoir rapporté leurs opinions différentes, Cicéron ajoute qu'il n'y a

(74) *Ignoratur enim quæ sit natura animaï:*
Nata sit, an contrà nascentibus insinuetur,
Et simul intereat nobiscum morte dirempta;
An tenebras Orci visat, vastasque lacunas:
An pecudes alias divinitùs insinuet se.

Lucret. *lib.* 1.

que Dieu seul qui sçache quelle est la véritable. Cependant ce que nous venons de rapporter de l'opinion où étoient les Anciens sur l'état de l'ame au sortir de cette vie, ne sera peut-être pas inutile pour nous aider à connoître ce qu'ils pensoient de sa nature.

Comme les Egyptiens, les Gaulois, les Thraces se contentoient de croire l'ame immortelle, sans raisonner sur la nature de cette substance, & qu'ils laissoient à l'imagination d'un chacun la liberté de se la représenter telle qu'il lui plaisoit, nous ne pouvons nous assurer de l'idée qu'ils s'en formoient, que par l'opinion où nous sçavons qu'étoient ces Peuples sur son état après la mort. Les Thraces, comme nous l'avons dit, s'imaginoient en général aller après cette vic dans un lieu délicieux, où ils jouissoient de toutes sortes de biens. Ces hommes simples & grossiers comptoient sur des plaisirs sensuels, tels que le peuple parmi les Mahométans espere en posséder dans le Paradis du Prophete. Ainsi on comprend d'abord qu'il ne faut point aller chercher chez eux une idée de spiritualité, qu'on a de la peine à trouver chez les Nations même les plus raffinées.

Les Egyptiens, les Gaulois & les autres qui croyoient la Métempsycose, & qui ne mettoient point de différence entre les ames des bêtes & celles des hommes (75), ne regardoient l'ame que comme le principe de la vie, comme une ſubſtance qui faiſoit vivre & reſpirer le corps où elle étoit renfermée, & qui privoit de la reſpiration celui qu'elle abandonnoit : ils n'en avoient point d'autre idée que celle d'une matiere ſubtile, légere & déliée, qui paſſoit ſucceſſivement d'un corps dans un autre ; c'eſt-à-dire, qui pouvoit entrer, ſortir, & être contenue dans un lieu. Cela eſt ſi vrai, que les Philoſophes qui ont puiſé chez les Egyptiens la doctrine de l'immortalité, n'en ont point eu eux-mêmes une idée différente, comme nous allons le faire voir.

Cicéron rapporte ſur la foi des livres de ſon temps, que Phérécides & ſon diſciple Pythagore, auxquels on peut joindre Thalès, furent les premiers parmi les Grecs, qui ſoutinrent que l'ame étoit immortelle (76). Mais ils ſe contenterent d'établir leur opinion ; & à l'imitation des Egyptiens de qui ils la tenoient,

(75) Les Pythagoriciens, & tous ceux qui comme eux s'abſtenoient de manger de la chair des animaux, ne le faiſoient que par cette raiſon ſeule, qu'ils craignoient de ſe nourrir d'une chair animée par leurs ſemblables. V. Porphyre, *De Abſtinent. Animal.*

(76) *Pherecides Syrus primùm dixit, animos hominum e[illegible] ſempiternos. Hanc opinionem diſcipulus ejus Pythagoras ma[illegible] confirmavit.* Cic. *Tuſc. Quæſt. lib.* 1.

ils n'entreprirent point d'expliquer la nature de cette ſubſtance, dont ils ſoutenoient l'immortalité. Il eſt vrai que quelques-uns ont attribué à Pythagore d'avoir enſeigné que l'ame étoit une harmonie (77); mais Cicéron dit préciſément (78) que les Pythagoriciens ne s'expliquoient point là deſſus, & qu'il n'étoit queſtion chez eux que de nombres & de lignes.

Mais ceux qui dans le même temps raiſonnerent ſur cette matiere, ne garderent pas le même ſilence, & voulurent commencer par définir une choſe, qui faiſoit le ſujet de la queſtion. Empédocle, Parménide, Héraclite, Dicéarque, tous preſque contemporains de Pythagore, entreprirent de fixer préciſément l'idée qu'on devoit ſe former de l'ame par une définition juſte, qui comprît la nature de cette ſubſtance. Ils étudierent beaucoup, ils méditerent, ils voyagerent pour s'en inſtruire; & après tant d'études, de réflexions & de voyages, ils ne laiſſerent pas de la définir d'une façon toute différente (79), Empédocle aſſura

(77) *Pythagoras harmoniam* (animam dixit). Macrob. *in Somn. Scip. lib.* 1. *cap.* 14.

(78) *Rationem illi ſententiæ ſuæ non ferè reddebant, niſi quid erat numeris aut deſcriptionibus explicandum.* Cic. *ubi ſuprà.*

(79) On trouve tous les divers ſentimens des Philoſophes ſur la nature de l'ame, raſſemblés dans Cicéron & dans Macrobe,

que l'ame étoit un ſang ſubtil ; Parménide, qu'elle étoit compoſée de terre & de feu ; Xénophanes, qu'elle étoit formée de terre & d'eau ; Epicure, qu'elle étoit compoſée de feu, d'air & d'eſprit ; Zénon & Hipparque, qu'elle étoit un feu ſubtil ; Anaximandre, qu'elle étoit un air très-pur : Hippocrate la confondit avec les eſprits animaux : Ariſtoxene, Philoſophe & Muſicien, ne la regarda que comme une harmonie : Démocrite dit qu'elle étoit un ſouffle compoſé d'atômes très-déliés & très-

Voici les paroles dans Cicéron, *Tuſc. Quæſt. lib.* 1. *Empedocles animum eſſe cenſet cordi ſuffuſum ſanguinem. Zenoni Stoico animus ignis videtur. Proxime autem Ariſtoxenus Muſicus, idemque Philoſophus, intentionem ipſius corporis quandam, velut in cantu & fidibus, quæ harmonia dicitur. Democritum, magnum quidem illum virum, ſed lævibus & rotundis corpuſculis conficientem animum concurſu quodam fortuito, omittamus. Quid de Dicæarcho dicam, qui nihil omninò animum dicat eſſe ?*

A l'égard de Macrobe, *Plato*, dit-il *in Somn. Scip. lib.* 1 *cap.* 14. *dixit animam eſſentiam ſe moventem, Xenocrates numerum ſe moventem, Ariſtoteles* ἐντελέχειαν, *Pythagoras & Philolaus harmoniam, Poſſidonius ideam, Aſclepiades quinque ſenſuum exercitium ſibi conſonum, Hippocrates ſpiritum tenuem per corpus omne diſperſum, Heraclitus Ponticus lucem, Heraclitus Phyſicus ſcintillam ſtellaris eſſentiæ, Zenon concretum corpori ſpiritum, Democritus ſpiritum inſertum atomis, Critolaus Peripateticus conſtare eam de quintâ eſſentiâ, Hipparchus ignem, Anaximenes aëra, Empedocles & Critias ſanguinem, Parmenides ex terrâ & igne, Xenophanes ex terrâ & aquâ, Boëthos ex terrâ & igne, Epicurus ſpeciem ex igne, & aëre, & ſpiritu mixtam.*

ſubtils; Héraclite, qu'elle étoit une étincelle du feu des aſtres: Dicéarque ſoutint qu'elle n'étoit autre choſe que le corps même. Il ſeroit ennuyeux de rapporter tous les ſentimens particuliers des Philoſophes ſur cette matiere: il ſuffit de dire qu'ils convinrent tous en ce qu'ils donnerent de l'ame une idée corporelle, & que Platon eſt le premier qui ait, ſi j'oſe m'exprimer ainſi, ſpiritualiſé cette idée. C'eſt pourquoi nous allons voir comment il s'y prit pour établir un ſyſtême, qui eut d'abord beaucoup de Sectateurs, & qui dans la ſuite a été embraſſé généralement de tout le monde.

Il y avoit déjà plus d'un ſiecle qu'on diſputoit parmi les Grecs ſur la nature de l'ame, lorſque Platon entreprit de traiter auſſi cette matiere. Il étoit allé en Egypte puiſer à la ſource, de même que les autres Philoſophes qui l'avoient précedé. Mais les Egyptiens qui lui apprirent des choſes curieuſes ſur l'Hiſtoire ancienne, ne lui communiquerent pas vraiſemblablement beaucoup de lumieres ſur la queſtion qu'il vouloit agiter; & il eut beſoin d'en trouver de plus grandes dans ſon propre génie. Il puiſa donc dans ſon propre fond de quoi réuſſir dans ce qu'il avoit projetté, & la maniere dont il s'en acquitta lui acquit tant de gloire, qu'on le regarda alors, & qu'on l'a toujours regardé depuis comme le premier des Philosophes (80). Il eſt le premier en effet qui ait entrepris de donner des preuves de l'immortalité de l'ame. Son ſyſtême n'eſt cependant pas abſolument aiſé à entendre, & ne manque pas d'obſcurité. Dans ce temps-là on étoit beaucoup moins accoutumé qu'on ne l'eſt aujourd'hui, aux idées claires & diſtinctes; un discours brillant & fleuri faiſoit aiſément paſſer un raiſonnement obſcur, & quelquefois faux. Quoiqu'il en ſoit, je vais tâcher d'expliquer en peu de mots le ſyſtême que Platon a voulu établir ſur la nature de l'ame.

Premierement, pour exprimer l'ame, il s'eſt ſervi du mot Grec νοῦς qui ſignifie *la penſée*, & que les Latins rendent par celui de *Mens*. Ainſi il ſuppoſe ce que perſonne n'avoit dit avant lui, que l'ame & la penſée ſont une même choſe. Enſuite il ſoutient que la penſée eſt immortelle, parce que, ſelon lui, elle eſt éternelle; & il prouve qu'elle eſt éternelle par cet

(80) Cicéron marque l'eſtime infinie qu'il faiſoit de Platon; en faiſant dire à Atticus, *Tuſc. Quæſt. lib.* I. *Errare mehercule malo cum Platone, quem tu quanti facias ſcio, & quem ex ore tuo admiror, quàm cum iſtis vera ſentire.* Et plus bas il ajoute : *Ut autem rationem Plato nullam afferret, (vide quid homini tribuam) ipſâ auctoritate me frangeret.*

cet argument. (81) Ce qui eſt dans un perpétuel mouvement, & qui n'a reçu ce mouvement de perſonne, doit être éternel : or la penſée eſt dans un perpétuel mouvement, & elle n'a reçu ce mouvement de perſonne, parce que, dit-il, on ſent bien qu'elle ſe meut d'elle-même, & qu'elle n'a beſoin de perſonne pour ſe mouvoir ; donc la penſée eſt éternelle.

Une autre preuve de Platon pour l'immortalité de l'ame, eſt celle dont on ſe ſert communément aujourd'hui, c'eſt-à-dire la ſimplicité de ſa nature. Mourir, dit ce Philoſophe (82), n'eſt autre choſe que ſe diſſoudre & ſe corrompre : or l'ame qui eſt une ſubſtance ſimple ne peut ni ſe diſſoudre, ni ſe corrompre ; par conſéquent elle ne peut mourir.

Voilà en peu de mots le précis des longs raiſonnemens de Platon ſur la nature de l'ame (83) contenus dans deux Dialogues fort diffus

(81) *In Phædro.*

(82) *In Phædone.*

(83) Cicéron a employé ces deux raiſonnemens de Platon au premier livre de ſes Tuſculanes. Voici de quelle maniere il rend le premier. *Quod ſemper movetur, id æternum eſt : quod autem motum affert alicui, quodque ipſum agitatur aliundè, quandò finem habet motûs, vivendi quoque finem habeat neceſſe eſt. Solum igitur quod ſeipſum movet, quia nunquàm deſeritur à ſe, nunquàm ne moveri quidem deſinit, quia etiam cæteris, quæ moventur, hic fons, hoc principium eſt movendi. Principii autem nulla eſt origo. Nam ex principio oriuntur omnia : ipſum autem nullâ*

& fort embarraſſés; on peut même dire ſi obſcurs, que ſans aider beaucoup à la lettre, il n'eſt pas poſſible par leur ſeule lecture de ſe laiſſer convaincre de ſon immortalité. Ainſi il eſt très-probable, que Caton & les autres qui ſe ſont donné la mort après les avoir lûs, ont eu beſoin de quelque raiſon plus forte & plus perſuaſive, pour ſe réſoudre à quitter la vie ſans regret.

Je ne dis rien de l'ame iraſcible & de l'ame concupiſcible, dont Platon met l'une dans la poitrine, & l'autre dans les entrailles. On conçoit que par-là il entend ſeulement des pro-

ex re alia naſci poteſt. Nec enim eſſet id principium, quod gigneretur aliundè. Quòd ſi nunquam oritur, ne occidit quidem unquam... Ita fit, ut motûs principium ex eo ſit, quod ipſum à ſe movetur. Id autem nec naſci poteſt, nec mori. Cùm pateat igitur, æternum id eſſe, quod ſeipſum moveat, quis eſt, qui hanc naturam animis eſſe tributam neget? Inanimum enim eſt omne quod pulſu agitatur externo: quod autem eſt animatum, id motu cietur interiore & ſuo.

Le ſecond argument n'eſt pas rendu avec moins de force. *Animorum*, dit Cicéron, *nulla in terris origo inveniri poteſt: nihil enim eſt in animis mixtum atque concretum, aut quod ex terrâ natum atque fictum eſſe videatur; nihil ne aut humidum quidem, aut flabile, aut igneum. His enim in naturis nihil ineſt, quod vim memoriæ, mentis, cogitationis habeat; quod & præterita teneat, & futura prævideat, & complecti poſſit præſentia. Singularis eſt igitur quædam natura atque vis animi, ſejuncta ab his uſitatis notiſque naturis. Ita quidquid eſt illud, quod ſentit, quod ſapit, quod vult, quod viget, cœleſte & divinum eſt, ob eamque rem æternum ſit neceſſe eſt.*

priétés du corps, auxquelles il a bien voulu donner le nom d'ame, puiſque, ſelon lui, l'ame n'eſt véritablement autre choſe que la penſée, qu'il appelle l'ame raiſonnable, & qu'il place dans la tete (84). Or cette penſée, ou ame raiſonnable, eſt une partie de l'ame univerſelle du Monde. Car ſelon Platon & tous les Platoniciens (85), comme tous les corps particuliers ne ſont que des portions de la matiere univerſelle ; il y a de même une ame univerſelle dont ſont tirées toutes les ames particulieres. Auſſi pour entendre une infinité de manieres de parler de l'ame, dont ſe ſont ſervis ceux qui ont vécu après Platon, il faut ſçavoir que les Platoniciens regardoient l'ame univerſelle comme une troiſiéme choſe en Dieu. Le Pere, ou le Créateur du Monde, le Verbe, ou l'Intellect divin, & l'ame univerſelle, compoſoient cette Trinité fameuſe, qu'on eſt aujourd'hui étonné de trouver dans leurs écrits. Voilà pourquoi les anciens diſent ſi ſouvent, que l'ame eſt une portion de la Divinité. On admire ces manieres de parler, qui ne ſont

(84) *Plato triplicem finxit animam : cujus principatum, id eſt rationem, in capite, ſicut in arce, poſuit ; & duas partes ſeparare voluit, iram & cupiditatem, quas locis diſcluſit : iram in pectore, cupiditatem ſubter præcordia locavit.* Cic. *Tuſc. Quæſt. lib.* I.

(85) Voyez le Timée de Platon, Plotin & Porphyre.

cependant, ni ſi pieuſes, ni ſi admirables qu'on ſe l'imagine, puiſque dans la façon de penſer des Anciens, elles confondoient l'ame avec la Divinité, l'eſprit créé avec l'incréé.

Au reſte il n'étoit pas poſſible que Platon & ſes ſectateurs euſſent d'autres ſentimens de l'ame, puiſque ſoutenant qu'elle étoit éternelle, qu'elle n'avoit point de commencement, qu'elle exiſtoit & ſe mouvoit par elle-même, qu'elle étoit en un mot une nature ſimple, incapable de diſſolution & de corruption, qualités qui toutes ne conviennent qu'à la Divinité (86), il falloit néceſſairement, ou que de toutes les ames particulieres ils fiſſent autant de Dieux, ou qu'ils ne les regardaſſent toutes que comme des portions d'une même maſſe, à laquelle ils donnoient ce nom d'ame univerſelle, & qui dans leur façon de penſer n'étoit en effet autre choſe que la Divinité. Telle eſt encore aujourd'hui l'opinion de tous les Philoſophes Perſans & Indiens, comme on peut le voir dans la lettre de M. Bernier écrite de Schiras à M. Chapelain, où il prouve que cette doctrine ſape tous les fondemens de la Religion. En

(86) Auſſi Cicéron ne craint il pas de dire, que Dieu n'eſt autre choſe qu'une ame très ſimple abſolument dégagée de la matiere. *Nec verò Deus ipſe: qui intelligitur a nobis, alio modo intelligi poteſt, niſi mens ſoluta quædam & libera, ſegregata ab omni concretione mortali.* Cic. *Tuſc. Quæſt. lib.* 1.

effet dans ce ſentiment nous ſerions tous autant de Dieux: par conſéquent il ſeroit ridicule de dire, que nous nous ſerions impoſés à nous-mêmes un culte qui ne s'adreſſeroit qu'à nous, & que nous aurions imaginé un Paradis & un Enfer, dont l'un ne nous regarderoit point, tandis que nous ſerions aſſurés de l'autre.

Après tout ce qui a été dit, il eſt inutile de s'arrêter ici à montrer ce que tout Lecteur apperçoit comme moi, que cette preuve triomphante, cet argument ſans replique, que nos Métaphyſiciens modernes ſe vantent d'avoir imaginé pour démontrer la ſpiritualité & l'immortalité de l'ame, n'eſt préciſément autre choſe que le raiſonnement de Platon, & qu'ils en ſont poſitivement redevables à ce Philoſophe. Mais ce que tout le monde ne voit peut-être pas, c'eſt que leur prétendue démonſtration n'eſt dans le fonds qu'un pur ſophiſme, & qu'en adoptant le raiſonnement du Philoſophe Grec, ſans oſer admettre ſes principes, ils ſe ſont jettés dans un labyrinthe de difficultés, dont il leur eſt impoſſible de ſortir. Pour s'en convaincre, il ſuffit d'examiner cette preuve ſi claire & ſi évidente. La voici.

La matiere eſt incapable de penſer: or il y a en moi quelque choſe qui penſe; donc il y a en moi une ſubſtance différente de la matiere, & c'eſt ce que j'appelle eſprit. On conçoit que dans cet argument toute la difficulté conſiſte dans la majeure, ou dans la premiere propoſition: car s'il eſt vrai que la matiere ſoit incapable de penſer, certainement par ce raiſonnement l'exiſtence de l'eſprit eſt parfaitement démontrée. C'eſt donc ce qu'on ne peut diſcuter avec trop de ſoin: ſur quoi je prie mes Lecteurs de faire avec moi les réflexions ſuivantes.

Perſonne n'ignore qu'en bonne Logique, dans toute propoſition il faut connoître les deux termes, le prédicat & le ſujet: parlons intelligiblement. On convient que pour nier ou pour affirmer quelque choſe d'une autre choſe, il faut que toutes deux ſoient également & réellement connues. Ainſi pour aſſurer, par exemple, que Dieu eſt bon, il faut que j'aie néceſſairement une idée de Dieu, & une idée de la bonté. Or dans cette propoſition: la matiere eſt incapable de penſer, je demande ce que l'on connoît? Eſt-ce la matiere? Nos Métaphyſiciens ne manqueront pas d'en convenir; & ils la définiront d'abord une ſubſtance étendue. Mais ſi je pouſſe la queſtion plus loin, & que je veuille ſçavoir pourquoi ils ne reconnoiſſent que de l'étendue dans la matiere, ne feront-ils pas forcés d'avouer, que c'eſt parce qu'ils n'y connoiſſent que cela? Grands Philoſophes! eſt-ce donc là le fruit de tant de méditations & de tant de veilles? Nous ne connoiſſons, dites-vous, dans la matiere autre choſe que de l'étendue: de ce principe tout autre moins préſomptueux concluroit ſimplement, qu'on ne peut aſſurer que la matiere penſe. Mais ce ſentiment eſt trop bas & trop ingénu pour des Philoſophes; & de leur ignorance ils prétendent faire le fondement d'une vérité inconteſtable. Nous ne ſçavons point, diſent-ils, que la matiere puiſſe penſer; donc elle eſt incapable de penſer. Pitoyable raiſonnement! On ne découvre dans la matiere que de la longueur, de la largeur & de la profondeur: j'en conviens; mais peut-on dès-lors ſe croire en droit d'en conclure, qu'elle ne renferme que cela? croit-on donc avoir pénétré parfaitement la nature & toutes les propriétés de la matiere? Si à l'arrivée des Européens en Amérique, quelqu'un d'eux eût dit aux originaires du pays, en leur montrant un canon, & autant de poudre qu'il peut en tenir dans un grain de mil: en mettant quelques livres de cette poudre dans ce canon, je vais lancer à cinq cens pas un boulet de ſoixante livres de bale; les Habitans du nouveau Monde ſe feroient récriés contre l'impoſſibilité de cette proposition, & on les auroit traités d'ignorans & de barbares. On eût eu raison: peut-on raisonner de ce qu'on ignore? Ne tient-il qu'à dire, je ne sçais pas que telle chose se puisse, pour en conclure aussi-tôt qu'elle ne se peut point? Pour parler affirmativement des effets que la poudre à Canon est capable de produire, il faut d'abord en bien connoître la nature. Mais le raisonnement de nos Métaphysiciens est encore moins pardonnable, que celui de ces Iroquois. Ces Sauvages avoient du moins l'idée d'un boulet de soixante livres: au contraire, non-seulement nos Philosophes ignorent la nature & toutes les propriétés de la matiere; ils connoissent encore moins celle de la pensée: ensorte qu'il est vrai de dire, qu'ils ont raisonné sur deux choses, qui leur étoient également & parfaitement inconnues.

En effet la pensée est un mode ou une substance. Si ce n'est qu'un simple mode, qui me persuadera qu'elle ne peut convenir à la matiere comme à l'esprit? Certainement le mouvement n'est point matiere: il n'est ni long, ni large, ni étendu; & si on lui attribue quelquefois ces propriétés, ce n'est que métaphoriquement, & en tant qu'il est joint à la matiere. Cependant on ne peut nier, que le mouvement qui est une propriété de l'esprit, ne convienne également à ce que nous connoiſſons ſous le nom de corps. Prétend-on au contraire que la penſée eſt une ſubſtance? Mais cette ſubſtance, la diſtingue-t'on de l'ame, on veut-on la confondre avec elle, comme Platon? Si la penſée eſt une ſubſtance diſtinguée de l'ame, voilà dès-lors l'ame, la penſée, la volonté peut-être, trois ſubſtances ſpirituelles diſtinguées entr'elles, & réunies dans un même corps. Bien plus, ſi la penſée eſt une ſubſtance distinguée de l'ame, quel rapport ſa ſpiritualité, quoique prouvée, peut-elle avoir avec la ſpiritualité de l'autre? Que ſi de l'ame & de la penſée on ne fait qu'une ſeule & même ſubſtance, il faudra dire que dans l'homme il y a autant d'ames, autant de ſubſtances, que de penſées; ce qui eſt abſurde.

Je vais plus loin, & je dis que non-ſeulement nos Métaphyſiciens ignorent la nature de la matiere & celle de la penſée, mais qu'ils ne connoiſſent pas même celle de l'eſprit. Ils en conviennent. Nous ne la connoiſſons pas poſitivement, diſent-ils: nous ne voyons point l'eſprit; il ne tombe point ſous nos ſens; nous n'en avons pas une idée claire, diſtincte & poſitive; en un mot nous ne pouvons pas le définir poſitivement, & dire préciſément ce que c'eſt. Mais nous le connoiſſons du moins négativement, & nous pouvons dire ce que ce n'eſt pas. C'eſt-à-dire, que lorſqu'on n'a aucune idée d'une choſe, & qu'elle eſt inconnue, on ne peut pas dire, à la vérité, ce que c'eſt; mais que rien n'empêche que l'on ne puiſſe dire ce qu'elle n'eſt point? Je l'avoue; tout autre qu'un Philoſophe s'y ſeroit mépris, & n'auroit jamais imaginé un ſi beau ſecret. Mais je m'en contente; & de cette diſtinction frivole de connoiſſance poſitive, & de connoiſſance négative, je conclus que puiſque nos Métaphyſiciens ne connoiſſent l'eſprit que négativement, puiſqu'ils ne peuvent pas dire ce que c'eſt, mais ſeulement ce que ce n'eſt pas, ils ont tort d'aſſurer qu'il eſt capable de penſer.

Mais avant que d'affirmer d'une choſe ce qu'elle eſt ou ce qu'elle n'eſt point, ne ſeroit-il pas à propos de s'aſſurer préalablement qu'elle exiſte? Autrement nous raiſonnons en l'air, & nous apprêtons à rire, de même que ceux qui après s'être beaucoup fatigués à trouver les raiſons de quelque évenement, après de longues & pénibles recherches, ſont tous ſurpris d'apprendre que le fait en queſtion eſt imaginaire, & n'a jamais eu de réalité. Or je demande quelle preuve la raiſon peut nous fournir de l'exiſtence de l'eſprit? On dira ſans doute, que c'eſt une conſéquence néceſſaire de l'exiſtence de la penſée puiſque la penſée ne pouvant convenir à la matiere, elle ſuppoſe néceſſairement l'exiſtence d'une autre ſubſtance qui ne ſoit point matiere, & dont elle ſoit l'effet. Or cette derniere ſubſtance, nos Philoſophes l'appellent eſprit. Reprenons ce raiſonnement : le voici. La penſée ne peut convenir à la matiere; donc l'eſprit exiſte. Et pourquoi la penſée ne peut-elle convenir à la matiere? C'eſt, dit-on, parce qu'elle eſt ſpirituelle. Ainſi de la nature de la penſée on conclud l'exiſtence de l'eſprit; & de l'exiſtence de l'eſprit on infere que telle eſt la nature de la penſée. Voilà le cercle. Après cela ai-je eu tort d'avancer d'abord, que la prétendue démonſtration de nos Métaphyſiciens n'étoit qu'un pur ſophiſme, & une pétition de principe?

Que ſeroit-ce, ſi approfondiſſant davantage cette queſtion, j'ajoutois que ſi l'ame humaine eſt véritablement d'une nature ſpirituelle, elle ne peut l'être, qu'elle ne ſoit en même temps un être parfaitement ſimple; & que par conſéquent, ſuivant le raiſonnement de Platon, de Cicéron & de la raiſon même, elle eſt un Ange, elle eſt Dieu : Que cette diſtinction qu'on voudroit introduire entre les ſubſtances ſpirituelles, eſt toute gratuite & ſans fondement : Que la ſimplicité faiſant leur eſſence, & cette qualité n'étant ſuſceptible ni du plus ni du moins, tout être qui la poſſede & dont elle conſtitue la nature, doit la poſſéder dans le plus haut degré, ſans qu'aucun autre puiſſe jamais être plus pur ou plus ſimple : Que ces rangs & ces degrés entre les eſprits ſont par conſéquent chimériques & imaginaires: Qu'au reſte ſi malgré ce qu'en dit la raiſon, il eſt permis d'imaginer des eſprits plus purs les uns que les autres, on peut à bien plus juſte titre admettre des diſtinctions dans la matiere, & croire qu'elle n'eſt pas toute auſſi groſſiere, auſſi inſenſible, auſſi aveugle que celle que nous connoiſſons ; & que ſi ces eſprits plus purs peuvent ce qu'un eſprit moins pur ne peut point, il n'eſt pas abſurde de penſer qu'une matiere plus pure, plus déliée, qui ne tombe point ſous nos ſens, & dont nous ignorons la nature ainſi que de l'eſprit, puiſſe produire certaines opérations, dont la matiere ordinaire & commune nous ſemble abſolument incapable.

Je pourrois encore demander à nos Philoſophes, quel eſt l'emploi de cette ame ſpirituelle dans le corps humain? Y a-t'elle été placée, afin que par ſes ordres les eſprits animaux coulent dans les membres qu'elle veut mouvoir? Mais outre quelle ignore le plus ſouvent l'économie de ce corps qu'elle remue, & que la plûpart des ames ne sçavent pas seulement s'il y a des esprits animaux, ou ce que c'est, prétend-on que ce mouvement que l'ame communique aux esprits, elle l'a d'elle-même & par sa nature? En ce cas il faut donc en revenir au systême de Platon, & confondre l'ame avec la Divinité. Que si elle reçoit ce mouvement d'ailleurs, de quelle utilité est-elle à l'homme, puisque la cause étrangere qui la meut, est également puissante pour remuer immédiatement la matiere? On dira sans doute, que l'ame spirituelle a été donnée à l'homme, afin qu'à l'occasion de certaines pensées de l'ame, Dieu soit excité à déterminer le mouvement des esprits. Mais la difficulté revient toujours, puisque pour avoir certaines pensées, ou l'ame a besoin du même concours de Dieu qui est nécessaire pour déterminer le cours des esprits, ensorte qu'il faudra remonter à l'infini pour trouver en quoi elle est utile à l'homme; ou elle peut les produire indépendamment de ce concours, ce qui l'égale encore à la Divinité, & en fait un être aussi indépendant que Dieu même.

On objectera peut-être que si l'ame n'est pas spirituelle, si elle n'est pas distinguée du corps, si elle est matérielle comme lui, il s'ensuit que le sentiment accompagne toujours le corps, qu'il ne ceſſe pas même dans les cadavres, & qu'on ſe flateroit en vain qu'il ne perſévérât point après la mort; & on ne nie pas que cette objection ne pût avoir lieu contre ceux, qui ne regarderoient la vie & le ſentiment que comme une vertu répandue dans tous les corps, eſſentielle au corps, & qui ne peut en être ſéparée (87). Mais il eſt évident qu'elle ne prouve rien contre ceux qui regarderoient l'ame comme une ſubſtance corporelle, à la vérité, mais cependant diſtincte du corps. En ce cas dès l'inſtant que cette ame eſt cenſée ſéparée du corps auquel elle étoit unie, on conçoit que dès ce moment tout ſentiment doit ceſſer dans les cadavres.

Il eſt vrai qu'on peut dire, que puiſque cette ame qu'on ſuppoſe matérielle eſt capable de ſentiment, il s'enſuit que le ſentiment n'eſt pas moins une propriété eſſentielle à la matiere, que l'étendue; que par conſéquent, comme il ne peut y avoir de corps qui n'ait cette derniere propriété, il n'y a aucune portion de la matiere dans laquelle on ne doive trouver la premiere; qu'ainſi le ſentiment n'eſt pas moins eſſentiel à un cadavre, aux pierres, aux métaux, qu'à cette portion de matiere qu'on ap-

(87) Voyez Bayle, au mot DICÉARQUE, Note (c).

pelle l'ame, & à laquelle on attribue cette propriété privativement à toute autre. Par cet argument qu'on regarde comme invincible (88), on croit pouvoir démontrer qu'en supposant même que le sentiment n'est qu'une modification du corps, on ne sçauroit dire que la matiere puisse cesser de sentir, sans qu'elle perde quelque chose de ce qui lui est essentiel. Car, dit-on, toutes les modalités sont de telle nature, qu'elles ne cessent, que pour faire place à une autre modalité de même genre. Il n'y a point de figure qui soit détruite que par une autre figure, point de couleur qui soit chassée que par une autre couleur. D'où l'on conclud que pour raisonner juste, il faut dire qu'il n'y a point de sentiment qui soit chassé que par un autre sentiment, & que si les esprits animaux n'ont pas hors des nerfs le sentiment qu'ils y avoient, ils ne l'ont perdu, qu'en acquérant une autre sorte de sentiment.

Mais pour sentir d'abord le foible de cette objection que l'on regarde mal à propos comme insoluble, il suffit de faire attention que ce long raisonnement roule uniquement sur une équivoque, & que rien n'est plus facile que de lever la difficulté, en supposant que le sen-

(88) Voyez Bayle, *ubi suprà*.

timent ſoit une propriété, non pas de la matiere & du corps en général, mais de telle matiere, de tel corps en particulier, par exemple, de la matiere organiſée. Pour fonder cette réponſe, il ſuffit que nous ne connoiſſions aucun corps organiſé qui ne ſente point, & aucune matiere, qui ſans le ſecours de l'organiſation, ſoit capable de ſentiment. Or, de cette vérité inconteſtable, il s'enſuit néceſſairement que le ſentiment ne doit ſe rencontrer dans aucun corps, qu'autant qu'on le ſuppoſe organiſé; que par conſéquent les eſprits animaux ne peuvent conſerver aucun ſentiment hors des nerfs, puiſqu'outre qu'à leur ſortie des nerfs ils ceſſent eux-mêmes d'être eſprits animaux, changeant alors de propriété, je veux dire de mouvement & de figure, ils ſont dès-lors privés du ſecours des organes dans leſquels ſe produit le ſentiment; & qu'enfin le ſentiment ne doit ſe rencontrer ni dans la pierre, le bois ou les métaux, ni dans les cadavres. Je ne me ſuis étendu ſur cet article, que pour faire voir que nos Philoſophes ont beau ſe flater d'avoir perfectionné la Métaphyſique; qu'ils ont beau ſe vanter d'être plus ſubtils & plus éclairés que les Anciens; que malgré tout leur ſçavoir & toute leur pénétration, ils n'ont rien dit, que ce que Platon avoit dit avant eux ſur

le

le sujet dont il s'agit ici; & qu'au lieu que dans sa façon de penser il raisonnoit conséquemment; ils n'ont fait que déraisonner en voulant accommoder ses raisonnemens à leurs principes.

Je reviens aux Dialogues de ce Philosophe. Ils eurent d'abord beaucoup de succès, & lui acquirent un grand nombre de Disciples. Mais soit que son systéme sur la nature de l'ame fut inintelligible, soit que l'esprit humain, naturellement porté vers les choses sensibles, ne pût s'accoutumer à ses raisonnemens abstraits; il arriva qu'il fut fort applaudi sans être entendu, & que la plûpart ne pouvant se défaire de l'idée matérielle qu'ils s'étoient toujours formée de leur ame, continuerent de se la représenter comme auparavant.

Jamais le Platonisme ne fut plus en vogue, qu'au temps de l'établissement de l'Evangile; & jamais les hommes n'ont eu une idée plus grossiere & plus imparfaite de la nature de l'esprit. Non-seulement ils ne spiritualisoient point cette substance qui nous anime, ils donnoient même des corps à ces êtres si élevés au-dessus de la nature humaine, aux Anges, aux Démons. Le fameux Philon Juif, en qui on disoit que l'ame de Platon avoit passé, & après lui tous les premiers Chrétiens, parmi lesquels on comptoit d'illustres Platoniciens, tels qu'Athénagore, S. Justin, S. Clément d'Aléxandrie, Origenes &c. n'en avoient point d'autre idée, lorsqu'ils assuroient que les enfans de Dieu, qui au commencement du monde eurent commerce avec les filles des hommes, n'étoient autre chose que les Anges qui habiterent avec les femmes, & que de ce commerce naquirent les Géans ou les Démons (89). L'esprit de Dieu descendu récemment sur les Apôtres & sur les Disciples, n'en étoit pas mieux connu de ces mêmes hommes, qui venoient d'en être remplis. L'histoire de cet événement, tel qu'il est rapporté au commencement des Actes, ne nous persuade que trop, qu'ils se l'imaginoient seulement comme un vent violent & un feu subtil. Mais pour ne parler ici que de ce qui regarde l'ame, nous allons faire voir que, quoique les premiers Chrétiens eussent une vénération très-particuliere pour Platon, qu'ils regardoient comme celui de tous les Philosophes qui eût le mieux parlé de la Divinité,

(89) C'étoit l'opinion commune des Peres des premiers siecles. Voici de quelle façon S. Clément d'Alexandrie s'en exprime: *Δεῖγμα σοι τούτων οἱ Ἄγγελοι, τοῦ Θεοῦ τὸ κάλλος καταλελειπότες διὰ κάλλος μαραινόμενον, καὶ τοσοῦτον ἐξ οὐρανῶν ἀποπεσόντες χαμαί. Pædag. lib.* 3. *cap.* 2. V. le même Pere, *Strom. lib.* 3. & 5. Athenagore, *Apol. pro Christ.* Lactance, *Div. Instit. lib.* 2. *cap.* 14. Philon, *lib. de Gig.* &c.

ils n'en comprenoient pas mieux son systême; & n'en avoient pas une idée moins grossiere & moins materielle de la nature de l'ame.

Tatien qui dit dans un endroit que les Anges & les Démons sont des substances spirituelles, c'est-à dire, selon lui, semblables au feu où à l'air (90), assure un peu plus haut que l'ame est non-seulement corporelle, mais même mortelle. Il ne veut admettre aucune différence entre les bêtes & les hommes, qu'autant que ceux-ci font habiter Dieu en eux par leur piété (91).

Théophile d'Aléxandrie parle de l'immortalité d'une maniere assez embrouillée. Cependant il n'est pas impossible de démêler quelle est sa pensée sur ce sujet. Après avoir dit de l'ame, que quelques-uns la croient immortelle, il ajoûte que néanmoins on ne peut concevoir que ce qui est immortel ne soit pas Dieu (92).

Saint Justin enseigne positivement & sans détour, qu'on ne doit pas dire que l'ame est

(90) *Δαίμονες δὲ πάντες σαρκίον μὲν οὐ κέκτηνται, πνευματικὴ δὲ ἐςιν αὐτοῖς ἡ σύμπηξις, ὡς πυρὸς, ὡς ἀέρος.* Tatian. *Orat. ad. Græc. cap.* 25.

(91) Idem, *ibid. cap.* 21.

(92) Theophil. *ad Autolyc. lib.* 2.

immortelle : car, ajoute-t'il, ce qui eſt immortel eſt incréé (93).

Saint Irenée ne s'exprime pas moins clairement. Les ames, ſelon ce Pere, ayant commencé d'être, il ſeroit naturel qu'elles finiſſent de même ; mais Dieu par ſa toute-puiſſance les conſerve étérnellement (94). Il eſt inutile d'avertir ici, qu'il eſt égal de dire que l'ame eſt mortelle, ou d'aſſurer qu'elle eſt corporelle. Tout le monde ſçait que l'ame n'eſt immortelle, qu'autant qu'elle eſt ſpirituelle, parce que l'eſprit eſt néceſſairement immortel par ſa nature : ainſi ce qui eſt mortel ne peut être eſprit. Par conſéquent Saint Juſtin, S. Irenée & Théophile, en diſant que l'ame eſt mortel-

(93) *Non ipſam* (animam) *oportet dicere immortalem : quod enim immortale eſt, & ingenitum eſſe neceſſe eſt.* Juſtin *Dial. cum. Tryph.*

(94) *Si qui autem hoc in loco dicant, non poſſe animas eas, quæ paulò antè eſſe cœperint, in multùm temporis perſeverare, ſed oportere eas, aut innaſcibiles eſſe, ut ſint immortales, vel ſi generationis initium acceperint, cum ipſo corpore mori : diſcant, quoniam ſine initio & ſine fine, verè & ſemper idem, & eodem modo ſe habens, ſolus Deus eſt, qui eſt omnium Dominus. Quæ autem ſunt ab illo omnia, quæcumque facta ſunt & fiunt, initium quidem ſuum accipiunt generationis ; perſeverant autem & extenduntur in longitudinem ſæculorum ſecundùm voluntatem factoris Dei.* Et après avoir rapporté l'exemple du Soleil, de la Lune & des Etoiles, il ajoute : *Sic & de animabus & de ſpiritibus, & omnino de omnibus his, quæ facta ſunt, cogitans quis minimè peccabit.* Iren. *Hær. lib.* 2. *cap.* 64.

le, aſſurent en même temps qu'elle eſt corporelle.

Il n'eſt pas étonnant que Tertullien ait fait l'ame corporelle, puiſqu'il attribue un corps à Dieu même (95). Il n'avoit vraiſemblablement d'autre idée de l'eſprit, que celle d'une matiere extrêmement ſubtile: car voici comment il parle de la Divinité. „ Quoique Dieu,

(95) Il eſt difficile de juſtifier les Peres des premiers ſiecles ſur ce qu'ils ont crû l'ame corporelle. Il eſt certain que ce ſentiment a été très-commun parmi eux. Peut-être pourroit-on dire qu'ils ne lui ont attribué un corps ainſi qu'aux Anges, & quelquefois à Dieu même, que pour donner à entendre que ce n'étoit point un ſimple mode, une maniere d'être, mais une ſubſtance réelle ſubſiſtante par elle-même. Peut-être auſſi le plus court ſeroit-il d'avouer qu'ils ont pû ſe tromper ſur cet article. Il n'en eſt pas de même de ceux d'entr'eux qui ont nié que l'ame fût immortelle. Ceux qui ſoutiennent aujourd'hui la même opinion ſe flateroient en vain de leur autorité pour appuyer leur erreur, comme ſi malgré ce que la Religion enſeigne, ces anciens Docteurs de l'Egliſe avoient nié l'immortalité de l'ame. Tout ce qu'on peut conclure de ce qu'ils ont écrit à ce ſujet, eſt qu'ils ont nié que l'ame fût immortelle de la maniere dont Dieu eſt immortel; c'eſt-à-dire, néceſſairement, par ſon eſſence & ſa nature, & de la maniere dont Platon entendoit cette immortalité, qu'il confondoit avec l'éternité, qui ne convient qu'à la Divinité ſeule. En un mot on a lieu de croire que ces premiers Peres ont penſé à la vérité que l'ame étoit matérielle & mortelle de ſa nature; mais que ſoumis à ce que la Religion nous enſeigne, ils ont crû que Dieu lui avoit accordé l'immortalité par ſa pure bonté & par ſa grace. Si cette Théologie ne s'accorde pas avec la Philoſophie de nos jours, au moins n'a-t'elle rien de contraire à la Doctrine de l'Evangile.

„ dit-il (96), ſoit un eſprit, qui peut nier „ qu'il ne ſoit un corps, l'eſprit n'étant autre „ choſe qu'une eſpece du corps, accompagné „ d'une figure qui lui eſt propre?" Dans un Traité exprès qu'il a composé ſur l'ame, il prouve par de longs raiſonnemens que cette ſubſtance eſt corporelle (97); qu'elle eſt de même figure que le corps qu'elle habite; qu'elle eſt produite en nous au moment de la conception par l'ame de nos parens, de même que notre corps eſt engendré par le leur. Il eſt vrai qu'il dit auſſi qu'elle eſt immortelle; mais il n'entend parler ſans doute que d'une immortalité gratuite, & non d'une immortalité d'eſſence & néceſſaire. S. Irenée donne auſſi à l'ame une figure corporelle (98).

(96) *Quis negabit Deum corpus eſſe, etſi Deus? Spiritus enim corpus ſui generis in ſuâ effigie.* Tertul. *lib. cont. Prax.*

(97) Voyez entr'autres le chapitre 7. où il prouve par l'hiſtoire du mauvais Riche que l'ame eſt un corps, puiſque celle du mauvais Riche étoit brûlée dans l'Enfer. Et n'importe, dit-il, qu'on prenne cette hiſtoire pour une parabole. *Si enim non haberet anima corpus, non caperet imago animæ imaginem corporis, nec mentiretur de corporalibus membris Scriptura, ſi non erant.* Voyez auſſi le chapitre 9. où il donne à l'ame les trois dimenſions avec une figure corporelle, & où il dit qu'elle eſt de la couleur de l'air.

(98) *Per hæc manifeſtè declaratum eſt, & perſeverare animas, & habere hominis figuram.* Iren. *adv. Hær. lib. 2. cap. 63.*

Arnobe s'emporte contre Platon, & contre les autres Philosophes qui ont fait l'ame immortelle (99): il dit que c'est un effet de leur orgueil; que l'ame est naturellement mortelle, mais que Dieu la conserve par sa bonté. Il assure, comme Tertullien, que ce sont les parens qui engendrent le corps & l'ame.

Lactance, après avoir parlé de la diversité des opinions sur la nature de l'ame, établit son systême comme une doctrine beaucoup plus raisonnable, & soutient qu'elle est une lumiere qui se nourrit de l'humeur du sang, de même que la lumiere d'une lampe se nourrit de celle de l'huile (100).

Sans parler de Jamblique, de Porphyre & de plusieurs autres Platoniciens Payens du même temps, ceux qui faisoient profession de cette secte dans le Christianisme avoient une idée toute matérielle de la nature de l'esprit. Pour s'en convaincre, il suffit de lire ce que dit

(99) Arnob. *lib. cont. Gent.*

(100) *Alii sanguinem esse dixerunt, alii ignem, alii ventum, undè anima vel animus nomen accepit, quòd Græcè ventus ἄνεμος dicitur... Videtur ergò anima similis esse lumini, quæ non ipsa sit sanguis, sed humore sanguinis alatur, ut lumen oleo.* Et plus bas: *Nec tamen in tantum eos falsos esse dicendum est, qui hæc senserunt, ut omninò nihil dixerint. Nam & sanguine simul, & calore, & spiritu vivimus. Sed cùm constet anima in corpore his omnibus adunatis, non expresserunt propriè quid esset.* Lact. *de Opif. Dei, cap.* 17.

Psellus, qui s'appuyant sur l'autorité des Peres, sur tout de S. Basile, assure que les Anges & les Démons peuvent être vus & touchés, & qu'on sçait par des faits certains qu'il y en a eu qui se sont brûlés, & qui ont laissé de leurs cendres. Synésius, Evêque de Ptolémaïde & grand Platonicien, dit grossiérement, que l'ame a un corps subtil & aërien, avec lequel elle s'envole au Ciel, quand elle quitte son corps grossier & terrestre (101).

Nous aurions un plus grand nombre de preuves de l'idée toute matérielle que les Chrétiens de ces premiers temps avoient de leur ame, si parmi eux un grand nombre s'étoit avisé d'écrire sur cette matiere. Ce que j'ai rapporté plus haut d'un des plus anciens conciles de l'Eglise (102), en nous faisant connoître l'opinion commune de ceux qui le composoient, doit nous confirmer dans cette pensée. J'ajouterai même, qu'un Concile beaucoup plus célebre que celui d'Elvire, peut être soupçonné d'avoir eu une idée fort imparfaite de la nature de l'esprit. Je parle du sixiéme Concile œcuménique, où Sophronius Patriarche de Jérusalem ayant avancé que les ames, ni même les

(101) Synes. *De insomniis.*

(102) Voyez *chap.* 89

Anges, n'étoient point immortels ni incorruptibles de leur nature, mais ſeulement parce que Dieu leur a accordé la ſpiritualité & l'immortalité, le Concile ne l'en reprit point, & ne cenſura pas ſa doctrine.

Mais ſi l'on confondoit autrefois l'eſprit avec la matiere, en ſe repréſentant l'ame comme une ſubſtance corporelle, on peut dire qu'en récompenſe on attribuoit auſſi à la matiere des propriétés, qu'on a crû depuis ne convenir qu'à l'eſprit. On croit aujourd'hui que le corps eſt incapable d'aucun ſentiment de plaiſir ou de douleur (103): au contraire on s'imaginoit autrefois que le corps ſeul étoit capable de ces ſentimens. Non ſeulement les premiers Chrétiens (104), mais généralement tous les Philoſophes, & Platon lui-même, l'ont penſé de la ſorte. On croyoit l'ame ſuſceptible de joie, de triſteſſe, de deſir, d'inquiétude; mais à l'égard de ces ſentimens vifs qu'on appelle proprement plaiſir & douleur, on l'en jugeoit abſolument incapable. C'eſt pour cette raiſon que parmi les Payens ceux qui ont fait quelque attention ſérieuſe à ce que l'on diſoit de l'autre monde, ne com-

(103) Ce n'eſt que depuis l'établiſſement du Cartéſianiſme, que cette opinion a prévalu dans l'Ecole.

(104) Voyez ce qui a été dit plus haut de Tertullien, *pag.* 96. *Not.* (97).

prenant pas que l'on pût souffrir sans avoir un corps, ont enfin cessé de le croire, & s'en sont moqués, comme Cicéron nous l'apprend (105).

Mais aussi, comme en reconnoissant un Dieu juste, qui doit punir les crimes & récompenser les vertus, on ne sçauroit comprendre comment il peut exercer sa justice, si les ames sont incapables de douleur & de plaisir, la résurrection des corps, qui, comme nous l'avons vu (106), est une opinion tirée de la Théologie des Mages, fut d'abord adoptée par les Juifs, comme un moyen qui remedioit parfaitement à cette difficulté: la Religion Chrétienne cimentée par la mort & la résurrection de Jésus-Christ l'a depuis embrassée, & en a fait le fondement de notre espérance. En effet, la Religion à part, il est certain que les premiers Chrétiens ne donnent point d'autre raison de la nécessité de la résurrection future. Athénagore qui a traité exprès cette matiere, ne dit autre chose (107) sinon que Dieu étant juste, doit donner aux uns la récompense qui leur est dûe, & faire souffrir aux autres la peine qu'ils ont méritée.

(105) *Tantùmque valuit error, qui mihi quidem jam sublatus videtur, ut corpora cremata cùm scirent, tamen ea fieri apud inferos fingerent, quæ sine corpore nec fieri possent, nec intelligi.* Cic. *Tusc. Quæst. lib.* 1.

(106) Voyez plus haut chap. 5. *pag.* 63. *Not.* (69).

(107) Athenag. *De Resur. mort.*

Tertullien en a parlé de même, en y ajoutant seulement quelques autres preuves, qu'il est inutile d'examiner ici (108).

Ce que nous venons de dire de l'opinion qu'on avoit conservée sur la nature de l'ame, & de l'idée peu spirituelle que l'on continuoit de s'en former long-temps même après l'établissement du Platonisme, doit nous convaincre de l'extrême difficulté avec laquelle le systéme de la spiritualité de l'ame s'est établi dans l'esprit des hommes. Il fallut renoncer à une maniere de penser ancienne, naturelle & facile, pour en embrasser une nouvelle, difficile & abstraite. Il fallut soumettre & imposer silence à une imagination rebelle, qui jusques-là s'étoit toujours crûe en droit de former seule & de représenter cette ame, à laquelle on vouloit qu'elle n'eût plus aucune part. Tout cela coûta bien des efforts, & consuma beaucoup de temps. Cependant à force de s'appliquer, de méditer & de raisonner sur cette question, on se dégagea insensiblement de la matiere: peu à peu les esprits se subtiliserent; & on

(108) *Hæc erit tota causa, imò necessitas resurrectionis, congruentissima scilicet Deo destinatio judicii, de cujus dispositione dispicias, an utrique substantiæ humanæ dijudicandæ censura divina præsideat, tam animæ, quam corpori. Quod enim congruit judicari, hoc & competit ressuscitari.* Tertul. *de Resur. carnis, cap.* 14.

parvint enfin à se persuader qu'il étoit essentiel à l'immortalité de l'ame, que cette substance ne fût point un corps. Il resta sans doute beaucoup d'hommes, qui conserverent encore leurs images grossieres, puisqu'il s'en trouve même aujourd'hui de ce caractere. Hippocrate continua d'avoir des sectateurs: Empédocle & Démocrite en eurent de même; mais Platon prévalut. Son opinion devint la plus générale & la plus suivie; & non seulement on convint que l'ame étoit immortelle: on lui accorda aussi la spiritualité, qu'on lui avoit si long-temps refusée (109).

CHAPITRE V.

De ceux qui ont rejetté l'immortalité de l'ame.

POUR donner une connoissance entiere & parfaite de ce que les hommes ont pensé autrefois sur la nature de l'ame, il ne suffit pas d'avoir parlé de ceux qui l'ont crûe immortelle; il faut encore faire connoître ceux qui lui ont refusé l'immortalité, ou qui du moins ont regardé cette opinion comme fort équivoque & très-incertaine. Si ces derniers sont les moins

(109) *Obtinuit non minus de æternitate ejus, quàm de incorporalitate sententia.* Macrob. in Som. Scip. lib. 2. cap. 14.

conſidérables par leur nombre, ils l'emportent de beaucoup d'ailleurs par leur eſprit & par leur mérite. On eſt ſurpris de voir qu'une doctrine aujourd'hui ſi établie dans le monde a été ou rejetté par des hommes éclairés, ou regardée ſeulement comme une queſtion douteuſe, qui ſervoit à exercer les eſprits, & qui n'a jamais été reçue que par des ignorans & des hommes crédules. On eſt encore plus étonné d'apprendre que chez des Nations, où l'immortalité étoit établie, il ſe trouvoit encore des partis nombreux pour l'opinion contraire (110); & que des Peuples preſque entiers, après en avoir été imbus pendant pluſieurs ſiecles, l'ont enfin mépriſée, & l'on regardée comme une fable & une chimere.

Nous avons dit que l'amour propre ayant produit dans le cœur des hommes un deſir confus, une croyance incertaine de l'immortalité (111), la politique avoit établi cette opinion parmi eux comme une vérité conſtante. Ainſi nous devons commencer par mettre à la tête de ceux qui n'ont point crû l'ame immortelle,

(110) C'eſt ce que Mela nous apprend des Thraces. Après avoir dit que parmi eux, *alii redituras putant animas obeuntium; alii, etſi non redeant, non extingui tamen, ſed ad beatiora tranſire*; il ajoute: *alii emori quidem, ſed id melius eſſe, quàm vivere*. lib. 2. cap. 2.

(111) Voyez plus haut; *chap.* 2. & conſultez la Note.

ces hommes ſages, ces Légiſlateurs habiles, qui étant eux mêmes les auteurs de ſon immortalité, ne pouvoient la regarder que comme leur propre ouvrage. Les Hiſtoriens qui nous apprennent ces faits, doivent être placés immédiatement après, puiſque l'on ne peut imaginer qu'ils ayent été perſuadés d'une doctrine, dont ils attribuoient l'invention à d'autres d'une maniere toute humaine & toute naturelle. Pouvons-nous penſer qu'Hérodote ait crû l'ame immortelle, lorſqu'il aſſure ſi poſitivement, que l'opinion de ſon immortalité a pris naiſſance chez les Egyptiens, & que ce ſont eux qui l'ont communiquée au reſte du monde? La plûpart des Anciens qui ont parlé de même touchant l'origine de cette opinion, ont-ils pû la regarder autrement que comme une invention humaine, quoiqu'ancienne? Croirons-nous que Diodore, Céſar, Mela, Strabon, lorſqu'ils nous apprennent l'établiſſement de l'immortalité chez les Thraces, & chez les Gaulois, ayent eu un grand reſpect pour une doctrine, qu'ils croyoient avoir été introduite par la Politique (112)? Ceux des Anciens qui,

(112) Il eſt certain que Diodore, Livre premier, traite de Fables tout ce qu'Orphée avoit débité des Enfers, prétendant que tout ce que ce Poëte avoit dit du Tartare & des Champs Elyſées, de l'Achéron, de Caron, de Cerbere, &c. Il l'avoit tiré

comme je l'ai dit (113), attribuent à la Politique d'une maniere encore plus forte toutes les opinions répandues parmi les hommes touchant une autre vie, n'en reconnoiſſoient probablement point d'autre après celle-ci.

Ce n'eſt pas mon deſſein d'examiner ici l'un après l'autre tous les Hiſtoriens qui nous reſtent de l'antiquité; mais je puis aſſurer qu'il n'y en a preſque pas un ſeul, qui parût avoir crû l'ame immortelle, ſi l'on épluchoit ſes penſées avec un eſprit tant ſoit peu critique. Lorſque Denis d'Halycarnaſſe, par exemple, après avoir dit que la vertu n'eſt point inutile, ſi l'ame eſt immortelle, ajoute, comme quelques-uns le diſent (114), ne voit-on pas que ces derniers mots marquent un homme plus dans la défiance que dans la perſuaſion d'une vérité, qu'il ne croit fondée que ſur l'opinion de quelques-uns? Quand Salluſte fait dire à Céſar en plein Sénat, que la mort n'eſt autre choſe que la fin des miſeres humaines, & qu'après elle il n'y a ni

de ce qui ſe pratiquoit journellement en Egypte dans les funérailles. A l'égard de Strabon, voici ſes propres paroles, liv. 15. *Texunt etiam fabulas quasdam, quemadmodùm Plato, de immortalitate animæ, & de judiciis, quæ apud inferos fiunt.*

(113) Voyez ci-deſſus, *chap.* 2.

(114) Εἰ δὲ ἄφθαρτοι μέχρι τοῦ παντὸς τυγχάνουσιν αἱ ψυχαὶ ἡμῶν οὖσαι, καθάπερ οἴονταί τινες, ἀποχρῶσα τιμὴ φάνοιτ' ἂν τοῖς ἀρετὴν ἀσκοῦσι Dionys. Hal. lib. 8.

peine à craindre, ni plaisir à espérer (115); ne sent-on pas que c'est-là le sentiment propre de cet Auteur, & qu'il ne pense point autrement que celui qu'il fait parler? Tite-Live, Tacite, Suétone, Quinte-Curce, qui en traitant de la superstition des autres, paroissent en avoir été si éloignés, font remarquer en eux un esprit trop revenu des opinions populaires, pour avoir donné dans celle qu'on regardoit alors comme la principale de toutes, & comme la source & le fondement de toute superstition.

Les Philosophes qu'on peut à juste titre nommer les Evangélistes de l'ame immortelle, puisqu'ils ont répandu dans tout l'univers une doctrine, qui jusqu'à eux avoit été assez peu connue, ont-ils été bien convaincus eux-mêmes de la vérité de ce dogme qu'ils enseignoient? Pythagore est le premier, qui ait découvert ces mysteres aux Grecs; il leur a appris que les ames passoient de toute éternité d'un corps dans un autre: il pouvoit peut-être en persuader quelques-uns; mais lorsqu'il assuroit froidement qu'il se souvenoit d'avoir été coq, il y beaucoup d'apparence

(115) *De pœnâ, possum equidem dicere id quod res habet: in luctu atque miseriis mortem ærumnarum requiem, non cruciatum esse; eam cuncta mortalium mala dissolvere; ultrà neque curæ, neque gaudio locum esse.* Sall. de Bel. Catil.

d'apparence qu'il ne comptoit pas lui-même bien sûrement, qu'il dût être quelque jour autre chose que Pythagore. Je dois même ajouter, que la nouvelle doctrine de ce Philosophe ne laissa pas de trouver des esprits peu crédules, entr'autres un certain railleur, qui voulant le tourner en ridicule, le pria de ne point partir pour l'autre monde sans l'en avertir, parce qu'il le chargeroit d'une lettre pour son pere qui étoit mort. Mais Pythagore lui répondit par une raillerie encore plus piquante: car il l'assura qu'il ne pourroit s'acquitter de cette commission, parce qu'il n'iroit point dans le lieu qui sert de demeure aux scélérats.

Tous les Philosophes qui après celui-ci firent de l'ame un sang subtil, un air, un feu, ne devoient pas non plus trop compter sur l'immortalité d'une substance, qui pouvoit s'éteindre ou se dissiper en sortant du corps. C'est pourquoi Socrate avoit raison de railler ceux qui étoient de ce sentiment, de la peur qu'ils avoient de mourir dans un lieu exposé au vent. Mais ce qui va sembler paradoxe, je soutiens que Platon lui-même, ce pere de la spiritualité, cet auteur de l'ame immatérielle, n'a jamais regardé ce qu'il a écrit sur cette matiere, que comme un jeu d'esprit & une pure supposition. Il dit si souvent, & à si peu de distance l'un de l'autre, le pour & le contre, lorsqu'il parle de l'état de l'ame après cette vie, que ceux qui regardent les sentimens de ce Philosophe avec respect, ne peuvent s'empecher d'en être choqués & scandalisés. Tantôt il est de l'opinion de la Métempsycose (116), tantôt de celle des Enfers (117), & tantôt de toutes les deux il en compose une troisiéme (118). Ailleurs il avoit imaginé une maniere de faire revivre les hommes (119) qui n'a nul rapport avec aucun autre de ses systemes. Dans un endroit il condamne les scélérats à rester dans le Tartare pendant toute l'eternité (120) ; dans un autre, il les en tire au bout de mille ans (121) pour les faire passer dans d'autres corps. Il dégrade les animaux de cette communauté d'ame dont ils avoient joui jusqu'alors avec les hommes, & leur ôte par conséquent l'immortalité ; & dans un endroit il dit fort sérieusement (122), que les Cignes chantent un peu

(116) *In Phædone.*

(117) Voyez *ch.* 3. *pag.* 40. *N.* (55)

(118) Voyez *ch.* 3. *pag.* 52. *N.* (56)

(119) *In Politico.* Voyez *ch.* 3. *pag.* 62.

(120) Voyez *ch.* 3. *pag.* 48. *N.* (53)

(121) Voyez *ch.* 3. *pag.* 52. *N.* (56)

(122) *Sed ne hæ quidem mihi videntur aves, nec ipsi Cygni, ob dolorem canere: sed illud opinor, quod sint dicatæ Apollini, atque adeo divinantes præsciunt quod in posterum, cum ea prævideant bona, quæ sunt apud inferos, canunt, magisque eo die delectantur, quam priori vitæ tempore.* Plato, *in Phædone.*

avant leur mort, parce qu'étant des oiſeaux conſacrés à Appollon, ils annoncent par leur chant les biens de la vie future dans laquelle ils vont entrer. Les contradictions lui ſont familieres juſques dans la morale. Tantôt il veut que les femmes ſoient communes ; & ailleurs il ordonne qu'on ſe marie, ſoumettant à des peines ceux qui ont atteint l'âge de trente-cinq ans ſans entrer dans le mariage. Quelquefois il vante Homere, & le cite avec éloge ; il le décrie enſuite, & le bannit de ſa République. En un mot tout eſt traité chez lui d'une maniere problématique, incertaine, peu décidée, & qui laiſſe à ſes Lecteurs un juſte ſujet de douter qu'il ait été lui-même perſuadé le moins du monde de la vérité de ce qu'il avançoit.

Il faut que la queſtion de l'immortalité de l'ame ſoit dangereuſe à approfondir : car jamais il ne s'eſt vû un plus grand nombre d'incrédules & d'athées parmi les Grecs, qu'au temps où cette queſtion y étoit le plus agitée. Tandis que ceux qui reçoivent ordinairement une opinion ſans l'examiner, ſe laiſſoient perſuader que leur ame étoit immortelle, les hommes d'un eſprit moins facile à convaincre donnoient dans un ſentiment tout contraire. Hippocrate, Dicéarque, Epicure & une infinité d'autres, refuferent à l'ame cette immortalité, qu'on vouloit lui attribuer. Protagore compofa exprès un livre pour la combattre (123), & ce livre traitoit de ce qui fe paffe dans les Enfers. Dans ce temps parurent ces fameux Athées, qui oferent fe roidir contre le torrent des opinions populaires, & les refuter par leurs raifonnemens; un Evhemere, un Théodore, un Diagoras fi connu par fes bons mots impies (124); un Hippon de Melos, qui fit trophée de fon athéifme même après fa mort, en ordonnant que l'on mît fur fon tombeau cette Epitaphe compofée par lui-même: *Ci-git Hippon, que la Parque, en le privant du jour, a rendu femblable aux Dieux immortels* (125).

L'homme le plus illuftre qui fût alors parmi les Grecs, Périclès, ne fut que trop foupçonné

(123) Ἔλεγέ τε μηδὲν εἶναι ψυχὴν παρὰ τὰς αἰσθήσεις. Diog. Laërt. *in Protag.*

(124) *Quid Diagoras, Atheos qui dictus eft, pofteàque Theodorus? nonne apertè naturam Deorum fuftulerunt?* Cic. *De Nat. Deor. lib.* 1. & *lib.* 3. *Diagoras cùm Samothraciam veniffet, Atheos ille qui dicitur, atque ei quidam amicus: Tu qui Deos putas humana negligere, nonne advertis ex his tabelis pictis, quàm multi votis vim tempeftatis effugerint, in portumque falvi pervenerint? Ita fit, inquit: illi enim nufquàm picti funt, qui naufragium fecerunt, in marique perierunt.*

(125) Ἵππωνος τόδε σῆμα, τὸν ἀθανάτοισι θεοῖσιν
Ἶσον ἐποίησεν μοῖρα καταφθίμενον.
Clemens Alex. *Cohort. ad Gent.*

d'être dans les mêmes ſentimens qu'Anaxagore & Aſpaſie. Le premier étoit ſon ami intime, & fut condamné à l'exil pour cauſe d'impiété: l'autre étoit ſa Maîtreſſe; & il ne la tira du danger qu'elle couroit, qu'à force de prieres & de larmes (126). Alcibiades ſon neveu, qui avec une troupe de jeunes débauchés des premieres familles d'Athenes, traita les ſaints Myſteres avec le dernier mépris (127), fit aſſez voir par cette action, qu'il ſe trouvoit des incrédules ailleurs que chez les Philoſophes. Rien ne prouve davantage combien étoit grand parmi les Grecs le nombre de ceux qui doutoient de l'immortalité, que la maniere peu reſpectueuſe & toute prophane avec laquelle ils traitoient leurs Dieux en plein Théâtre (128). On ſe jouoit & on ſe moquoit de ces mêmes Divinités, dont on auroit dû tout craindre & tout eſpérer après la mort, ſi on eût crû l'ame immortelle. Le peuple aſſiſtoit à ces ſpectacles; il y aſſiſtoit avec plaiſir, & applaudiſſoit à ces libertés.

Il eſt arrivé aux Romains la même choſe qu'aux Grecs. Tant qu'ils ont vécu dans la ſimplicité, ſans raiſonner ſur la nature de l'a-

(126) Voyez Plutarque, *in Pericle.*

(127) Voyez Cornel. Nepos, *in Alcibiad.* n°. 3.

(128) Voyez les Comédies d'Ariſtophane.

me, ils l'ont crûe immortelle : aussi-tôt que leur esprit s'est raffiné, ils ont cessé de le croire, & ils ont de beaucoup surpassé les Grecs en incrédulité. Comme ils avoient un jugement solide, on trouve presque partout dans leurs écrits cette raison incompatible avec les fables, & toujours d'accord avec la nature (129). Rien n'est plus commun, par exemple, que de rencontrer chez eux cette réflexion qui vient si naturellement à l'esprit, que ce qui n'a pas toujours été, doit de meme cesser d'ètre. „ La mort n'est rien, dit Lucrece (130), „ & ce qui la suit ne nous intéresse point. „ Comme ce qui s'est passé avant nous ne nous „ importoit gueres : ainsi ce qui nous arrivera „ après cette vie ne nous touchera pas davan„ tage." Ailleurs (131) il compare le temps

(129) Il n'est pas surprenant que dans des siecles éclairés les Romains ayent eu mauvaise opinion de la Religion de leurs Peres. Elle étoit remplie de tant d'extravagances, que les dogmes ridicules qu'elle enseignoit, donnoient aux gens de bon sens un juste sujet de douter des vérités mémes qu'elle avoit adoptées.

(130) *Nil igitur mors est, ad nos neque pertinet hilum;*
Et sicut anteacto nil tempore sensimus ægri,
Ad confligendum venientibus undique Pœnis :
Sic ubi non erimus, cum corporis atque animai
Discidium fuerit . . . . .

Lucret. lib. 3.

(131) *Respice autem quàm nil ad nos anteacta vetustas*
Temporis æterni fuerit, quàm nascimur antè.
Hoc igitur speculum nobis natura futuri
Temporis exponit post mortem denique nostram.

Ib. id.

qui a précédé notre naiſſance avec celui qui doit ſuivre notre mort, & dit que l'un de ces temps ne nous regarde pas plus que l'autre. C'eſt la penſée de Séneque le Philoſophe. „ Vous n'avez point été, dit-il (132), vous „ ne ſerez point ; c'eſt la même choſe: l'un „ & l'autre de ces temps eſt étranger pour „ vous."

Cicéron eſt du même ſentiment. „ Un eſprit „ ferme & éclairé, dit-il (133), eſt ſans in- „ quiétude: il mépriſe la mort, qui remet les „ hommes au même état où ils étoient avant „ que de naître." Dans un autre endroit, parlant à des Juges, il ne craint point de dire que tout ce que nous perdons à la mort, eſt de devenir inſenſibles à la peine (134).

Pline étend davantage la premiere penſée, & parle ainſi de l'immortalité avec ſon bon

(132) *Hæc paria ſunt, non eris, nec fuiſti: utrumque tempus alienum eſt.* Sen. *Ep.* 77. Voyez le paſſage de ce Philoſophe cité *chap.* 2. *pag.* 36. *Not.* (35)

(133) *Robuſtus animus & excelſus omni eſt liber curâ & angore, cùm & mortem contemnit, quâ qui affecti ſunt, in eâdem causâ ſunt, quâ antequam nati.* Cic. *De Fin. bon. & mal.*

(134) *Nunc quidem quid tandem illi mali mors attulit? Niſi fortè ineptiis ac fabulis ducimur, ut exiſtimemus illum apud inferos impiorum ſupplicia perferre... Quæ ſi falſa ſunt, id quod omnes intelligunt, quid ei tandem aliud mors eripuit, præter ſenſum doloris?* Cic. *pro Cluent.*

ſens ordinaire (135). „ Ce qui ſuit notre der-
„ nier jour eſt de même nature que ce qui a
„ précedé le premier: le corps & l'ame n'ont
„ pas plus de ſentiment après la mort, qu'ils
„ en avoient avant la naiſſance. Mais la va-
„ nité humaine portant ſes vûes juſques dans
„ l'avenir, a imaginé une autre vie après cel-
„ le-ci, & s'eſt promis l'immortalité, ſoit par
„ le moyen de la Métempſycoſe, ſoit en in-
„ ventant des Enfers où l'on dût être encore
„ capable de ſentiment. De-là eſt venu le
„ reſpect qu'on a pour les Dieux qui y pré-
„ ſident: comme ſi les hommes avoient une
„ vie différente de celle des animaux."

Mais le Poëte Séneque eſt celui de tous, qui a tourné cette penſée avec le plus de force & d'énergie. C'eſt dans une de ſes Tragédies, où des Chœurs s'entretiennent ainſi: (136) „ Eſt-ce une vérité, dit une partie du

(135) *Omnibus à supremâ die eadem, quæ ante primum; nec magis à morte ſenſus ullus, aut corporis, aut animæ, quàm ante natalem. Eadem enim vanitas in futurum etiam ſe propagat; & in mortis quoque tempora ipſa ſibi vitam mentitur, aliàs immortalitatem animæ, aliàs transfigurationem, aliàs ſenſum inferis dando, & manes colendo... Ceu verò ullo modo ſpirandi ratio homini à cæteris animalibus diſtet.* Plin. *Hiſt. lib. 7. cap.* 56.

(136) *Verum eſt? an timidos fabula decipit?*
Umbras corporibus vivere conditis.

„ Chœur, ou une fable inventée pour séduire „ les esprits timides, que les ames vivent „ après être séparées de leurs corps? ou bien „ devons-nous croire que l'homme tout entier „ est la proie de la mort, & qu'il ne reste rien „ de lui après cette vie?" A quoi l'on répond : „ Il n'y a rien à attendre après la „ mort: la mort même n'est rien, que le terme & la fin d'une vie très-courte. Renoncez à tout espoir, bannissez toute crainte. „ Voulez-vous sçavoir où vous irez après la „ mort? Ce sera dans ce même séjour qu'occupent ceux qui ne sont pas encore nés. „ L'ame & le corps meurent de compagnie: „ la mort n'épargne pas plus l'un que l'autre." Un autre Poëte exprime la même pensée en deux mots. „ Tout retourne, dit-il (137),

An toti morimur, nullaque pars manet
Nostri? . . . .
Post mortem nihil est, ipsaque mors nihil,
Velocis spatii meta novissima.
Spem ponant avidi, solliciti metum.
Quæris quo jaceas post obitum loco?
Quo non nata jacent . . . . . .
Mors individua est, noxia corpori,
Nec parcens animæ . . . .

Senec. *Troad. Act.* 2.

(137) *Ortus cuncta suos repetunt, matremque requirunt;*
Et redit ad nihilum quod nihil ante fuit.

„ à ſon premier être: ce qui étoit *rien* rede-
„ viendra rien."

J'avois oublié d'avertir, que de tout temps on a été ſi convaincu de la vérité de cet axiome, que jamais ni Pythagore, ni Platon, ni aucun autre des Anciens, n'a prétendu que l'ame fût immortelle, qu'en la ſuppoſant éternelle, & qu'en parlant de ſa nature, ils ont toujours confondu les termes d'immortalité & d'éternité. Les Chrétiens ſont les premiers, qui n'oſant avouer que l'ame fût éternelle, ont ſoutenu qu'elle étoit immortelle, quoiqu'elle eût eu un commencement. Mais en même temps ils ont reconnu, comme nous l'avons vu (138), que cette immortalité étoit une pure grace de Dieu, & que naturellement l'ame devoit finir avec le corps, ayant commencé avec lui.

Pour ne point entaſſer une infinité de paſſages d'Auteurs Latins, qui ſignifient tous la même choſe, il ſuffit de dire qu'on trouve partout chez eux une ſupériorité d'eſprit, qui leur fait rejetter avec mépris toutes les opinions vulgaires. L'un nous exhorte à nous défaire de cette malheureuſe crainte de l'autre monde (139), qui empoiſonne toutes les douceurs de

(138) Voyez le chapitre précédent *pag.* 92. & *ſuiv.*

(139) *Et metus ille forâs præceps Acherontis agendus ;*

la vie, & ne laiſſe goûter aucun plaiſir pur & véritable. L'autre ſe récrie, dans le calme intérieur que reſſent un eſprit dégagé des vains préjugés: (140) „ Heureux celui qui remon„ tant à la ſource des choſes, s'eſt défait de „ de toute crainte, qui ſe rit du deſtin, & a „ mis ſous ſes pieds les frayeurs de l'inſatiable „ Acheron." Celui-là fait compliment à un ami de ce qu'il a un eſprit philoſophe (141), exemt des craintes de la mort, & qui mépriſe tout ce qui ſe dit des ſorciers, des ſonges, des prodiges, des eſprits & des lutins. Cet autre ſe moque de la ſotte crédulité de ceux qui ſont effrayés de tout ce qu'ils entendent débiter de l'autre monde (142), quoique, ſelon lui, ce

Funditùs humanam qui vitam turbat ab imo,
Omnia ſuffundens morti nigrore, neque ullam
Eſſe voluptatem liquidam puramque relinquit.
Lucret. *lib.* 3.

(140) *Felix, qui potuit rerum cognoſcere cauſas,*
Atque metus omnes, & inexorabile fatum
Subjecit pedibus, ſtrepitumque Acherontis avari!
Virgil. *Georg. lib.* 2.

(141) . . . . *Caret tibi pectus inani*
Ambitione, caret mortis formidine, & irâ.
Somnia, terrores magicos, miracula, ſagas,
Nocturnos lemures, portentaque Theſſala rides.
Horat. *lib.* 2. *Ep.* 2.

(142) *O genus attonitum gelidæ formidine mortis,*
Quid ſtyga, quid tenebras & numina vana timetis,
Materiam vatum, falſique piacula mundi?

ne ſoit qu'une fable inventée à plaiſir par les Poëtes. Tous enfin ne parlent preſque jamais de l'autre vie qu'ils n'y joignent l'épithete de fabuleuſe (143).

Ce n'étoient pas ſeulement les plus illuſtres d'entre les Romains par leur eſprit & par leur mérite, qui rejettoient la fable de l'autre monde, un Céſar, un Cicéron, un Atticus, un Virgile, un Horace: la choſe étoit preſque générale. Il étoit ſi commun parmi eux d'en parler avec mépris, qu'il eût été étonnant que la crédulité des particuliers eût pû tenir contre l'opinion publique. On en faiſoit même des ſujets de Comédies, qui apparemment réjouiſſoient le peuple plus qu'elles ne l'effrayoient. Suétone nous apprend (144) que le jour que

Corpora ſive rogus flammâ, ſeu tabe vetuſtas
Abſtulerint, mala poſſe pati non ulla putetis.

Ovid. *Metam. lib.* 15.

(143) *Jam te premet nox, fabulæque manes.*

Orat. *lib.* 1. *Od.* 4.

An ficta in miſeras deſcendit fabula gentes?

Propert. *lib.* 3. *El.* 5.

. . . . *Tænara, & aſpero*
Regnum ſub domino, limen & obſidens
Cuſtos non facili Cerberus oſtio,
Rumores vacui, verbaque inania,
Et par ſollicito fabula ſomnio.

Senec. *Troad. Act.* 2.

(144) *Parabatur & in noctem ſpectaculum, quo argumenta inferorum per Ægyptios & Æthiopes explicarentur.* Sueton. *in Caligulâ.*

Caligula fut tué, on préparoit pour la nuit suivante un spectacle qui auroit représenté les Enfers Poëtiques, & que la piece devoit être jouée par des Egyptiens & des Ethiopiens. Tout cela produisoit son effet dans les esprits, & achevoit de désabuser les hommes d'une opinion, qui les avoit préoccupés pendant si long-temps. Si nous en croyons Cicéron (145), on ne voyoit point de vieille, si tremblante & si imbécile qu'elle fût, qui eût peur de tous les contes qu'on faisoit & que l'on croyoit autrefois au sujet de l'autre monde. Juvénal prétend même (146) que les enfans à peine sortis d'entre les bras de leurs nourrices, regardoient déjà avec mépris tout ce qui s'en débitoit. Il y a sans doute de l'exagération dans ce que ces deux Auteurs nous apprennent; & il est probable qu'il se trouvoit encore de leur temps

(145) *Quæ anus tam excors inveniri potest, quæ illa, quæ quondàm credebantur apud inferos, portenta pertimescat?* Cic. *De Nat. Deor. lib.* 2. & dans ses Tusculanes, *liv.* 2. après qu'il a dit à Atticus: *Dic, quæso, num te illa terrent triceps apud inferos Cerberus, Cocyti fremitus, transvectio Acheruntis, Tantale, Sisyphe, Minos & Rhadamante? Hæc fortassè metuis, & idcircò mortem censes esse sempiternum malum*; Atticus lui répond: *Adeone me delirare censes, ut ita esse credam? Quis est enim tam excors, quem ista moveant?*

(146) *Esse aliquos manes, & subterranea regna,*
Nec pueri credunt, nisi qui nondùm ære lavantur.
Juven. *Sat.* 2.

des gens ſimples & crédules, qui penſoient au ſujet de l'autre vie, comme on avait penſé avant eux. Dans pluſieurs la force des premieres impreſſions pouvoit l'emporter ſur celle du raiſonnement. Outre cela un ſiecle a beau être éclairé, on ſçait qu'il s'y rencontre toujours des eſprits foibles, à qui la timidité tient lieu de la plus forte conviction. Quoi qu'il en ſoit, nous ne pouvons douter que le plus grand nombre des Romains ne fût alors bien revenu de ce qu'on appelle préjugés & opinions populaires ſur ce qui regarde l'autre vie, & que par conſéquent on ne fût fort éloigné de croire encore l'immortalité. C'eſt ainſi que des hommes moins crédules regardoient la Religion de leurs peres comme une ſottiſe & une fable, que la ſimplicité & l'ignorance avoient enfantée (147).

Au reſte cette maniere de penſer ne rendoit les hommes ni plus méchans ni plus injuſtes. Pluſieurs entre les Thraces nioient l'immortalité de l'ame; les Grecs étoient aſſez partagés ſur cette queſtion; du temps de Cicéron & de Séneque, les Romains s'en moquoient aſſez ouvertement : cependant nous n'apprenons point, que ni les Thraces qui nioient l'immortalité, ni les Grecs qui en doutoient, ni les

(147) Voyez ci-deſſus, pag. 112. Not. (129)

Romains qui la regardoient comme une fable', fussent ou plus amis du vice, ou moins zelés pour les bonnes mœurs, que ceux qui soûtenoient l'opinion contraire. Le plus zelé partisan d'une autre vie eût il été plus tempérant qu'Epicure, qui se contentoit pour son ordinaire d'un peu de pain & d'eau, & qui faisoit son régal d'un morceau de fromage (148)? Si on avoit été autrefois convaincu d'une vérité qu'on a si bien démontrée dans ces derniers temps, je veux dire, que les sentimens de l'esprit n'influent que bien peu sur les mœurs & sur la conduite, peut-être se seroit-on moins soucié d'établir parmi les hommes une opinion, qui sans les rendre de beaucoup meilleurs, les rend seulement plus misérables par l'inquiétude qu'elle leur cause. Tous ceux dont nous venons de parler, & une infinité d'autres dont nous n'avons rien dit, étoient délivrés de cette inquiétude. Ils ne songeoient qu'à couler doucement leurs jours, éloignant de leur esprit tout ce qui en auroit pû troubler la paix. Ils regardoient la vie comme un présent de la nature, jouissant de ses agrémens, & supportant ses peines. Ils la comparoient a une table

(148) Les SS. Peres eux-mêmes & les Ecrivains Ecclésiasques ont fait l'éloge de la tempérance d'Epicure.

chargée de différens mets, qu'on peut quitter sans regret lorsqu'on est rassasié; & ils en attendoient avec tranquillité le dernier moment, qu'ils croyoient devoir être pour eux la fin de toutes choses.

CONCLUSION.

De tout ce qui a été dit jusqu'ici il semble qu'on peut conclure, qu'on n'a pû encore parvenir à démontrer l'immortalité de l'ame. Delà on pourroit peut-être inférer, qu'elle ne se peut prouver par les lumieres de la raison, puisque tant de sçavans hommes, tant de génies sublimes n'y ont pas réussi, après y avoir travaillé pendant tant de siecles; qu'elle est donc au dessus de la raison; & que par conséquent tant que nous ne consulterons que ce que nous dicte celle-ci, nous ne verrons dans nous rien que de mortel & de périssable.

En effet, à ne consulter que nos foibles lumieres, l'homme est produit en la même maniere que les autres animaux: il croît comme eux en force, en subtilité & en industrie; il tire comme eux sa nourriture de la terre; & comme eux il se réunit par la mort à la poussiere, à laquelle il doit également son origine. Son ame est tellement dépendante de son corps, que l'état de l'un décide de celui de l'autre. Un corps bien ou mal constitué (149), le climat dans lequel on est né (150), l'air qu'on y respire (151), la boisson dont on use, la nourriture que l'on prend, une vie molle ou laborieuse, influent également sur le corps & sur la raison. L'homme blanc pense tout différemment du noir, & l'Américain de l'Européen, le jeune du vieux, celui qui est agité d'une passion, de celui qui raisonne tranquillement & de sang froid. Quelle que soit l'union de cette ame avec le corps, elle est telle, que tous deux se fortifiant également par degrés, arrivés qu'ils sont à l'état de perfection, ils déclinent, vieillissent & s'affoiblissent également (152). Si le corps est malade, la raison l'est à proportion (153); elle languit dans

(149) *Ipsi animi magni refert quali in corpore locati sint: multa enim è corpore existunt, quæ acuant mentem, multa quæ obtundant.* Cic. *Tusc. Quæst. lib.* 1.

(150) *Plaga cœli non solùm ad robur corporum, sed etiam animorum facit.* Veget. *lib.* 2.

(151) *Athenis tenue cœlum, ex quo etiam acutiores putantur Attici; crassum Thebis: itaque pingues Thebani, & valentes.* Cic. *ubi suprà.*

(152) . . . . . . *Pariter gigni cum corpore, & unà*
Crescere sentimus, pariterque senescere mentem.
Lucret. *lib.* 3.

(153) . . . . *Vis morbi distracta per artus,*
Turbat agens animam . . . . ibid.

la langueur du corps, & recouvre avec lui sa vigueur & sa force (154): en un mot le corps ne reçoit aucune altération, qu'elle n'influe également sur l'ame.

Ce sont ces considérations, qui ont déterminé Lucrece à penser que l'ame est corporelle (155), sujette qu'elle est à toutes les vicissitudes du corps; Vanhelmont à dit, que l'ame immortelle n'a aucune part aux fonctions du corps, & est ensevelie en nous durant notre vie, ce qui est la réduire à un véritable anéantissement; & d'autres en très-grand nombre à soutenir qu'elle n'est en effet autre chose, que le mouvement & l'intelligence, qui procede dans notre cerveau de l'arrangement de ses organes ébranlés par les esprits animaux. C'est ce qu'ils ont appellé une harmonie, un accord parfait de toutes les parties du corps, le sens des sens, une lumiere qui luit dans notre cerveau, & qui y est entretenue par ce feu subtil qui s'y porte à chaque instant à la faveur de la circulation du sang; c'est ce que quelques

(154) . . . . . . *Mentem sanari corpus ut ægrum*
Cernimus, & flecti medicinâ posse videmus.

ibid.

(155) . . . . *Corpoream naturam animi esse necesse est,*
Corporeis quoniam telis ictu que laborat.

ibid.

autres ont nommé un esprit divin & universel répandu dans toute la nature, dans toute l'étendue de la terre, de la mer, & dans les espaces immenses des Cieux; qui n'est pas plus propre à l'homme, qu'au reste des animaux, & de qui les uns & les autres reçoivent à leur naissance les esprits subtils qui les animent (156). Ainsi, selon eux, il est vrai de dire en général que la matiere ne pense point, qu'elle est muette, aveugle & insensible; mais il n'est pas moins constant, disent-ils, que telle matiere en particulier est capable de penser, capable de vie, d'intelligence & de sentiment. Or cette matiere particuliere est, ajoutent-ils, la matiere organisée, dans laquelle s'opere tout cela, lorsque cette activité n'est point interceptée par les nuages & les vapeurs du sommeil, d'une fievre, de l'ivresse, ou par quelqu'autre cause étrangere. On ne peut donc pas avancer, continuent-ils, que la matiere en général, ou telle portion de matiere en par-

(156) . . . . *Deum namque ire per omnes*
Terrasque, tractus que maris, cælumque profundum.
Hinc pecudes, armenta, viros, genus omne ferarum;
Quemque sibi tenues nascendo arcessere vitas.
Scilicet hùc reddi, atque illinc resoluta referri
Omnia, nec morti esse locum.

Virgil. *Georg. lib.* 4.

ticulier, soit la pensée, l'intelligence ou la vie: lui attribuer le sentiment, le discernement & la raison, ce seroit prendre l'ombre pour le corps. Mais il n'est pas moins vrai que la raison, le discernement & le sentiment se forment & résultent nécessairement de l'accord de cette même matiere organisée. Et c'est parce que ces organes sont également le propres de l'homme & de la béte, qu'ils leur attribuent une ame commune, également capable des mêmes opérations, autant que le permet le plus ou le moins de perfection dans ces organes; également mortelle, dans ce sens, que par la mort cette ame est détruite comme le corps au regard de chaque individu qu'elle animoit; mais immortelle par rapport à la masse générale de la matiere, à laquelle elle se réunit alors, sans perdre la faculté de pouvoir être organisée de nouveau, & produire les mêmes opérations pendant toute l'éternité.

Quoiqu'il en soit de ces différens systêmes, par où l'esprit humain a crû pouvoir rendre raison de ce qui est pour lui inéxplicable, avouons de bonne foi que la nature de notre ame est supérieure à toutes les foibles lumieres de notre génie, que notre raison s'y perd; & à l'égard de son immortalité, confessons ingénuement avec Montagne, *que Dieu seul nous l'a dit, & la foi. Car cette leçon n'est pas de nature & de raison; & qui retâtera son être & ses forces & dedans & dehors, & verra l'homme sans le flatter, il n'y verra ni faculté, ni efficace, qui sente autre chose que la mort & la terre.* Reconnoissons que l'espérance de notre immortalité future est fondée uniquement sur les promesses & la résurrection du Sauveur; & disons hardiment avec l'Apôtre, sans craindre de nous tromper: „ Si Jésus-Christ n'est pas ressuscité, la croyance où nous sommes d'une vie „ future, est vaine & sans fondement (157)." Mais aussi Jesus-Christ étant vraiment ressuscité, comme il n'y a aucun lieu ni aucune raison d'en douter, après les preuves sans replique que la Religion nous en fournit, nous ne pouvons plus nous refuser à cette vérité, que nous attendons une vie future, où nous serons punis ou récompensés par le juste juge de nos actions bonnes ou mauvaises.

Du reste, comme dans la premiere Partie de cet Ouvrage j'ai traité assez au long de ce que les Anciens ont pensé sur l'antiquité du Monde, peut-etre seroit-on curieux de sça-

(157) *Si non surrexit Christus, vana est fides vestra.* 1. Cor. 15. 17.

voir ce qu'on doit en croire, & à quoi l'on peut se fixer sur cet article. C'est ce que je me propose d'examiner dans le traité qui suit. J'espere y démontrer, d'un côté, qu'il est extravagant de croire avec quelques Anciens que le Monde soit éternel; de l'autre, que de vouloir fixer, je ne dis pas avec Moïse, mais avec tous nos Chronologistes modernes, l'époque de l'origine de cet Univers, c'est une entreprise également ridicule & chimérique.

Fin de la seconde partie.

ESSAI

SUR LA

CHRONOLOGIE.

L'INCERTITUDE & les variations de tous les Philoſophes ſont étonnantes au ſujet de l'origine du Monde & de ſon antiquité. On a beau conſulter ſur cela les Anciens & les Modernes : après les avoir beaucoup lûs & beaucoup étudiés, non-ſeulement on ne trouve entr'eux aucune conformité ſur cet article ; on eſt même obligé de reconnoître que tout ce que les uns & les autres ont penſé ſur ce ſujet eſt ſi frivole & ſi abſurde, qu'il eſt ſurprenant que des gens d'eſprit & de bon ſens n'ayent pas encore ouvert les yeux ſur l'inutilité & ſur le faux de tous les ſyſtêmes qu'on a imaginés ſur cette matiere.

A l'égard des Anciens, je ne répéterai point ici ce qui en a été dit dans la premiere Partie de cet Ouvrage. On a vû que parmi eux, les uns croyant le monde éternel, ſe le repréſentoient comme ſubſiſtant de toute éternité dans le même état où nous le voyons aujourd'hui ; tandis que les autres perſuadés que cet Univers avoit commencé, le regardoient en même temps comme ſi ancien, qu'ils ne penſoient pas qu'il fût poſſible de rien dire de certain ſur l'inſtant de ſon origine. De-là l'extraordinaire & fabuleuſe antiquité, que pluſieurs Nations ſe ſont attribuée. Chacun donnant carriere à ſon imagination, & ne voulant céder en ancienneté à aucun de ſes voiſins, ſe croyoit en droit de faire remonter la naiſſance de ſes ancêtres juſqu'aux temps les plus reculés. Ainſi les habitans de la Bétique en Eſpagne ſe vantoient de conſerver les Annales de tout ce qui s'etoit paſſé chez eux depuis ſix mille ans (1). Les Indiens de leur côté comptoient ſix mille quatre cens cinquante & un an depuis Bacchus juſqu'à Alexandre (2); & les Egyptiens prétendoient avoir l'hiſtoire chronologique de leurs Rois depuis douze à quinze mille ans, ſans compter le regne des Dieux & des Héros, qui, ſelon eux, en avoit duré dix-huit mille (3). C'étoit déjà faire remonter bien haut l'origine du monde, que de lui donner trente mille ans d'antiquité; mais cela n'approchoit pas encore de ce qu'en publioient les

(1) Voyez le Traité des *Sentimens des Anciens ſur le Monde*, *chap.* 6. *pag.* 128. *N.* (232).

(2) Voyez *ibid. pag.* 107. N. (190) & 109. N. (191).

(3) Voyez *ibid. pag.* 128. N. (232) & (233).

Chaldéens, qui, lorſqu'Alexandre paſſa en Aſie, aſſuroient qu'il y avoit déjà plus de quatre cens mille ans qu'ils obſervoient les Aſtres (4). En effet, ſelon Béroſe, Abydene & Apollodore (5), ces Peuples comptoient dix générations, ou dix Rois, depuis le commencement de leur Monarchie juſqu'au Déluge; & ils donnoient au regne de ces Princes cent vingt Sares. Or, ſelon Euſebe, le Sare Chaldéen étoit de trois mille ſix cens ans: d'où il réſulte que les Chaldéens comptoient quatre cens trente deux mille ans depuis le premier de leurs Rois juſqu'au Déluge.

Les Modernes de leur côté ont tous de concert rejetté cette antiquité extraordinaire. Il eſt vraiſemblable qu'ils ont eu raiſon de la traiter de fabuleuſe & de chimérique; mais lorſqu'eux-mêmes ont entrepris de déterminer les années du monde, ont-ils pû convenir de rien? Perſonne n'ignore les variations & les contradictions de nos plus habiles Chronologiſtes, qui depuis deux ſiecles ont pû à peine venir à bout de s'accorder entr'eux ſur la vérité de quelqu'une des époques anciennes. Cette diverſité d'opinions ſi marquée ne ſuffit-elle

(4) Voyez *ibid. pag.* 7. & *ſuiv. N.* (10).

(5) Euſebe, *in Chronic.*

pas pour prouver la vanité & l'inutilité de ces grands Ouvrages, qui leur ont coûté tant de soins & tant de veilles? Car la vérité est une; elle ne se trouve point dans la division & dans le partage. On croit pouvoir lever cette difficulté, en disant qu'il ne s'agit point du tout ici des variations ni des contradictions des Chronologistes; que s'ils varient sur certaines époques, s'ils ne conviennent pas entr'eux sur le regne de certains Princes, sur le temps où sont arrivés certains événemens mémorables, au moins s'accordent-ils tous à fixer les années du monde & sa durée; qu'en effet sur cet article il n'y a point à se tromper; que nous avons sur cela notre regle qui est certaine, & dont il ne nous est pas permis de nous écarter, & que cette regle est l'Ecriture, dont la chronologie doit servir à déterminer celle de toutes les Historiens & de tous les Peuples. Rien de plus sensé que ce raisonnement. S'il est vrai que la chronologie de l'Ecriture doive & puisse nous servir de regle dans la supputation des temps, il n'y a point à balancer; c'est-là le point fixe, d'où il faut partir pour regler toutes les époques. Il ne s'agit donc plus ici que de nous assûrer de la vérité du principe. Examinons si la chronologie de l'Ecriture est pour nous une regle si sainte, si sûre & si infaillible, que nous ne puiſſions ni nous en éloigner, ni nous tromper en la ſuivant. Voyons ſi elle ſuffit pour décider les conteſtations dans la matiere dont il eſt queſtion, & pour fixer un homme ſage. Et parce que le ſentiment de l'éternité du monde, tout inſenſé qu'il eſt, a encore de nos jours pluſieurs partiſans parmi nous, commençons par en faire voir en peu de mots toute l'abſurdité. L'Univers eſt peut être beaucoup plus ancien qu'on ne le croit communément; mais d'imaginer qu'il ſoit éternel & qu'il n'ait point eû de commencement, c'eſt le comble de l'extravagance.

§ I.

De l'Eternité du Monde.

LE monde eſt-il éternel? eſt-il vrai qu'il exiſte de toute éternité? Il n'y a point d'homme ſage que cette queſtion ne révolte, & qui ne la trouve également ridicule & déplacée. Comme c'eſt une vérité inconteſtable, que tout ce qui a commencé d'être, doit naturellement finir, de même perſonne ne doute que ce qui eſt ſujet à finir, ne doive avoir eu un commencement. Ce n'eſt point un principe imaginé par les Philosophes, assez sujets à se tromper, & à prendre pour la vérité même ce qui n'en a que l'apparence: il est dans la nature; & sur ce pied-là, parce que l'expérience nous apprend qu'il n'y a rien dans l'Univers qui ne finisse, il n'y a point aussi d'homme sensé qui ne trouve fort étrange que l'on mette en question, si ce tout, dont toutes les parties tendent manifestement à leur fin, a eu lui-même un commencement & un principe. On a beau dire qu'il ne se fait rien de rien: on accorde que la chose est impossible dans le cours ordinaire de la nature: mais vouloir borner la puissance du Créateur; vouloir le réduire comme un ouvrier ordinaire, à ne pouvoir exercer sa sagesse & son activité que sur un sujet qui existe précédemment; vouloir lui ôter le pouvoir de tirer du néant même la matiere sur laquelle dans ses decrets éternels il a résolu d'opérer; vouloir en conséquence que ce monde soit éternel, ou que la matiere dont il est formé existe de toute éternité, c'est manifestement extravaguer, puisque c'est nier la toute puissance de Dieu, & par conséquent son existence.

Cependant ce systême de l'éternité du monde, tout absurde & tout insensé qu'il est, a été le systême favori des Anciens. Les uns se le sont représenté comme subsistant de toute éternité dans l'état où nous le voyons: d'autres en supposant que sa forme présente n'a pas toujours existé, l'ont crû du moins éternel quant à sa matiere. Tous, ou presque tous, se sont accordés, comme on l'a vu (6), à supposer certains principes préexistans, sur lesquels la cause efficiente du monde avoit agi, & dont elle s'étoit servie pour le former. Il est inutile de s'arrêter ici à prouver que cette opinion des Anciens, eût-elle été généralement reçue parmi eux, ne sçauroit être d'aucun poids, d'aucune autorité, pour décider la question dont il s'agit. L'argument tiré de ce qu'ils ont crû & de ce qu'ils ont pensé ne peut faire impression tout au plus que sur l'esprit des ignorans, qui ne sçavent pas qu'il n'y a point de folies, point d'absurdités, que ces vénérables Anciens n'ayent été capables d'imaginer & d'admettre. A l'égard du sentiment en lui-même, tant d'excellentes plumes ont travaillé à le réfuter, & l'ont fait si solidement, qu'il semble qu'il y ait de la témérité à entreprendre ici de traiter la même matiere. Aussi mon dessein n'est-il point de rappeller en détail ce qu'ils ont écrit sur ce sujet; je me borne simplement à quelques réflexions que j'ai crû propres à l'éclaircir.

(6) Voyez le Traité des *Sentimens des Anciens sur le Monde*, Chap. 2. pag. 33. & *suiv.*

Du reſte, je tiens pour un temps perdu, celui qu'on employe à perſuader à des inſenſés qu'ils pèchent par le ſens commun, ou à convaincre des ſourds obſtinés, qui ont réſolu de ne pas entendre.

Examinons d'abord ce que c'eſt, ſelon les partiſans du ſyſtême que nous attaquons, que ces principes préexiſtans, dont on veut que la cauſe efficiente du monde ſe ſoit ſervie pour le former. Parmi les Anciens, ils ont été nommés atômes par les Epicuriens; c'eſt-à-dire, corps indiviſibles. Les autres les ont appellés élémens: quelques-uns ſe ſont ſervis pour les déſigner du mot général de ſemences des choſes; pluſieurs enfin ont compris toutes ces idées ſous le nom de matiere. C'eſt encore ſous ce nom qu'ils ſont connus aujourd'hui de ceux qui parmi nous ſoutiennent la même opinion; & par ce terme ils entendent une certaine matiere premiere, matiere informe, qui n'étoit d'abord ni eau, ni feu, ni terre, ni air, ni rien de tout ce que nous voyons, & qui par le mouvement a pris & peut prendre encore toutes les différentes formes, qui ſont le caractere diſtinctif de tous les êtres.

Je demanderois volontiers d'abord à ces Philoſophes, ſur quel fondement ils ont imaginé cette matiere premiere, cette matiere informe, susceptible de toutes les formes; ces élémens simples & purs, qui ne sont point les élémens dont nous nous servons, & qui par leur mélange ont servi & servent encore au développement & à l'accroissement de toutes les especes passageres qui entretiennent la scene du monde. Il ne s'agit point ici d'entrer dans la question des premiers principes des choses, ni d'examiner si pour produire les êtres différens que renferme ce vaste Univers, l'Intelligence suprême n'a pas préparé, comme quelques-uns l'ont prétendu, une multitude de natures simples, qui ne sont jamais sorties d'aucune matiere premiere différente d'elles-mêmes; qui n'ont d'autre cause immédiate de leur formation, que le Créateur; qui n'ont point passé d'un premier état à un second; qui sont invariables, indestructibles & ingénérables; & qui ne pouvant être altérées par quelque mouvement que ce soit, ni changées, ni converties en d'autres natures, ni réduites en autre chose que ce qu'elles ont toujours été, ne peuvent, par la même raison, devoir leur nature spécifique à aucune forme qui leur ait été donnée par le mouvement. Il suffit de sçavoir que soit en petit, soit en grand, l'or, le fer, le mercure & les autres métaux, la terre, l'eau, le feu, le sable, l'huile, le sel, en un mot tous les corps ſimples, quelque analyſe que l'on en faſſe, ſont toujours préciſément la même choſe: & que de quelque art que l'on ſe ſoit ſervi juſqu'ici, quelque diſſolvant qu'on ait employé, quelque gradué ou quelque violent qu'ait été le feu auquel on les a mis, quelque décompoſition qu'on en ait faite, il n'a jamais été poſſible d'en tirer la moindre parcelle de cette matiere premiere, de ces élémens ſimples dont on parle, & que l'on ne connoît que de nom. D'où il réſulte que ces natures ſont chacune à elles-même leur matiere premiere; que comme le mouvement le plus violent & le plus varié, droit, oblique, circulaire, ne peut venir à bout de les réſoudre en autre choſe que ce qu'elles ſont en effet, elles ne doivent point leur ſtructure au mouvement; & que par conſéquent il eſt ridicule d'attribuer l'origine de cet Univers à une matiere premiere, à des élémens ſimples & purs, qui n'exiſtent qu'en imagination & en idée.

D'ailleurs quand cette matiere premiere, ces élémens ſimples, ces principes préexiſtans, quels qu'ils ſoient, ſeroient auſſi réels qu'ils ſont imaginaires & chimériques, que pourroit-on en conclure? S'enſuivroit-il de-là que le Monde exiſte de toute éternité, ou que la matiere eſt éternelle? Au contraire le bon ſens ne dicte-t-il t-il pas, que tout effet suppose une cause, & tout ouvrage un Ouvrier? Ces idées sont inséparables. Une plante est sortie d'une graine sortie elle-même d'une autre plante, qui provenoit de même d'une graine qu'une troisieme plante avoit produite. De même il n'y a point d'animal qui n'ait un pere; ce pere avoit le sien, celui-ci un autre. Qu'on remonte, si l'on veut, jusqu'à l'infini: toutes les générations de la Plante aboutiront toujours, ou à une premiere Plante, ou à une premiere graine d'où toutes les autres Plantes sont sorties: comme toutes les générations de l'animal iront se réunir dans le premier animal, qui a été le pere & le principe de toute l'espece. Voudra-t-on excepter le Monde de cette regle générale? Prétendra-t-on qu'il s'est fait lui-même? Il vaudroit autant dire, qu'une montre s'est faite elle-même sans le secours d'un Horloger, & que pour se bâtir le Louvre n'a eu besoin, ni de Maçons, ni d'Architecte.

On est donc obligé pour la formation de cet Univers d'avoir recours à une premiere cause efficiente qui l'ait produit; & comme il est évident que la cause doit être antérieure à l'effet & le précéder, il semble que dès-lors on soit forcé de renoncer à l'éternité du Monde & de la matiere. Nos Matérialistes modernes n'en conviennent pas; & confondant la cause avec l'effet, à l'imitation d'Epicure leur maître, ils attribuent l'origine des choses au hazard, c'est-à-dire, selon eux, au mouvement & au concours fortuit des parties insensibles de la matiere. Ils disent, que ces parcelles ou molécules de matiere de différentes formes, qui ne sont autre chose que les atômes de Leucippe & de Démocrite, étant muës de toute éternité dans un vuide immense & infini, s'étoient enfin accrochées depuis un certain temps; que marchant les unes sur une ligne droite, les autres, sur une ligne courbe, oblique déclinante, elles s'étoient différemment pelotonnées, & avoient produit différentes formes; & que de leurs combinaisons fortuites & diverses étoient sortis le Soleil, la Lune, tous les Astres, la Terre, les Plantes & les animaux; ensorte qu'on pouvoit dire, que le hazard seul avoit fabriqué de cette même pâte le Monde & les êtres intelligens qui l'habitent.

Il n'y a point d'homme sensé qui n'apperçoive d'abord, combien ce systéme affreux renferme d'extravagances & d'absurdités. Car premierement, que l'on remonte, si l'on veut, de monde en monde jusqu'à l'infini, toujours sera-t-il vrai de dire, que l'on pourra concevoir un instant où le premier de ces Mondes n'aura point exiſté, attendant pour ſe former le concours fortuit des atômes, ou des parties inſenſibles de la matiere. On pourra donc aſſurer avec la même vérité, que le Monde n'eſt pas éternel, puiſqu'il ſera poſſible d'aſſigner un inſtant, auquel il aura commencé d'être.

D'ailleurs ce mouvement qu'on ſuppoſe de toute éternité dans la matiere, d'où peut-on imaginer qu'il lui ſoit venu? Car elle ne l'a certainement point d'elle-même; l'expérience nous apprend, que le mouvement n'eſt point du tout eſſentiel à la matiere; qu'elle eſt d'elle-même parfaitement indifférente au mouvement ou au repos; & qu'elle ne ſe remue, qu'autant qu'elle eſt miſe en mouvement par quelque cauſe extérieure & étrangere. Il n'y a donc ici que deux partis à prendre; ou de ſuppoſer gratis & ſans fondement, contre l'expérience & contre le bon ſens, que ce mouvement dans lequel on prétend que la matiere étoit de toute éternité, lui étoit propre & eſſentiel; qu'elle ne le tenoit que d'elle-même; qu'elle l'avoit en elle-même: ou bien, ſi ce ſyſtême paroît inſoûtenable, comme il l'eſt en effet, d'avoir recours à une cauſe premiere, antérieure à la matiere & plus puiſſante qu'elle, qui lui ait imprimé ce mouvement; & par conſéquent de renoncer de bonne grace à la flatteuse chimere de l'éternité du Monde & de la matiere.

Mais cet heureux hazard auquel on attribue l'origine de cet Univers, qu'est-ce que c'est, & que prétend-on que nous entendions par ce terme ? De quelque façon qu'on le définisse, ce sera certainement toujours une cause morte, impuissante, incapable de produire, je ne dis pas un monde, mais même le moindre animal ou la moindre plante. Le mouvement que quelques-uns voudroient nous faire regarder comme la cause efficiente de tous les êtres, peut bien servir à la conservation du monde; mais il ne sçauroit le produire ni le former : il fait marcher la montre; mais il ne peut pas la construire. Si c'est au hasard & au mouvement, si c'est au concours fortuit des parties insensibles de la matiere qu'on doit attribuer la formation de tout ce qui existe; s'ils ont pû produire un Ciel, un Soleil, tant d'autres Astres, une Atmosphere, une Terre, des Mers, des Plantes, des Hommes & des Animaux : pourquoi ne nous donnent-ils pas encore quelquefois, du moins de loin en loin & de temps en temps, quelques-uns de ces magnifiques spectacles? Comment le hazard & le mouvement, ces deux causes autrefois assez puissantes & assez actives pour former un Monde, n'ont-ils pû depuis que ce Monde est Monde, & ne peuvent-ils pas encore aujourd'hui produire, je ne dis pas un Chêne, un Homme ou un Eléphant, mais le moindre insecte, un Ciron, une Mite, le moindre brin d'herbe?

La sagesse qui éclate dans la formation de cet Univers, l'ordre & l'uniformité qui y regnent, le dessein si marqué qu'on remarque dans toutes ses parties, prouvent invinciblement à quiconque a des yeux, que ce n'est qu'à un être très-sage & très-intelligent qu'il peut devoir son origine. Un édifice bâti dans toutes les regles suppose beaucoup d'art & d'expérience dans l'Architecte qui en a conçu le dessein, & par les soins duquel il a été élevé; & à la vue d'un Tableau de Michel-Ange, de Raphaël ou du Poussin, on ne s'avise point de douter s'il a été fait par un Peintre habile. Cette habileté & cette industrie qui brillent dans tous les chefs-d'œuvres de l'art, & qui ont éternisé les noms de leurs Auteurs; cette même industrie qui de quelque principe qu'elle parte, se fait appercevoir dans tous les animaux, dans les plus vils insectes, dans la plus petite mite, dans le moindre vermisseau, qui marche, qui voit, qui se détourne quand on oppose à son chemin, qui cherche sa nourriture, qui mange, qui digere, qui en un mot a en petit tout ce que nous avons en grand: cette intelligence qui eſt le propre de l'homme, & qui ſemble avoir été communiquée à chaque eſpèce animale dans la proportion qui lui convient, l'attribuera-t-on à une cauſe auſſi inſenſible & auſſi aveugle, que le haſard & le mouvement? Ces opérations qui dans l'homme en particulier marquent tant de force, tant de capacité, tant d'étendue, ne ſont-elles l'effet que de l'agitation, de la réflexion, du concours & de l'union fortuite de quelques atomes, de quelques parcelles ou molécules d'une matiere ſans raiſon, ſans intelligence aucune? Dire que la matiere miſe en mouvement, & guidée par le haſard ſeul, ait pû opérer tout cela, il vaudroit autant dire, que les rochers & les forêts peuvent engendrer des Ours & des Sangliers, & que le flux & le reflux de la Mer eſt capable de produire des Dauphins & des Baleines.

L'ordre & l'uniformité qui regnent dans tout l'Univers, concourent à démontrer la même vérité, & l'abſurdité de l'opinion contraire. Ce même ordre, cette variété toujours uniforme & toujours la même que nous admirons dans les Cieux, dans le cours du Soleil de la Lune & des Planetes, dans les révolutions des autres Aſtres toujours conſtantes & invariables;

ce même ordre & cette même uniformité se retrouvent dans toute la nature. Depuis qu'on se souvient qu'il y a des hommes sur la Terre, l'air a toujours servi à leur respiration; il a toujours été pour eux le séjour de différens météores: le véhicule des sons, de la lumiere & des odeurs: la Mer n'a point cessé de fournir matiere à leurs réflexions par son flux & son reflux toujours constant & uniforme: la Terre destinée à les porter & à les nourrir, a continué sans interruption à leur rendre les mêmes services; & les Plantes qu'elle enfante de son sein, comme les animaux qui l'habitent, ont toujours été les mêmes dans leur espece. Dans ceux-ci, l'espece ovipare a toujours mis bas des œufs, d'où après un certain temps, & à l'aide d'un certain degré de chaleur, doivent sortir les petits; & l'espece vivipare n'a jamais manqué de mettre au monde des petits parfaits & tout formés. Qu'on lise les Historiens, qu'on parcoure différens Pays; on trouvera qu'à quelques légeres différences près, dans tous les temps & dans tous les lieux, les hommes ont toujours été formés sur le même moule. Qu'on avance dans la Mer au temps du reflux, on y reconnoîtra dans une multitude prodigieuse de coquillages épars sur le sable la postérité de ceux, que les Curieux conservent depuis des centaines d'années dans leurs cabinets : les peres & les enfans sont parfaitement les mêmes ; ils sont tous invariablement la copie d'un premier modele. Qu'on parcoure nos Plaines, nos Bois & nos Montagnes ; on n'y découvrira aucune Plante, dont la racine, la tige, les feuilles, les fleurs & les fruits ne soient exactement les mêmes qui se trouvent décrites dans nos Histoires naturelles, ou représentées dans les herbiers de nos Botanistes. Jamais homme ne fut le pere d'un Cheval ou d'un Eléphant ; jamais le Lion n'engendra un Pigeon ou une Perdrix ; & jamais graine de laitue ne produisit un choux, une carote ou une asperge. Dans la propagation des Plantes & des Animaux, chaque espece se perpétue toujours sous la même forme, avec les mêmes inclinations, les mêmes vertus, les mêmes propriétés. Une uniformité si constante peut-elle donc s'attribuer au hazard, & au concours fortuit de quelques parcelles de matiere ?

Il en est de même du dessein si marqué, que l'on ne peut s'empêcher d'appercevoir dans toutes les parties de la Nature. Pour peu qu'on les considere avec attention, il est impossible de ne pas convenir, que toutes sont formées pour un certain usage, & que celles mêmes dont les actions semblent être contraires, ſont deſtinées à concourir admirablement au bien & à la conſervation du tout. Si l'œil eſt fait pour voir, le Soleil n'a-t'il pas été formé pour l'éclairer? Si l'oreille eſt faite pour entendre, l'air n'a-t'il pas été deſtiné à porter juſqu'à elle par ſes vibrations les ſons ſans leſquels cet organe ſeroit inutile. Ce que les pluies ont humecté, l'air & le Soleil le ſéchent. Le feu échauffe par ſa chaleur ce que le froid a glacé; & l'eau éteint le feu, lorſque devenu trop violent, il brûle & peut cauſer un incendie. Il n'y a point de partie dans l'Univers, quelque vile, quelque accidentelle à la nature que l'on puiſſe l'imaginer, qui ne ſoit néceſſaire à ſa conſervation & à ſon entretien, & dont il puiſſe ſe paſſer, ſans perdre quelque choſe de ſes avantages ou de ſa beauté. Si nous n'en appercevons pas toujours la deſtination, ce que nos foibles lumieres nous laiſſent entrevoir doit nous convaincre, que dans ce que nous ne voyons point il n'y a pas un deſſein moins formé & une utilité moins réelle. Une fin ſi marquée ſera-t'elle donc encore une production du hazard? Celui qui ne voit point aura donc formé l'œil; & la ſtructure merveilleuſe de l'oreille ſera l'ouvrage d'une matiere ſourde & inſenſible? Non; & tant qu'on ne voudra pas renoncer abſolument au ſens commun, il ſera toujours vrai de dire, que quelques combinaisons que l'on puisse imaginer dans la matiere, pour agir avec tant de vûe & tant de dessein, pour se diversifier en tant de formes, pour se prêter & s'accommoder à tant de propriétés différentes, & ne jamais s'y tromper, il faut qu'elle ait eû l'intelligence même en partage.

C'est-là en effet le dernier retranchement des Matérialistes. Instruits par leurs maîtres Epicure & Spinosa, ils ne se sont pas contentés de faire de la matiere contre toutes les lumieres du bon sens & de la raison la cause premiere de tous les êtres, un être éternel & nécessaire, c'est-à-dire, qui existe nécessairement de toute éternité, parce qu'il n'a pas pû ne pas exister toujours: ils l'ont encore érigée en divinité, en lui communiquant libéralement le don de sagesse & d'intelligence. J'ai déjà averti qu'il étoit inutile de parler à des sourds, & de s'amuser à vouloir convaincre des gens qui sont déterminés à ne pas entendre. D'ailleurs, je crois fort peu nécessaire pour l'instruction du Lecteur, que je m'arrête ici à examiner si la matiere est capable de penser, ou si elle ne l'est pas. Je n'ai donc qu'un mot à répondre à ces Philosophes sublimes, qui veulent en faire un être intelligent. Vous blâmez Descartes & les Cartésiens, leur dirai-je, d'avoir osé prétendre que la matiere est incapable de penser, parce que, selon vous, nous n'avons aucune idée de la pensée & de l'esprit, & que nous n'en avons qu'une fort imparfaite de la matiere, dont nous ne pouvons nous flatter de connoître toutes les propriétés essentielles: en cela peut-être n'avez-vous pas tort. Mais quand vous soûtenez vous-mêmes que cette même matiere aveugle & muette, telle que nous la connoissons, & dont, de votre aveu, nous ne connoissons que cela, est douée de connoissance, de sagesse & de sentiment, sur quel fondement osez-vous avancer une opinion aussi hardie? D'où le sçavez-vous? Quelle preuve en avez-vous? Et s'il est vrai que vous n'en ayez aucune, comme il n'y a pas lieu d'en douter, n'est-ce pas une témérité extrême, d'oser vous persuader & d'oser vous flatter de persuader jamais aux hommes un si étrange partadoxe?

Reprenons, & concluons. On remarque dans la construction & dans le gouvernement de cet Univers tant de sagesse & d'intelligence, un dessein si marqué dans son tout & dans chacune de ses parties, un ordre si constant, une uniformité si réguliere & si invariable, qu'il faut avoir renoncé à toutes les lumieres de la raison, pour en attribuer l'origine à tout autre qu'à un être souverainement sage & intelligent.

Or il eſt de la derniere abſurdité de penſer que la matiere, le hazard, le mouvement, le concours fortuit de quelques atômes, puiſſe jamais agir avec intelligence & avec ſageſſe, avec deſſein, avec vûe, avec ordre & uniformité. Donc il eſt également abſurde & extravagant d'imaginer avec les Epicuriens anciens & modernes, que la matiere & le hazard ayent pû être la cauſe efficiente du Monde; donc le Monde n'eſt point éternel.

§. II.

De la Chronologie de l'Ecriture, & de ſon autorité.

LE monde n'eſt pas éternel; il eſt également abſurde & extravagant de le penſer. Il a donc commencé d'être; mais eſt-il poſſible de fixer le moment précis de ſon origine? Peut-on compter le nombre de ſes années, & déterminer ſûrement combien il y a de temps qu'il exiſte? Les Anciens ne l'ont jamais crû; perſonne d'entr'eux ne l'a tenté: tous ont été perſuadés que les premiers temps dont la formation a été ſuivie, étoient remplis de tant d'obſcurité & couverts de ténebres ſi épaiſſes, qu'il étoit abſolument impoſſible de remonter juſqu'au premier inſtant de ſon exiſtence. Les Juifs plus hardis, comme nous l'avons vû (7), furent les premiers & les ſeuls qui entreprirent de fixer l'époque de ſon commencement. Les autres Nations eurent beau condamner leur entrepriſe, & la traiter de téméraire : fondés ſur l'autorité de leurs Ecritures, ils prétendirent pouvoir aſſigner le moment précis où il avoit été formé ; & les premiers Chrétiens pleins de vénération pour ces mêmes Ecritures, en admettant la Chronologie des Juifs, adopterent en même temps toutes leurs idées ſur l'origine de cet Univers. Depuis ce temps-là, la Chronologie de l'Ecriture a été la regle que nos Chronologiſtes ont inviolablement ſuivie : ils l'ont regardée comme le point fixe, dont ils devoient partir pour compter les années de la durée du monde, & dont il ne leur étoit pas permis de s'écarter. Ont-ils eu tort ? ont-ils eu raiſon ? Leur opinion ſur cet article eſt-elle bien ou mal fondée ? C'eſt ce qu'il eſt à propos d'examiner.

J'avoue qu'il ſemble y avoir de la témérité, à oſer ſeulement paroître révoquer en doute la vérité d'un ſentiment univerſellement reçu

(7) Voyez le Traité des *Sentimens des Anciens ſur le Monde*, *Chap. 2, pag. 65. & ſuiv.*

par tout ce qu'il y a de plus grands génies, par tout ce que nous connoiſſons de plus reſpectable, de plus ſçavant & de plus habile. Sans parler des Scaliger, des Petau, des Marsham, des Uſſerius, & de tant d'autres Ecrivains célebres parmi les Modernes, la Chronologie de l'Ecriture a été ſuivie, reſpectée, canoniſée, pour ainſi dire, par toute l'Antiquité Chrétienne, par tous les Peres & les Ecrivains Eccléſiaſtiques. Je le ſçais; & a Dieu ne plaiſe que j'aye deſſein de manquer en rien au reſpect que je dois à mes Docteurs & à mes Maîtres. Mais l'expérience du paſſé ne devroit-elle pas peut être nous rendre ſages pour l'avenir; & cette même expérience ne nous apprend-elle pas, que les opinions les plus généralement répandues & les mieux autoriſées ne ſont pas toujours les plus exactement vraies; que les Peres mêmes les plus reſpectables & les plus habiles, ont eu quelquefois des ſentimens, qui quoiqu'aſſez généralement reçus & approuvés de leur temps, ſont aujourd'hui proſcrits, & regardés comme peu conformes ou à la vérité, ou même à la doctrine orthodoxe; qu'au contraire ces mêmes Peres, ces mêmes Ecrivains Eccléſiaſtiques ont quelquefois regardé pendant long-temps avec toute l'Egliſe, comme des rêveries ou comme des erreurs, des vérités, dont l'évidence a été depuis démontrée (8); qu'en un mot, comme dans tout ce qui n'eſt pas de foi, les hommes les plus pieux, les plus ſaints & les plus ſçavans peuvent ſe tromper, il eſt permis auſſi d'examiner ce qu'ils ont penſé, & d'en faire voir la fauſſeté, lorſque l'on a de juſtes raiſons de croire qu'ils ſe ſont écartés de la droite route. Pour moi, je déclare que je ne vais pas ſi loin, & que je n'entreprens dans ce Chapitre, ni de réfuter perſonne, ni d'établir aucun ſyſtême. Mon deſſein n'eſt point de décider de la vérité du ſentiment qui fait de l'Ecriture notre unique regle pour la Chronologie: je propoſe ſeulement mes doutes, mes vûes & mes conjectures.

Poſons d'abord un principe certain, dont nous convenions tous: c'eſt que l'Ecriture eſt la regle de notre foi dans tout ce qui concerne le dogme & la morale; que c'eſt le flambeau qui doit nous guider; que hors d'elle il n'y a que ténebres & qu'erreur; & qu'étant inſpirée de Dieu, étant la pure parole de Dieu, nous devons l'écouter avec reſpect, & la ſuivre comme la vérité même. Mais doit-elle avoir la même autorité en ce qui regarde la Chrono-

(8) Voyez entr'autres ce qui a été dit au ſujet des Antipodes dans le Traité des *Sentimens des Anciens ſur le Monde*, *Chap.* 4. *pag.* 105. *& ſuiv.*

logie? Il seroit inutile de consulter là-dessus un Indien ou un Chinois, qui ne regarderoient les Livres sacrés que comme un recueil des Annales particulieres de la Nation Juive, & qui n'auroient pas pour eux plus de considération que pour une histoire ordinaire de tout autre peuple. On n'avanceroit pas beaucoup plus en proposant la même question à quelqu'un de ces Rabbins fanatiques, qui par un respect outré & superstitieux pour l'Ecriture, non content de la croire inspirée de Dieu quant aux choses qu'elle contient & qu'on y lit, voudroit encore étendre le même privilege jusqu'au style, jusqu'aux mots, aux syllabes, aux points & aux virgules. Les premiers ne reconnoissant aucune inspiration divine dans les Ecrivains sacrés, leur donnent trop, en attribuant à l'homme seul tout ce qu'on lit dans leurs écrits: celui ci leur donne trop peu, en voulant étendre l'inspiration jusqu'aux choses, qui certainement ne leur ont point été inspirées. L'Eglise & les Théologiens Catholiques tiennent une conduite plus sensée, en distinguant sagement dans l'Ecriture ce qui vient de Dieu, & ce qui est purement de l'homme; ce qu'on ne doit attribuer qu'à l'Ecrivain, & ce qui lui ayant été dicté par le Saint-Esprit, doit être respecté comme une inspiration

inſpiration divine. Dans tout ce qui eſt de lui, l'homme peut ſe tromper; au lieu de rendre ſes vrais ſentimens, il peut accommmoder ſon ſtyle & ſes expreſſions à la portée, à la façon de penſer de ceux à qui il parle, & qu'il veut instruire. Dans tout ce qui vient de Dieu, il n'y a ni erreur à craindre, ni ménagement à attendre: tout eſt vrai; il ne reſte qu'à écouter & à ſe ſoumettre. En partant de ce principe, la queſtion que j'ai propoſée ſe réduit à ſçavoir ſi la Chronologie de l'Ecriture eſt inſpirée ou non, puiſque ſi elle l'eſt, nous convenons tous qu'elle doit faire notre regle. Il ne m'appartient point d'entreprendre de décider ici une queſtion auſſi importante; je me contenterai de faire à ce ſujet deux réflexions, qui pourront ſervir à éclaircir cette matiere.

I. Perſonne n'ignore combien les Rabbins ont défiguré l'hiſtoire des anciens Patriarches. Ils en ont fait des contes auſſi romaneſques & auſſi puériles, que ceux de Peau-d'Ane ou du Petit-Poucet. Cependant tout abſurdes & tout ridicules qu'ils ſont, ils ne laiſſent pas d'avoir été adoptés par quelques-uns de nos Ecrivains; & nous ne voyons point qu'ils en ayent été repris, quoique ces récits fabuleux n'ayent aucun fondement dans les Livres ſacrés, & que quelquefois même ils ſoient contraires à ce qu'on y lit. Voici entr'autres ce que nous raconte ſur la foi de Maimonide, d'Abraham & de ſon pere Tharé, un Auteur moderne, certainement très-ſçavant, & des plus verſés dans la connoiſſance des Langues Orientales.

„ Tharé, dit-il (9), ſelon le Livre de Joſué, étoit Idolâtre, & ſelon tous les Orientaux, il eſt un des Auteurs de l'Idolâtrie. „ Lors donc que ſa femme *Thit*, attachée à „ la véritable Religion, le vit par politique „ ou autrement donner dans des cultes Idolâtres, outre les déplaiſirs qu'il lui cauſoit peut-„ être d'ailleurs, elle ſe crut obligée de s'élever contre lui. Diviſion dans la famille. „ Quelques-uns de ſes enfans s'attachent à leur „ pere ; d'autres s'en ſéparent. Eſt-il quelque „ modération dans les guerres de Religion? „ L'Ecriture ne dit rien de ces combats domeſtiques ou publics ; mais oſons conjecturer „ qu'il y en eut, & de violens. Abraham paroît avoir été un homme paiſible, mais brave. Il étoit amateur des ſciences, ſelon „ ce qu'en diſent les Anciens. Si l'on s'en „ rapporte à toutes les Traditions Orientales,

(9) M. Fourmont l'aîné, *Réflexions ſur l'Origine, l'Hiſtoire & la Succeſſion des anciens Peuples*, Tom. 1. *Liv.* 2. *Sect.* 3. Chap. 4.

„ il étoit tous les jours fatigué par mille alter-
„ cations avec ſon pere, ſes freres, ſes com-
„ patriotes. Dieu pour le conſerver, lui, la
„ Religion, les ſciences, &c. lui inſpira le
„ deſſein de ſortir de la Chaldée. L'Ecriture
„ dit qu'il avoit avec lui Tharé; mais Tharé
„ étoit alors décrépit; & qui ſçait s'il étoit
„ avec Abraham de bon gré? Voici donc ce
„ que l'on peut penſer."

L'Auteur raconte enſuite comment *Thit*, c'eſt-à-dire, la femme de Tharé, mere d'Abraham, déclare une guerre ouverte à ſon mari, met Abraham dans ſon parti, le fait ſortir d'Ur, ſon pays natal, où par l'invention des Arts il s'étoit rendu fort conſidérable, & enfin le mene à Charan, où il devient un Roi très-puiſſant pour ces temps-là. M. Fourmont avoue que l'Ecriture ne dit rien, ni de ces démêlés d'Abraham avec ſa famille, ni de ſa prétendue Royauté à Charan, ni des diſputes de Religion qu'il eut à ſoutenir dans la Chaldée contre ſes compatriotes, ni du danger qu'il courut d'y être mis à mort à cauſe de ſon zele pour le culte du vrai Dieu, par le Roi Idolâtre qui régnoit alors dans ce pays. Il reconnoît, dis-je, que l'Ecriture ne parle point de tout cela. N'importe; il croit que toute abrégée qu'elle eſt, elle repréſente les mêmes faits, lorſqu'elle eſt jointe aux Traditions Orientales. C'eſt ſur la foi de ces prétendues Traditions, ou peu conformes, ou même ſouvent tout-à-fait oppoſées à l'idée que le Texte ſacré nous donne de ce Patriarche, que cet Auteur s'éleve contre ceux de nos Ecrivains qui rejettent comme fabuleux tout ce récit des démêlés d'Abraham avec les Chaldéens ſes compatriotes, prétendant même mettre la certitude de l'avanture de la fournaiſe, où les Rabbins diſent que le Patriarche fut jetté par les Idolâtres, en parallele avec celle du ſupplice de nos Martyrs (10). „ Lorſque, dit-il, l'on ré-„ voque en doute une telle hiſtoire, ſonge-„ t'on aux événemens de nos jours, & à plu-„ ſieurs qui ont précédé? Penſe-t'on même „ à nos Martyrs, ſoit des premiers temps du „ Chriſtianiſme, à Rome & dans la Grece, „ ſoit de notre ſiecle, au Japon & ailleurs? „ On peut donc mettre, conclut-il, au nom-„ bre des vérités hiſtoriques, ces guerres de „ Religion, dont nous parlent les Orientaux."

Voilà donc les Traditions Orientales & Rabbiniques miſes par M. Fourmont, non-ſeulement au nombre des vérités hiſtoriques, mais même en parallele avec les faits rapportés par

(10) Ibid. *Sect.* 4. *Chap.* 12.

les Livres ſaints, malgré le ſilence qu'ils gardent ſur ces Traditions, & quoiqu'ils ſemblent même quelquefois les contredire. Or ſi en écrivant les faits hiſtoriques rapportés dans l'Ecriture, les Auteurs ſacrés ont été inſpirés, ſi le Saint-Eſprit a conduit leurs plumes; en un mot ſi les récits hiſtoriques qu'elle renferme, ſont la pure parole de Dieu, je demande, s'il peut être jamais permis d'en retrancher ou d'y ajouter? Au contraire, ſi l'on permet d'ajouter à ces faits, d'en retrancher, de les interprêter & de les expliquer à ſa fantaiſie, comme M. Fourmont le fait ici, & comme l'ont fait pluſieurs autres Ecrivains Catholiques qu'on pourroit citer, n'eſt-ce pas une preuve, ou du moins un aveu tacite, que les Livres hiſtoriques de l'Ecriture n'exigent qu'une foi humaine, & une créance ordinaire?

Cette réflexion tirera une nouvelle force des obſervations ſuivantes. Il eſt dit formellement dans l'Eccléſiaſtique (11), que Samuël mourut, & qu'après ſa mort il déclara & fit connoître à Saül que la fin de ſa vie étoit proche; qu'il éleva ſa voix du fond de la terre, & prophétiſa pour détruire l'impiété de la Nation. Voilà une apparition de Samuël rapportée en termes

(11) *Cap.* 46. *vers.* 23.

bien clairs & bien précis. Cependant les Peres & les Commentateurs ſont fort partagés ſur ſa réalité. Les uns la croyent, d'autres la nient, & ne penſent pas pour cela s'éloigner du reſpect dû à la divinité de l'Ecriture. Il en eſt de même de l'hiſtoire de Jephté & de ſon vœu. Nicolas de Lyra, Pagnin, Vatable, Munſter, Eſtius, Grotius, Urbain Chevreau & pluſieurs autres ont crû qu'il n'avoit point ſacrifié ſa fille; mais qu'il l'avoit dévouée au culte des Autels, avec l'obligation de garder une perpétuelle virginité. Au contraire, S. Ambroiſe, S. Jérôme, S. Auguſtin, S. Jean Chriſoſtôme, Théodoret, S. Thomas, & la foule des Commentateurs, prétendent qu'elle fut égorgée & brûlée enſuite, pour accomplir le vœu de ſon pere. On pourroit citer cent autres traits de cette nature. Or, que peut-on penſer de cette liberté, que les Peres & les Interprêtes ſe ſont donnée, d'entendre & d'expliquer à leur gré les faits les plus clairs rapportés dans l'Ecriture? N'eſt-il pas naturel d'en conclure qu'ils euſſent été plus réſervés, s'ils l'avoient regardée comme devant être notre regle dans le récit des événemens & des vérités hiſtoriques? Paſſons à quelque choſe de plus marqué.

II. Tout le monde ſçait qu'avant Copernic l'opinion commune étoit que *la terre immobile* occupoit le centre du monde, & que les Planetes, au nombre desquelles on mettoit le soleil, tournoient autour d'elle. Ce systême est clairement établi dans l'Ecriture (12) : il y est appuyé par deux faits même rapportés en termes si formels & si précis, qu'ils ne semblent pas pouvoir être expliqués dans le sentiment contraire. Les voici.

Les petits Rois de la Palestine alarmés de l'alliance que Josué avoit faite avec les Gabaonites, résolurent de s'unir entr'eux, pour prévenir les suites qu'elle pouvoit avoir à leur préjudice. Cinq des principaux se liguerent, & allerent mettre le siége devant Gabaon. Josué instruit de l'extrémité où ses Alliés étoient réduits, prit l'élite de son Armée, marcha toute la nuit, attaqua les Ennemis dès le matin sans leur donner le temps de se reconnoître, en tailla en pieces la plus grande partie, & mit le reste en déroute. Ils fuyoient dans la Vallée de Bethoron, lorsque le Seigneur fit pleuvoir sur eux une grêle de pierres, qui en tua un nombre infini. Alors Josué dit (13) : „ Soleil, „ arrête toi vis-à-vis de Gabaon : Lune, n'a„ vance pas contre la Vallée d'Aïalon ; & le „ Soleil & la Lune s'arrêterent jusqu'à ce que

(12) *Terra autem in æternum stat.*

(13) Josué, *cap.* 10. *vers.* 13.

„ le Peuple du Seigneur ſe fût vengé de ſes „ ennemis." Le Prophete Habacuc dit auſſi poſitivement, qu'en cette occaſion le Soleil & la Lune s'arrêterent dans leur demeure (14); & l'Auteur de l'Eccléſiaſtique parlant de Joſué: „ Le Soleil, dit-il (15), ne s'eſt-il pas ar„ rêté dans ſa colere; & un jour n'a-t-il pas „ été auſſi long que deux autres?" Venons au ſecond fait.

Le Roi Ezéchias étant tombé malade, n'attendoit plus que la mort, ſuivant la prédiction qu'Iſaïe lui en avoit faite de la part de Dieu (16), lorſque le Seigneur touché des prieres & des larmes de ce Prince, ordonna au Prophete de retourner lui annoncer qu'il le guériroit, & que ſes jours étoient prolongés de quinze années. „ Et quel ſigne me donnerez„ vous, lui dit Ezéchias, qui puiſſe m'aſſurer „ de cette guériſon? Voulez-vous, répondit „ Iſaïe, que l'ombre du Soleil s'avance de dix „ lignes, ou qu'elle retourne en arriere d'au„ tant de degrés? Il eſt aiſé, répartit le Roi, „ que l'ombre s'avance de dix lignes: ce n'eſt „ pas là ce que je veux, mais qu'elle recule de

(14) *Sol & Luna ſteterunt in habitaculo ſuo.* Habac. cap. 3. vers. 11.

(15) *Annon in iracundiâ ejus impeditus eſt ſol, & una dies facta eſt quaſi duo?* Eccleſiaſtic. cap. 46. vers. 5.

(16) IV. Reg. *cap.* 20. *verſ.* 1.

„ dix degrés." Iſaïe pria le Seigneur ; & l'Ecriture dit expreſſément, que le Soleil qui avoit déjà paſſé dix lignes, recula en arriere de dix degrés (17). Le fait eſt confirmé par l'Auteur de l'Eccléſiaſtique, qui parlant de ce prodige, dit que ſous le regne d'Ezéchias, le Soleil recula en arriere, & prolongea les jours de ce Prince (18).

Voilà des faits bien marqués, des paſſages bien formels & bien précis en faveur de l'ancien ſyſtême, qui place la Terre immobile au centre du Monde, & qui fait tourner le Soleil autour d'elle. L'Ecriture dit en termes très-clairs & qui ne ſouffrent point d'équivoque, que le Soleil s'arrêta, qu'il recula en arriere ; & elle le repete en plus d'un endroit. Cependant perſonne n'ignore qu'après avoir eſſuyé d'abord quelques contradictions, le ſyſtême de Copernic dans lequel la terre tourne autour du Soleil, & qui fait de cet Aſtre le centre & le mobile de cet Univers, a enfin pris le deſſus, qu'il eſt aujourd'hui le ſeul que ſuivent nos Aſtronomes & nos autres Ecrivains, & qui ſoit ſoûtenu dans toutes les Ecoles Chrétiennes.

(17) *Et reverſus eſt ſol decem lineis per gradus quos deſcenderat.* Iſa. cap. 28. verſ. 8.

(18) *In diebus ipſius* (Ezhec.æ) *rentrò redit ſol, & addidit vitam regis.* Eccleſiaſtic. cap. 48. verſ. 26.

Qu'en peut-on conclure, sinon que pour la Physique, comme pour le détail Historique des événemens, l'Ecriture n'est pas apparemment notre seule & unique regle.

De ce que nous avons dit jusqu'ici il s'ensuit, que malgré le respect que l'on doit à l'Ecriture, les Peres eux-mêmes, les Interprêtes, les Commentateurs & les Ecrivains les plus Catholiques ont reconnu, qu'elle contenoit beaucoup de choses, qu'on pouvoit croire n'avoir point été inspirées; qu'en conséquence ils n'ont point fait difficulté de s'en écarter en divers points, même d'en ôter, d'y ajouter, de l'expliquer, de l'interprêter, de l'accomoder à leurs vûes & à leurs idées selon le dessein qu'ils se proposoient; qu'ils se sont donné cette liberté sur-tout en ce qui regarde le détail des événemens; & que l'Eglise elle-même ne trouve pas mauvais, n'empêche point que nous nous éloignions de ce qu'elle nous apprend au sujet du systême du Monde. Mais si l'on peut penser, que dans ces deux articles elle n'est point la regle de ce que nous devons croire; s'il est permis d'imaginer, que les Ecrivains Sacrés n'ayent point été inspirés à cet égard, qu'ils ayent pû se tromper, ou accommoder leur style & leurs expressions à la maniere de penser du Peuple pour lequel ils écrivoient; s'il est vrai de dire, que l'eſprit de Dieu qui les animoit, qui les éclairoit, qui les guidoit, vouloit faire des hommes de parfaits adorateurs, & qu'il ne s'étoit nullement propoſé d'en faire des Hiſtoriens exacts, ou des Phyſiciens habiles; ſi, dis-je, il eſt permis de penſer de la ſorte, ſeroit-il défendu de croire, qu'il n'a pas non plus eu en vûe de faire de nous de grands Chronologiſtes; & que les Auteurs Sacrés n'ayant pas toujours été, ou n'ayant pas toujours crû devoir être fort exacts dans la Phyſique & dans l'Hiſtoire, ils ne l'ont peut-être pas été davantage dans la date des différentes époques & dans le calcul des années du Monde? Je laiſſe à de plus ſçavans que moi le ſoin d'en décider; j'ai déjà averti, qu'il ne m'appartenoit point de prononcer ſur une matiere auſſi délicate. Du reſte je crois que l'on conviendra ſans peine avec moi, que de tout ce qu'on vient de lire il réſulte évidemment, qu'il n'eſt pas encore bien décidé que pour fixer la durée du Monde, la Chronologie de l'Ecriture ſoit l'unique regle que nous devions ſuivre.

§. III.

Si l'Ecriture est un guide sur, fidele & suffisant pour fixer la Chronologie.

ELLE ne peut l'être, si comme je viens de le montrer, il n'est pas bien sûr qu'il ne nous soit pas permis de nous en écarter dans la recherche des vérités Chronologiques. Mais sur ce principe on ne manquera pas de demander comment donc il s'est pû faire que les Peres, les Ecrivains Ecclésiastiques, & après eux nos Chronologistes se soient tous accordés à la suivre, comme le guide le plus assuré que nous eussions pour fixer la Chronologie? On peut en apporter deux raisons assez plausibles. La premiere se tire du respect que l'on a toujours eu, & que l'on ne doit jamais cesser d'avoir pour les Livres Sacrés. Les premiers Chrétiens, comme nous l'avons dit, en recevant des Juifs les Ecritures qui prouvoient la venue du Messie, la Divinité de Jesus-Christ & la vérité de la Religion, adopterent en même temps toutes leurs idées sur la maniere de compter les années du Monde, & sur l'époque de son commencement. Leur extrême vénération pour les Livres Saints ne leur permit pas d'examiner, si cette maniere de compter étoit juſte, & ſi on pouvoit la prendre pour regle ſans craindre de s'égarer. Les Juifs ſuperſtitieux revendiquoient juſqu'aux minuties, juſqu'aux accens de l'Ecriture : les premiers Chrétiens les imiterent, & par un zele outré ſe firent un ſcrupule de s'écarter le moins du monde d'un calcul qu'ils regardoient comme ſacré. Cela eſt ſi vrai, que comme les Juifs ſuivoient alors la Chronologie des Septante, c'eſt auſſi la ſeule que les Peres ayent employée, & qui ait été reçue dans les premiers ſiecles de l'Egliſe ; & delà vient, comme on l'a vû (19), que les premiers Chrétiens judaïſans ſe tromperent ſi lourdement ſur l'époque de la fin du Monde, qu'ils s'imaginerent être fort proche.

Mais on peut dire qu'une des plus fortes raiſons qui les engagerent à adopter la Chronologie de l'Ecriture, fut le chimérique & le fabuleux qu'ils crurent remarquer dans celle de tous les autres Peuples. Les Hiſtoires anciennes qu'ils avoient entre les mains, ou ne leur apprenoient rien ſur la durée de cet Univers, ou faiſoient remonter ſon origine juſqu'à des temps ſi reculés, qu'à force d'en exagérer l'Antiquité, elle ceſſoit d'être vraiſemblable. Les Annales

(19) Voyez le Traité des *Sentimens des Anciens ſur le Monde*, *Chap.* 3. *pag.* 81 & *ſuiv.*

des Egyptiens & des Chaldéens ne leur offroient que des trente mille, des cent mille, des quatre cens mille ans: ces calculs outrés les effrayoient ; & ils leur sembloient si disproportionnés avec celui des Livres Saints, qu'il leur paroissoit impossible de les concilier. Avoient-ils tort de penser ainsi? Que l'on en juge par les travaux de nos plus fameux Chronologistes, qui ayant entrepris cette conciliation, peuvent à peine en venir à bout à force d'étymologies outrées & assez souvent visiblement fausses, & de suppositions purement arbitraires & toutes gratuites (20). Les premiers Peres moins habiles peut-être, mais certainement plus sensés en cela que quelques-uns de nos Modernes, désespérant de réussir dans un projet si difficile, en étoient d'autant plus portés à rejetter ces Chronologies imaginaires, qui ne leur présentoient d'ailleurs aucune liaison, aucune suite, & à s'attacher à celle de l'Ecriture. Celle-ci plus sensée & plus raisonnable dans le nombre des années qu'elle semble attribuer à la durée du Monde, leur paroissoit par cet endroit avoir, ou plus de vérité, ou du moins plus de vraisemblance: ils la trouvoient outre cela plus

(20) Voyez entr'autres sur ce sujet l'Ouvrage de M. Fourmont intitulé: *Réflexions sur l'Origine, l'Histoire & la Succession des Anciens Peuples, &c.*

ſuivie pour la ſucceſſion des faits & l'ordre des événemens. Ils crurent enfin qu'elle leur ſuffiſoit, pour fixer les grandes, les principales époques. Eurent-ils raiſon de le penſer? Je hazarderai encore ici ſur ce ſujet deux ou trois réflexions, qui termineront tout ce que j'ai à dire ſur la Chronologie de l'Ecriture.

Les Peres des quatre premiers ſiecles avoient un avantage bien marqué ſur nos Chronologiſtes modernes. Comme la Verſion des Septante étoit alors la ſeule, ou à peu près la ſeule qui fût reçue dans l'Egliſe, on n'avoit point auſſi pour l'Ecriture d'autre Chronologie que la leur. Tous les Peres la ſuivoient; & comme ils partoient tous du même principe, ils pouvoient eſpérer de s'accorder.

Il n'en eſt pas de même de nos Chronologiſtes modernes. Ils ſe trouvent partagés entre trois textes, l'Hébreu, le Samaritain & les Septante; & le différent calcul de ces trois textes cauſe entr'eux des différences, non d'un an, ou même d'un ſiecle, mais ſouvent d'un ou de pluſieurs milliers d'années. Il s'agit de ſçavoir quel eſt le texte que l'on doit ſuivre: ils ſe battent là-deſſus, ſans qu'aucune autorité ſe mette en peine de les accorder; & il faut convenir qu'il n'eſt pas aiſé de le faire. Le texte Hébreu de la Maſſore abrege trop les temps;

il ne compte qu'environ 4000 ans depuis Adam jusqu'à Jésus-Christ: mais c'est le texte original; & par cet endroit quelques Hébraïsans s'y tiennent *mordicus*, & ne céderoient pas à l'évidence même. L'Hébreu Samaritain donne plus d'étendue à la durée du monde; mais il est moins correct, dit-on, que l'Hébreu de la Massore. Cependant il ne laisse pas d'avoir ses partisans; & le Pere Morin de l'Oratoire entr'autres a fait tous ses efforts pour détruire celui-ci, & pour élever sur ses ruines l'autorité du texte Samaritain. Enfin la Version des Septante, qui fait remonter l'origine du Monde jusqu'à 6000 ans ou environ avant Jésus-Christ, outre son antiquité, outre le privilege qu'elle a d'avoir été suivie pour la Chronologie par tous les anciens Peres, compte encore parmi nos Modernes un très-grand nombre de Sectateurs, & entr'eux plusieurs noms illustres, tels que Genebrand, Vossius, le Pere Pezron, &c. Pour ne point fatiguer le Lecteur, par des discussions Chronologiques, je vais lui représenter ici en abrégé la différence des trois calculs par rapport à la vie des anciens Patriarches, qui ont vécu depuis Adam jusqu'au Déluge.

ANNÉES DES PATRIARCHES,

Depuis Adam jusqu'au Déluge.

		ans.
Selon le Texte Hébreu,		1656.
Selon le Texte Samaritain,		1307.
Selon les Septante	Dans Eusebe,	2242.
	Dans Josephe,	2256.
	Dans Jule-Africain, S. Ephiphane, Le Pere Petau,	2262.

On voit par cette Table abrégée, que dans ces trois calculs, qui regardent seulement les temps qui ont précédé le Déluge, le Texte Samaritain abrege les années du monde de trois cens quarante-neuf ans, & que la Version des Septante les allonge au contraire de près de six cens ans, ou, si l'on veut, de cinq cens quatre-vingt-six années. Ces différences, comme on voit, ne sont pas petites. Six cens ans avant le Déluge, & quatorze ou quinze cens ans après de plus ou de moins, font sans doute un arrangement bien différent dans l'ordre des faits, dans la succession des événemens, & dans la date des principales époques de l'Histoire ancienne; & pour nous en tenir à la question dont il s'agit ici, on avouera que deux mille ans de plus ou de moins font un objet dans l'antiquité du Monde. Dans ces différences de calculs si marquées, quel parti prendre? Les uns suivent opiniâtrément le Texte Hébreu; d'autres tiennent pour le Texte Samaritain, & plusieurs se déclarent pour la Version des Septante. Pourquoi? parce qu'il leur plaît: disons mieux; parce que l'un ou l'autre de ces calculs convient & s'accommode mieux à leurs desseins, à leurs vûes, à leurs idées, & souvent à leurs préjugés. Le Texte Hébreu a pour les uns son *originalité*; pour les autres les Septante ont leur droit acquis par l'usage constant qu'en ont fait Jésus-Christ, les Apôtres & tous les Peres des premiers siecles. Dans ces perpléxités, quelle autorité nous décidera? Aucune: le seul Tribunal infaillible établi par Jésus-Christ pour fixer nos doutes, garde un profond silence sur ces matieres; d'où il résulte, qu'en supposant même dans la Chronologie de l'Ecriture toute l'autorité de la parole de Dieu, elle n'est pas suffisante pour mettre fin à nos incertitudes, & pour nous guider dans la recherche des vérités chronologiques.

Que seroit-ce, si entrant dans un examen plus détaillé de la Chronologie sacrée, j'entreprenois de faire voir, qu'indépendamment de la différence des Textes, on n'y trouve en effet aucune liaison, aucune suite, & que nos

Chronologiſtes ſont obligés d'y ſuppléer par des calculs & des ſuppoſitions purement arbitraires. De-là leurs variations & leurs différences infinies, chacun d'eux cherchant à racourcir ou à allonger les temps, ſelon qu'il convient à ſon deſſein & à ſon ſyſtême. Veut-on en voir un exemple bien marqué? qu'on jette les yeux ſur les deux Tables qui ſuivent: elles repréſentent en abregé les calculs de nos plus fameux Chronologiſtes, le Chevalier Marsham & le Pere Pezron, par rapport aux années écoulées depuis le Déluge juſqu'au retour de la captivité de Babylone.

Selon Marsham.

Du Déluge à la Vocation d'Abraham, 426 ans.

De la Vocation d'Abraham à la ſortie d'Egypte, 430 ans.

De l'Exode à la fondation du Temple, 480 ans.

La durée du Temple, 400 ans.

La Captivité, 70 ans.

Total 1806 ans.

Selon le Pere Pezron.

Du Déluge à la Vocation d'Abraham, 1257 ans.

De la Vocation d'Abraham à la ſortie d'Egypte, 430 ans.

De la ſortie d'Egypte à la fondation du Temple, 873 ans.

De la fondation du Temple à ſa deſtruction, 470. a. 6. m. 10. j. 1. min.

La Captivité, 70 ans.

Total 3100. a. 6. m. 10. j. 1. min.

En voyant cette derniere Table, qui ne riroit de la ſcrupuleuſe exactitude du Pere Pezron, qui porte la préciſion non pas juſqu'aux mois & aux jours ſeulement, mais même juſqu'à une minute? Mais tout exact qu'il eſt ou qu'il veut paroître, il réſulte toujours de ces deux calculs, que comme Marsham ne ſe donne aucun eſpace, lui au contraire en prend un qui tient de l'immenſité, puiſque du ſeul Déluge juſqu'à la fin de la Captivité, il met preſque le double de ce que compte ſon Confrere. De-là il eſt naturel de conclure que l'un des deux s'eſt trompé; & peut être concluroit-on à bien plus juſte titre, qu'ils ſe ſont trompés l'un & l'autre. Du reſte il eſt inutile de demander qui des deux a suivi la Chronologie de l'Ecriture: ni l'un ni l'autre n'ont prétendu s'en écarter; tous deux ont fait profession de s'y conformer: bien entendu qu'ils se sont crû permis de l'accomoder à leurs systêmes.

Je pourrois citer cent exemples pareils, tous également propres à prouver, & l'abus, que font nos Auteurs de la Chronologie de l'Ecriture, qu'ils tournent & façonnent à leur gré, & l'inutilité, l'insuffisance de cette même Chronologie, pour fixer les années du Monde. J'ennuierois le Lecteur, si j'entreprenois d'entrer dans ces détails; mais je ne puis passer ici sous silence ce qui regarde le temps des Juges. L'Ecriture dit expressément (21) que Dieu a donné des Juges aux Israëlites pendant quatre cens cinquante ans; & pour remplir ce nombre d'années, il est incroyable combien nos Chronologistes ont fait d'efforts, combien ce seul endroit a mis leur esprit à la torture. Les uns retrécissent absolument le temps des Juges: les autres ne comptent la sortie d'Egypte qu'à la quatorziéme année du Désert. Quelques-uns dans ces quatre cens cinquante ans comprennent Josué, plusieurs au contraire ne commencent à compter les années des Juges que d'Othoniel. Il y en a même, qui au lieu de

(21) *Reg. lib.* 1. & *Act. Apost. cap.* 13.

quatre cens cinquante ans, voudroient qu'on ne lût que trois cens cinquante. Tous allongent ou racourciſſent à leur fantaiſie le temps des Anarchies & des Servitudes. Ils ont pris l'Ecriture en tout ſens, & avec cela, les plus ſinceres ſont obligés d'avouer (22) que l'on eſt encore dans les mêmes perpléxités, & que juſqu'ici on a plutôt vû, que réſolu les difficultés du Livre des Juges, de celui des Rois & des Actes des Apôtres.

Je finis par cette réflexion, qui me paroît aſſez ſenſible. Que la diviſion & les variations des Chronologiſtes ſoient infinies par rapport à la durée ou au nombre des années du Monde, c'eſt une vérité dont on ne ſçauroit douter, pour peu que l'on ait lû, & qui d'ailleurs a été démontrée par le Pere Tournemine, Jéſuite, dans l'énumération qu'il en a faite à la fin du Ménochius. Cependant quelque diverſité qui regne entre eux, tous font profeſſion de ſuivre la Chronologie de l'Ecriture, & de s'y conformer. D'où je conclus, (& j'eſpere que tout homme ſenſé tirera la même concluſion avec moi) que puiſque l'Ecriture ne ſuffit pas pour les mettre d'accord entr'eux, elle n'eſt pas un guide ſûr, fidele & ſuffiſant, pour regler & fixer la Chronologie.

(22) Voyez M. Fourmont, *ubi ſup. Tom.* II. *liv.* 3. *chap.* 10.

CONCLUSION.

Inutilité de la Chronologie pour fixer les années du Monde.

Si l'on pouvoit encore en douter, il suffira pour s'en convaincre de se rappeller ce qui vient d'être dit des variations étranges des Chronologistes, & de leurs dissensions éternelles. Un d'entr'eux en convient de bonne foi (23); & de son aveu, ni Scaliger, ni Petau ni Ussérius, ni Marsham, ni Cumberland, ni Pezron, ni Périzonius, ni aucun de ceux de nos Auteurs qui se sont rendus célebres en ce genre, n'ont encore pû s'accorder sur la vérité d'aucune Epoque. Or s'ils ne sçauroient convenir entr'eux de la date des Epoques particulieres, comment leur sera-t'il possible de remonter jusqu'à la grande Epoque, jusqu'à l'Epoque générale, qui est l'origine du Monde?

M. Fourmont attribue cette division des Chronologistes à ce que chacun d'entr'eux s'étant fait un plan & un arrangement particulier d'âges, de regnes, d'années de regne, & ne voulant pas en sortir, de toute nécessité il n'a dû s'accorder avec les autres qu'en très-peu d'articles. Dans cette disposition, comme pour

(23) M. Fourmont, *ubi sup.* Voyez sa Préface, pag. 6 & suiv.

fixer, dit-il, l'Epoque des faits, bon gré malgré, il faut que le Chronologiste prenne parti : bon gré malgré aussi, attaché à un sentiment & obligé d'en rechercher toutes les raisons, il s'y livre insensiblement, & choisit très-souvent presque par machine le sentiment qui tend le plus, & qui convient le mieux à ses vûes particulieres.

Cette raison est sans doute de quelque poids : il est vraisemblable qu'elle influe beaucoup dans les différences & les variations de notre Chronologie. Mais la source du mal vient certainement de plus loin ; & l'on ne doit point en rechercher la cause ailleurs, qu'en ce que nos Chronologistes n'ont aucun point fixe d'où ils puissent partir sûrement, aucun principe certain qu'ils puissent suivre. Tous, à la vérité, regardent la Chronologie de l'Ecriture comme le flambeau qui doit les guider & la regle qu'ils doivent suivre ; tous font profession de s'y conformer. Mais outre que j'ai fait voir qu'il n'étoit pas encore bien décidé, que sans manquer au respect qui est dû aux Livres saints, il ne soit peut-être pas permis de s'écarter de leur maniere de compter ; le peu que j'ai dit des secours qu'ils pouvoient nous fournir pour la Chronologie, du peu de suite & de liaison que l'on remarque dans celle qu'ils nous offrent,

& de la différence des Textes, cela joint aux variations perpétuelles de ces mêmes Ecrivains, dont chacun proteſtant qu'il veut s'y conformer, ſe donne en même temps la liberté d'y ſuppléer, de l'altérer ou de l'interpréter à ſa fantaiſie: toutes ces raiſons, dis-je, ſont plus que ſuffiſantes pour convaincre toute perſonne ſage, que cette regle qu'on nous propoſe eſt une regle très-défectueuſe, & que c'eſt un guide mal ſûr & abſolument inſuffiſant pour fixer notre Chronologie.

Deſtitués de ce ſecours, à quoi donc pourrons-nous nous attacher? Sera-ce aux Olympiades & aux Marbres d'Arondel? Mais outre qu'ils ne remontent pas aſſez haut, ces derniers ont beaucoup perdu de leur crédit parmi les Sçavans; & l'on diſpute encore aujourd'hui de quel point il faut partir pour commencer à compter les Olympiades. Croirons-nous trouver plus de ſecours dans l'antiquité chimérique des Chaldéens, & entrerons-nous dans le cahos ténébreux des Rois Aſſyriens & Babyloniens, dont le ſynchroniſme, de l'aveu de nos plus habiles Chronologiſtes, eſt encore pour nous une énigme? Ou bien aurons-nous recours aux Dynaſties Egyptiennes, ou abſolument fabuleuſes, ou ſi imparfaites, ſi mutilées, ſi dérangées, si confuses en un mot & si obscures, qu'aucun de nos Auteurs, si l'on en excepte M. Fourmont, qui n'a été suivi de personne, n'a osé se flatter d'être sorti avec honneur de leur labyrinthe? Nous en rapporterons-nous enfin aux Annales Chinoises, qui, de l'aveu des Chinois mêmes, ne contiennent pour les premiers temps, ni moins d'obscurités, ni moins de fables? Non; & il est généralement décidé, que l'Histoire profane ne sçauroit nous fournir ce point fixe que nous cherchons, pour remonter jusqu'à l'origine du Monde.

Mais l'eût-on trouvé ce point fixe, en seroit-on plus avancé? Je ne sçais; & je doute si avant toute chose il ne seroit point nécessaire de résoudre une difficulté que tout le monde sçait, mais à laquelle on ne fait peut-être pas toute l'attention qu'elle mérite. C'est qu'originairement les différens Peuples ont compté les temps fort différemment, & que l'année n'a pas toujours été de douze mois chez toutes les Nations de la Terre. Les uns ne la composoient que d'un mois, comme les Egyptiens; les autres de trois, comme les Arcadiens; les autres de six, comme les Acarnaniens; & ce ne fut qu'en différens temps que les uns & les autres commencerent à la composer de douze.

Toute l'Antiquité rend témoignage à cette vérité; & Pline nous apprend (24) que c'est pour cette raison que dans les Histoires anciennes nous trouvons des vies si longues. Or delà ne résulte-t'il pas que pour fixer la Chronologie des différens Peuples, il faudroit commencer par déterminer de quelle maniere chaque Nation a d'abord compté ses années, & fixer ensuite le temps auquel elle a commencé à compter par années solaires? Sans cela pourra-t-on se flatter jamais d'avoir une Chronologie sûre & exacte? Mais qui osera entreprendre de débrouiller ce cahos? Quel nouveau Thésée pourra se flatter de ne pas s'égarer dans les détours inexplicables de ce labyrinthe? Concluons donc que tous les travaux des Chronologistes, toutes les recherches qu'ils ont faites jusqu'ici, sont fort inutiles pour fixer les années du Monde, & que les lumieres de la Chronologie ne suffisent pas, pour nous faire remonter jusqu'à son origine.

(24) *Annum alii æstate unum terminabant, & alterum hyeme; alii quadripartitis temporibus, sicut Arcades, quorum anni trimestres fuêre: quidam Lunæ senio, ut Ægyptii. Itaque apud eos aliqui & singula millia annorum vixisse produntur.* Plin. Hist. lib. 7. cap. 49. Voyez aussi Diodor. lib. 1. Solin. cap. 1. Macrob. Saturn. lib. 1. cap. 12. Augustin. de Civ. Dei, lib. 15. cap. 12. &c.

FIN.

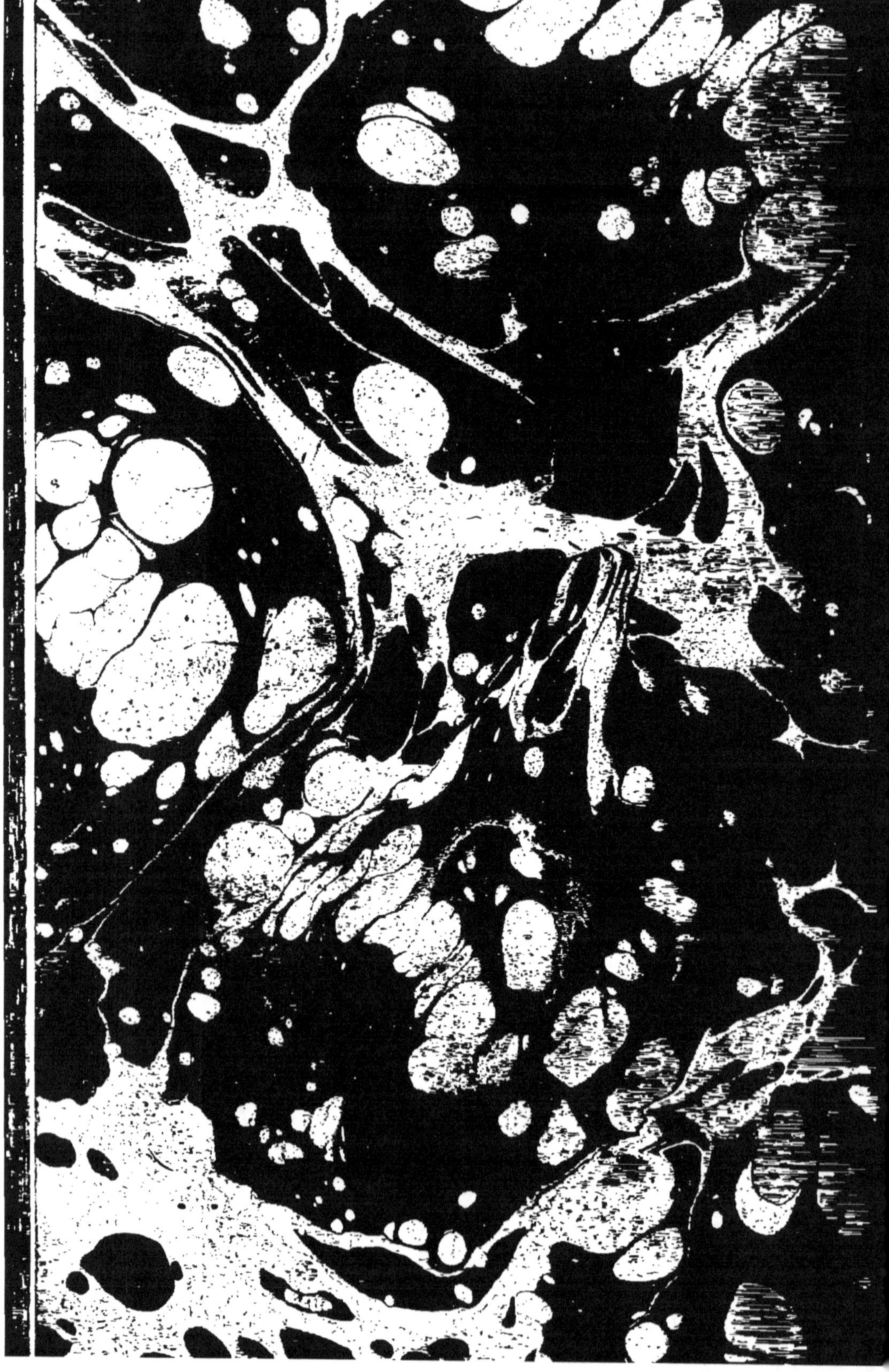

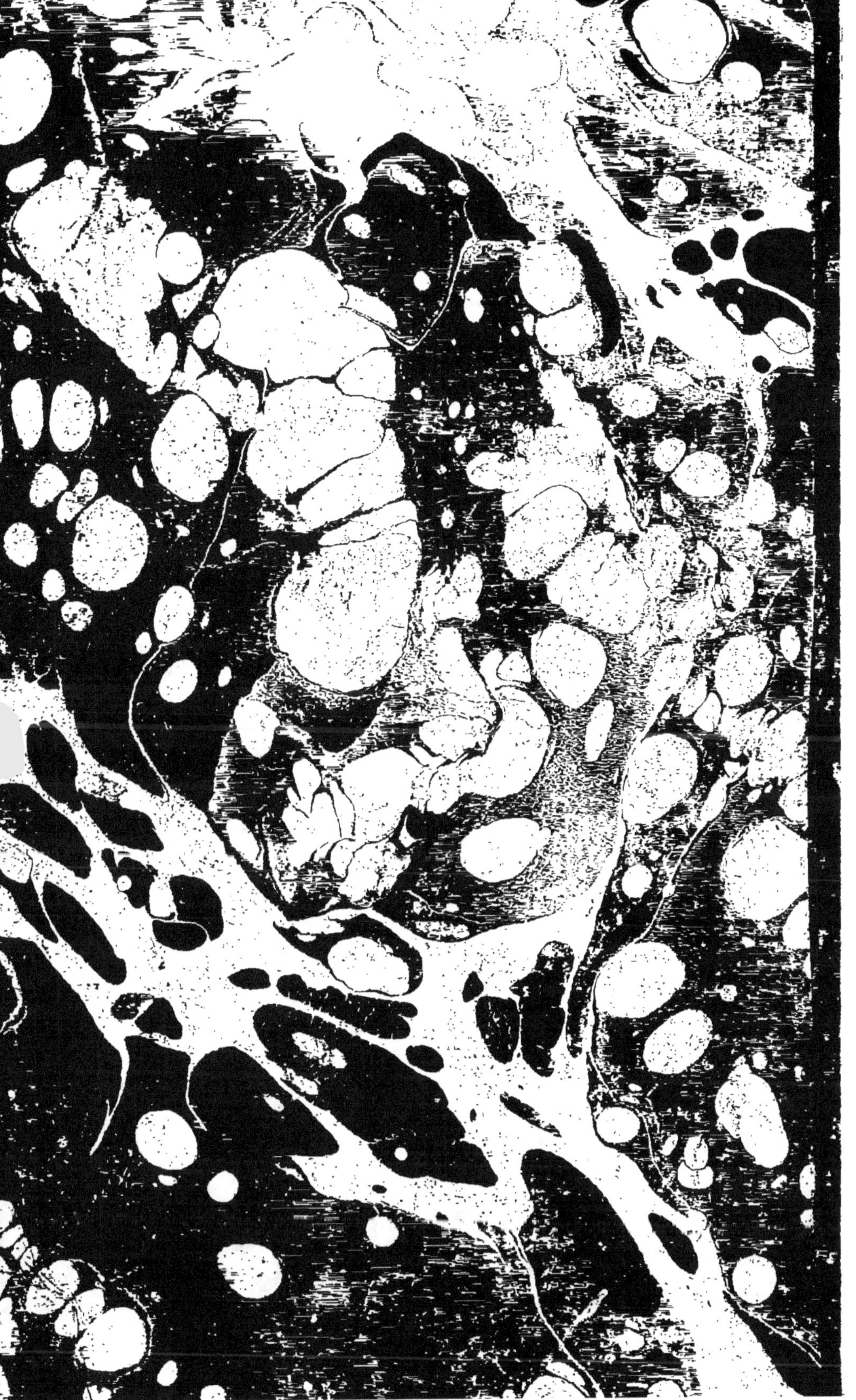

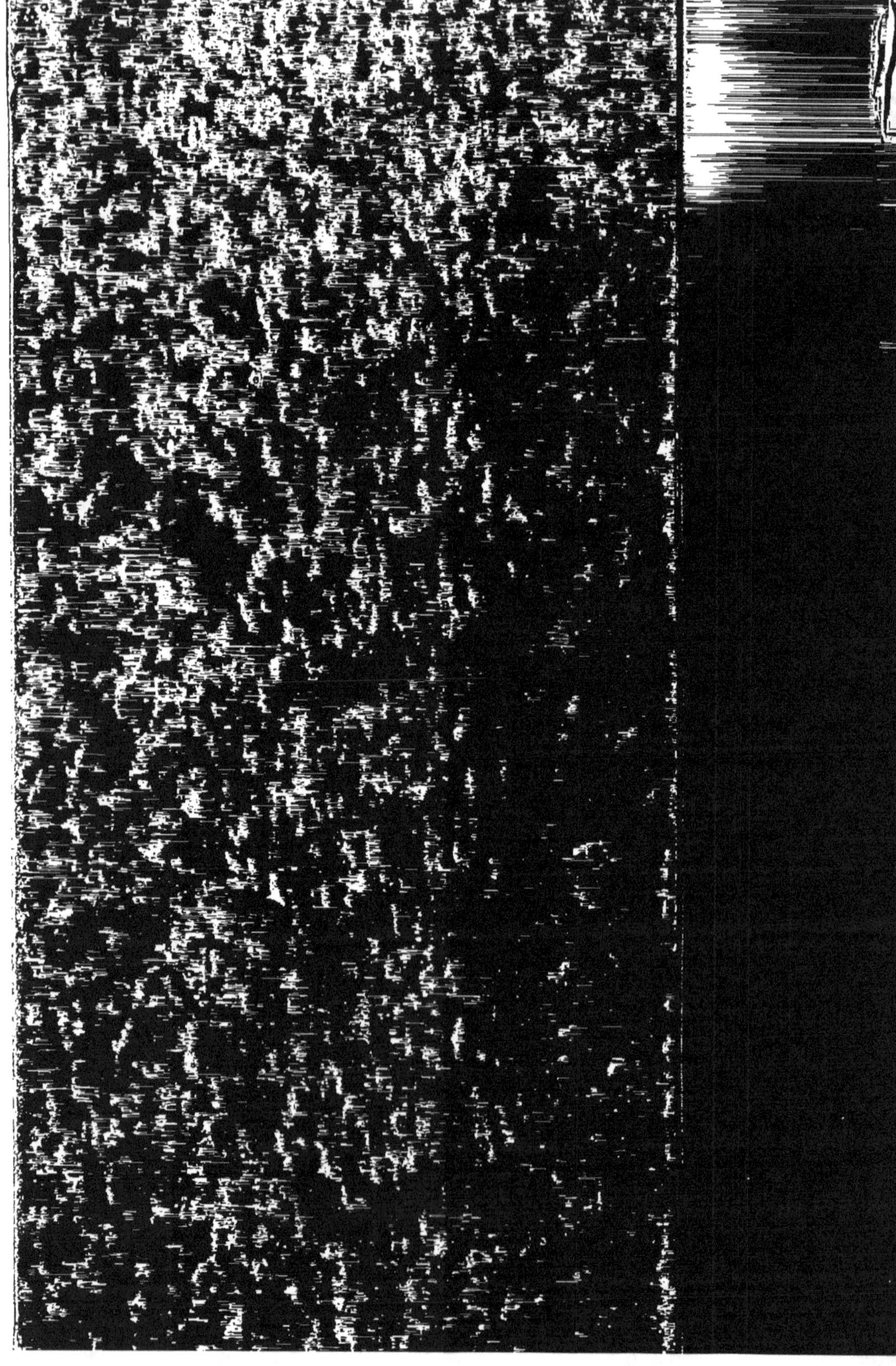

www.ingramcontent.com/pod-product-compliance
Lightning Source LLC
LaVergne TN
LVHW020611110826
845149LV00002B/443

* 9 7 8 2 0 1 1 6 2 1 3 6 8 *